教育科学分支学科丛书

中国教育学会教育学分会　组编

本卷特约审稿人 / 瞿葆奎

《教育科学分支学科丛书》（平装修订版）

策划 / 郭　戈　刘立德　韩华球

| 教育科学分支学科丛书 |

教育评价学

JIAOYU PINGJIAXUE

陈玉琨／著

人民教育出版社
PEOPLE'S EDUCATION PRESS

·北京·

图书在版编目(CIP)数据

教育评价学 / 陈玉琨著. — 北京：人民教育出版社，2019.11（2023.6重印）
（教育科学分支学科丛书）
ISBN 978-7-107-34107-6

Ⅰ. ①教… Ⅱ. ①陈… Ⅲ. ①教育评估 Ⅳ. ①G40-058.1

中国版本图书馆 CIP 数据核字（2019）第 269241 号

教育科学分支学科丛书　教育评价学

出版发行　人民教育出版社
（北京市海淀区中关村南大街 17 号院 1 号楼　邮编：100081）
网　　址　http://www.pep.com.cn
经　　销　全国新华书店
印　　刷　北京新华印刷有限公司
版　　次　2019 年 11 月第 1 版
印　　次　2023 年 6 月第 3 次印刷
开　　本　890 毫米×1 240 毫米　1/32
印　　张　10.75
字　　数　270 千字
印　　数　4 501～7 500 册
定　　价　36.00 元

《教育科学分支学科丛书》出版说明

本丛书是新中国第一套尝试以系统结构编写的教育科学分支学科研究丛书，由中国教育学会教育学分会在人民教育出版社（课程教材研究所）支持下组编，瞿葆奎、吕达分别任正、副主编，各卷作者均为教育学相关分支学科专家。从教育科学分支学科的角度，试图全面反映教育科学发展的历史与现状，勾勒教育科学的概貌，并体现新的学术见解，力求做到历史与逻辑相结合，材料与观点相结合，叙述与评析相结合，是这套丛书的宗旨。

本丛书以其鲜明的学术性、时代性和实践性，受到海内外学者的广泛关注，并多次再版重印，荣获全国教育图书奖一等奖等各种奖项。其中不少分卷被评为全国高等学校优秀教材、普通高等教育国家级规划教材、普通高等教育精品教材。海外一些出版机构已经购买部分分卷版权。

为进一步满足广大读者的需要，我们特组织有关专家对本丛书加以修订完善，集中推出 20 卷本平装第二版。本次修订主要做了以下几项工作：对全书注释、引文做了进一步核实和规范；更新了各卷部分资料和观点；个别分卷的内容几近重写。其目的是反映教育科学界最新研究成果和教育改革发展的最新趋势。欢迎专家、学者和广大师生继续对本丛书编辑出版工作提出宝贵意见和建议，以使本丛书更臻完善。

人民教育出版社

2019 年 3 月

《教育科学分支学科丛书》前言

为了进一步促进我国社会主义教育科学的发展，中国教育学会教育学分会组织编写《教育科学分支学科丛书》(以下简称《丛书》)，由人民教育出版社出版发行。

《丛书》从教育科学分类学的观点出发，比较系统地从教育科学分支学科的角度反映教育科学发展的历史与现状，试图勾勒教育科学的概貌。

《丛书》以历史唯物主义和“面向现代化，面向世界，面向未来”的战略思想为指导。同时力求做到“三个结合”：历史与逻辑相结合，材料与观点相结合，叙述与评析相结合。

《丛书》属于学术性著作。作者在广泛占有资料的基础上，力图从纵向上论述学科发生、发展与趋势，从横向上比较和分析不同流派的观点。“知人者智，自知者明”，通过对国内外有关研究成果的梳理辨析，努力反映学科前沿，亦体现作者自身的见解。

为提高书稿质量，我们分别聘请知名学者为各卷特约审稿人。特约审稿人对书稿的审阅是全方位的，他们与作者相互进行平等的学术切磋。特约审稿人和丛书正、副主编以及出版社编审人员，尊重作者言之成理、持之有故的不同的学术观点。

教育科学的分化已经有了一个世纪甚至一个多世纪的历史，现在已形成众多的分支学科。可是，相对而言，有的比较成熟，有的则甚稚嫩。这就使各分支学科的作者并不是站在同一条起跑线上。然而，在新的历史条件下，比较成熟者要求有新的发展；比较稚嫩者则要求迅速成长。随着教育实践与理论的发展，随着相关领域实践和理论的发展，教育科学的分化还在继续。这套丛书所展示的，只是当前教育科学分支学科大致的面貌。至于那些或因分支学科尚在孕育之中难以催生，或因没有物色到合适的作者难以落实等缘故而未能列入本《丛书》的，只好抱憾地暂付阙如。

《丛书》由时任中国教育学会副会长兼教育学分会第四届理事会理事长叶立群任顾问。《丛书》设编委会，编委（以姓氏笔画为序）是：王汉澜（河南大学教授），王道俊（华中师范大学教授），吕达（时任人民教育出版社副总编辑，中国教育学会教育学分会第五届理事会理事长），孙喜亭（北京师范大学教授），张人杰（广州大学教授），胡寅生（中国教育学会教育学分会第四届理事会秘书长、第五届理事会副理事长），瞿葆奎（时任中国教育学会副会长兼教育学分会第四届理事会副理事长）。瞿葆奎为主编，吕达为副主编。《丛书》的编辑出版工作得到了人民教育出版社的高度重视与大力支持。

在《丛书》编写出版过程中和出版后，叶立群先生、王汉澜先生、瞿葆奎先生、王道俊先生和孙喜亭先生先后去世。在此，我们谨对他们表示深切的怀念和敬意。

以系统的结构编写《教育科学分支学科丛书》是一种尝试，其中缺点、错误敬希读者指正。

中国教育学会教育学分会

2019 年 3 月

教育科学分类：问题与框架

——《教育科学分支学科丛书》代序

瞿葆奎　唐　莹

对教育科学进行分类，人们已做了一些尝试。它是从分类学的角度对教育科学本身进行的一种反思。这一方面意味着理智上的本能：从混沌逐渐走向有序；另一方面又反映出教育科学自身发展的逻辑：从幼稚逐渐走向成熟。但是，“我们也并非不知道，关于教育科学的分类至今还不够完善，甚至具有随意性”①。这是个不过分的估计。

一

就论题本身来看，我们要达到的直接目标是提供一个较合理的分类框架。由此自然会想到：构建一个分类框架，需要的是什么？在现实生活中，人们经常进行着分类，因为这是纷纭复杂的世界要求人们作出的选择。比如性别之分，籍贯之别，等等，这仅是分类的最简单的形式而已。同时，分类也是科学研究中的一项重要工作，一些学科本身就是分类学。但无论哪一种分类，当我们用“奥卡姆剃刀”② 刮掉关于分类的种种内容与现象时，可得到分类的内核便在于某种尺度，或者说一定标准，这标准将保证分类的顺利进

---

①［法］加斯东·米亚拉雷、让·维亚尔主编，张人杰等译：《世界教育史（1945年至今）》，上海译文出版社1991年版，第500页。

② 奥卡姆（William of Occam），中世纪英国经院哲学家。宣称“若无必要，不应增加实在东西的数目”。此说后被称为“奥卡姆剃刀”。

行，并达到条理化、清晰化的目的。因此，教育科学分类首先要回答的是：依据怎样的标准进行分类？但是，接下来我们又要追问：标准从何而来？它是任意给定的吗？如果对一个事物可以从多种角度给出多种分类标准，这是不是主观随意性的表现？

要对分类及其标准问题透视得清楚一些，解剖分类典型也许是一个权宜之计。科学分类①是人们已长期探索的论题之一。教育科学分类与科学分类是特殊与一般的关系。对科学分类的一定分析，或许能为教育科学分类在思考方向上拨开一些迷雾。

严格地说，科学分类是科学发展、繁荣和分化以后的产物，即近代科学发展的产物。人们已对先辈为科学分类作出的贡献理出了一些清单。在这里，我们仅作一些综合而简约的分析。培根是以人类的理性能力作为分类标准的。② 圣西门否定这种主观的标准，提出了以研究对象为依据的分类，这是以客观标准分类的雏形，但同时显示出的是停留在表面现象上的机械对象观。③ 黑格尔把这种机械观作为靶子，以辩证发展的思想来看待分类，但学科之间的转化被说成是绝对精神自我发展的结果。④ 恩格斯则站在历史总结的地

---

① 由于“科学”这一概念有其历史的发展过程，人们在对它的理解上和运用上出现了不少分歧，在“科学分类”问题上也是如此。有的仅是对自然科学进行分类，有的则将人文、社会科学包括在内，更有人把哲学也考虑进去，但这并不妨碍我们对这一问题的分析。其实，这都是对学科进行分类。严格来说，用“学科分类”替代“科学分类”也许更恰当一些。

② 培根认为人类具有三种理性能力：记忆、想象和判断；相对应地便有三类学科：记忆学科（包括历史学、语言学）、想象学科（包括文学、艺术）和理智学科（包括哲学和自然科学）。

③ 圣西门把科学研究的对象分为天文现象、物理现象、化学现象和生理现象，相对应地便有天文学、物理学、化学和生物学这几类学科。

④ 黑格尔的科学分类思想体现在他的“自然哲学”里。他认为绝对精神既是自然发展的原因，又是自然发展的结果。自然的发展分为三个阶段：“机械性”阶段“物理性”阶段和“有机性”阶段。相对应于三个阶段的三类学科为：数学、力学；物理学、化学；地质学、植物学、动物学。

平线上，对圣西门和黑格尔的思想进行了分析，提出了科学分类的客观性和发展性原则，按物质的运动形式进行分类。① 与此同时，还有另一种取向，即由于科学方法的突飞猛进，由于价值问题的无法回避，因而有的学者提出以科学研究方法作为科学分类的一种标准。这从德国学者温德尔班（Windelband，W.）开始，② 逐渐普遍开来。这也可以说是对培根分类标准的发展，因为研究方法是人类理性能力的有力表现。总的说来，以研究对象为分类标准一直是科学分类的主流，由此在大体上形成了框架。从最大或基本部类来说，一般而言，英、法传统把科学分为自然科学、人文科学、社会科学，德国传统把科学分为自然科学与精神科学。两者有异曲同工之处。还有一种框架是把科学的涉及面扩大了，如苏联学者凯德洛夫（Кедров，Б. М.）在 1954 年对科学的分类，坚持了恩格斯的客观性与发展性原则，把科学的基本部类分为哲学、自然科学、社会科学，进而再寻找这三大部类之间的二级、三级联系。③

随着现代科学的迅速发展，人们不得不再次面对科学发展的特点，对科学分类作出新的思考。有几种趋势：从分类标准来说，分类标准多样化（这与分类目的有关）；从交叉学科形成的途径来分

---

① 恩格斯把物质运动形式分为五类：机械运动、物理运动、化学运动、生物运动和社会运动。对应于这五类运动形式有五类学科：力学、物理学、化学、生物学和社会科学。

② 温德尔班认为，由于科学认识目的的不同，存在着两种不同的研究方法，即“规范化”的方法与“表意化”的方法。根据这两种方法的区分，可以将科学分为：自然科学与历史科学。其继承人李克特（Rickert，H.）虽然认为科学分类既可遵循“质料的分类原则”（从研究对象的角度），也可遵循“形式的分类原则”（从研究方法角度），但他更倾向于后者。他把研究方法分为“普遍化的方法”与“历史的方法”，从而将科学分为自然科学与文化科学。

③［苏］凯德洛夫著，裘辉译，冯申校：《论科学的分类》；［苏］凯德洛夫著，刘伸摘译：《论现代科学的分类》；载瞿葆奎主编，陆亚松、李一平选编：《教育学文集·课程与教材》上册，人民教育出版社 1988 年版，第 368—408 页。

类；并且由于20世纪以来，人们对方法的崇尚，不少学科本身就是一种方法，因而以方法为标准似乎与以对象为标准各执一端，分庭抗礼。从形成的框架来说，科学的基本部类由三个推向多个。而凯德洛夫在科学新发展的挑战面前作出的判断：分类标准正从功能走向基质①，实际上进一步强调了科学分类所需的基本点：反归科学研究的事物本身。

迄今为止，科学分类是否已很合理暂且不论，但其探索历程中的成功与困惑，却为教育科学的分类提供了思考方向。科学分类的标准把科学所指向的客观事物作为思考的基本点，但如何处理好这一基本点与其他标准，诸如：方法的关系？如何才能做到主观与客观、历史与逻辑、形式逻辑与辩证逻辑的统一？同时，科学分类还告诉我们：作为理性的科学分类框架要能反映学科发展的历史与现状，具备较大的学科涵盖量，体现学科之间的内在联系，具有一定的预测性，从而间接地发挥着指导实践的功能，比如它将对今后学科的发展、研究的重点、课程的设置等提供理论基础。然而，教育科学分类并非科学分类简单的演绎，它具有自身的特性。也就是说，接下来的问题是：我们是在对怎样的事物进行分类？

二

从人类诞生之日起，教育这一实践活动就承担起了沉重而光荣的历史使命，它使人类世界的进化有了内在的承续性。也正因为如此，关于教育的知识成了人类理智探索的永恒论题。教育科学有自

---

① 这里，“基质”指的是科学研究的某一客体。科学分类的基质水平是更为复杂的、高级的水平，它与以研究对象为标准（客观性原则）的区别在于，它反对对象与科学是一一对应的，强调对某一客体（基质）的多方面研究，同一基质可以成为多门学科的对象。

己的骄傲：无论在西方古希腊哲人的，还是在东方古文明圣贤的著述中，它都可以找到自己最初的踪迹。从哲学母胎中出来，且逐渐地有了“学”的名分，标志着它的逐步走向独立；对教育现象进行科学的研究，且不断发展、丰富，标志着它逐步走向成熟。教育科学也有自己的悲哀：茫茫科学大地上，哪儿是它的位置？我们可以从奥利韦拉（Olivera，C. E.）列举的人文和社会科学的一些知名的分类中感受到这一点。比如迪韦尔热（Duverger，1961）的社会科学门类概览，维耶（Viet，1965）受结构主义影响的学科目录表，克劳斯纳（Klausner，1966）的对构成“整体社会”的研讨的考察，皮亚杰（Piaget，J. P.，1970）专为联合国起草的对学科类型的全面分析，这些分类都忽略了教育科学。① 教育科学在性质、范围甚至名称上一直成为人们争议的话题。

考察一下教育科学发展的历史，可以发现：有关教育知识的学科经历了由一门“教育学”到多门教育学科的发展过程。从用词上说，“教育科学”这一概念也经历了由单数到复数的变化。单数“教育科学”（educational science）主要指的是按经验科学的模式而形成的教育学，以区别于赫尔巴特的思辨教育学。这种提法是与自然科学研究方法向教育研究领域的渗透联系在一起的。19 世纪末 20 世纪初，实证主义思潮的兴起，使自然科学的规范和方法成了权威，社会科学领域纷纷效仿，“实验教育学”便是当时这种现象在教育研究领域里的表现。② 它力图使自己像自然科学一样，用种种自然科学方法研究客观的教育事实，它要放弃理想，放弃价值

① Olivera，C. E.，Comparative Education：Towards a Basic Theory，in *Prospects*，Vol. XVIII，No. 2，1988，p. 177.

② De Landsheere，G.，History of Educational Research，in Husen，T. & Postlethwaite，T. N. （eds.），*The International Encyclopedia of Education*，Vol. 3，1985，pp. 1589-1596.

与目的，成为经验科学，摆脱教育学的思辨面貌。于是便有了用“教育科学”（单数）一词来指称这种教育学。① 虽然教育学由此在某些方面获得了进展，然而至今这种理想还只是理想。

教育学自身在现实中的发展更具有生命力。复数“教育科学”（educational sciences）的产生也是对这个问题的有力回答。它的产生源于人们对教育学的理论基础的思考。早在赫尔巴特时，他就明确地把伦理学与心理学作为他的教育学的理论基石；在实证思潮的背景下，人们又陆续意识到生物学、生理学、社会学、统计学等对教育学的贡献；二战后，经济学、政治学及技术学等也跨入了教育学研究的行列。教育学似乎与很多的学科结下了不解之缘。在这种现象出现之初，敏锐的学者就以简洁的概念形式作出了概括。1921年，心理学家克拉帕雷德（Claparede，E.）在日内瓦指导一个教育心理学研讨班时，提出关于“教育科学”的新概念，明确地把“科学”一词用成复数形式，当时只涉及心理学、社会学、历史学和哲学。②

正如任何新生事物一样，复数教育科学概念被广泛接受经历了不短的时间，并且在不同语种的国家，作出的反应也不尽相同。有三种明显的倾向。第一种是几乎已完全承认“教育科学”的复数形式这一概念，它逐渐取代了“教育学”（pédagogie）一词，主要表现于法语国家。比如在法国，这一概念已明确确定了

---

① 使用“教育科学”一词的第一位学者很可能是法国的马克-安托万·朱利安（Jullien De Paris，M.-A.）。见［法］加斯东·米亚拉雷、让·维亚尔主编，张人杰等译：《世界教育史（1945年至今）》，上海译文出版社1991年版，第496页。有研究者认为，德国的里特（Ritter，K.）于1798年就提出了“教育科学”（erziehungswissenschaft）这一概念了。

②［法］加斯东·米亚拉雷著，雷若平译：《法国的教育科学》，载《国际教育科学杂志》（中文版）1985年第3卷第2期。

"约二十年之久"①。第二种取向是教育科学复数形式与教育学（pedagogy）共存。比如在德语国家，尽管"pädagogik"一词比较"顽固"，但强调复数教育科学的人们对它发起了强烈的攻势。②在我国，无两军对峙的局面，以"教育学"为名称的大量著作的出版发行，标志着它的存在并未受到威胁。不过，另一方面，人们对大"教育学"背上了沉重的翅膀难以起飞的局面也焦虑不安③，加上现代科学发展的分化、综合趋势，促使人们要面对现实，教育科学的复数形式也得到了正式的权威性的认可④。第三种取向是较少采用教育科学复数形式一词，但有自己的表达方式。比如，在英语国家中，经常使用教育理论及其基础学科（educational theory and its foundation discipline）这一术语，其含义与教育科学复数形式相近。此外，还有一种倾向值得注意：在俄语国家，一般把教育科学与教育学作为同义词，"现代教育学既是一门统一的学科，又是多分支的许多教育学学科的总和"⑤。对教育科学复数形式的态度，尽管有一些差异，但复数教育科学已成为不可否认的事实，并且有着大致相同的含义和范围。它是所有有关教育的知识体系的总称，由若干学科构成，这些学科从不同的研究角度或不同的层面来认识和改进教育活动。也正是因为教育科学以复数形式出现，才使教育科学分类成为必然。

教育科学在形式上由单数到复数的变化，并不是一种文字上的嬉戏，这当中蕴含着观念上的差异。单数"教育科学"中蕴含的观

---

①②［法］米歇尔·德博韦著，马肇元译：《关于教育科学性质的国际范围大辩论：一种比较研究的方法》，载《教育展望》（中文版）第23期，1990年5月。

③ 例如，陈桂生：《教育学的迷惘与迷惘的教育学》，载《华东师范大学学报（教育科学版）》1989年第3期。

④《中国大百科全书·教育》，中国大百科全书出版社1985年版。

⑤［苏］П. Р. 阿图托夫等主编，赵维贤等译：《教育科学发展的方法论问题》，教育科学出版社1990年版，第17页。

念是：力图把教育学变为经验科学。单数“教育科学”的“科学”含义是从严格意义上说的。复数“教育科学”中蕴含的观念是：教育科学是大量社会学科，还包括某些自然学科应用于教育领域而形成的，它们绝大多数以教育现象为对象；在方法上博采众家，其发展以这些学科的发展为前提。复数“教育科学”的“科学”含义比较宽泛，在形式上成了所有有关教育的学科的总称。

这种观念上的差异，可归结到对教育理论性质在认识上的区别。因此，对教育科学的认识需进一步追问：教育理论是以怎样的理论形态而存在——经验科学理论？抑或实用理论？这个问题已引起了许多论争①，我们将在这种论争的基础上，作进一步的思考。

科学理论是对经验世界的解释，其目的在于认识和探索事物本身，其价值在于揭示事物内在的规律，甚至在于为这种规律探索的沉思。因此，（经验）科学理论又常常意味着一种所谓“为知识而知识”的理性精神。它的结构一般可表述为：在大量事实基础上提出假设，按客观事物的实际联系和相互转化关系，把相应的概念、判断、推理组成一个严格而自为的逻辑体系。当然，从绝对意义上说，没有一种科学理论是能与实践相分离的。实用理论则把视线直接投向实践，它探讨有关如何把认识的规律运用于实践的问题，并

---

① 尤以英国学者奥康纳（O′Conner，D. J.）与赫斯特（Hirst，P. H.）之间的论争为代表。见 O′Conner，D. J.，An Introduction to the Philosophy of Education，1969；O′Conner，D. J.，The Nature of Educational Theory；Hirst，P. H.，The Nature of Educational Theory，Reply to D. J. O′ Conner，in Peters，R. S. et al. (eds.)，*Proceeding of the Philosophy of Education Society of Great Britain*，Vol. 6，1972. Hirst，P. H.，Educational Theory，in Tibble，J. W. (ed.)，*The Study of Education*，1966. Hirst，P. H.，Educational Theory，in Hirst，P. H. (ed.)，*Educational Theory and Its Foundation Discipline*，1983. Evers，C. W.，Epistemology and the Structure of Educational Theory：Some Reflection on the O′ Conner-Hirst Debate，*Journal of Philosophy of Education*，Vol. 21，No. 1，1987。

且要为解决实践问题提供种种规范与建议，带有极强的价值与目的色彩，因此，具有实用理论形态的学科常被称为规范性学科。实用理论的结构可以大致这样来概括：提出某种希望达到的目的，对各种指向目的的备择手段予以论证，得出在既定的环境中某种合适的手段，然后建议如何用这一合适手段去兑现目的。①

从上述两种理论的特征来看，分析一下教育理论的对象（实践性活动）、目标（提出有效的建议），几乎可以肯定地说，教育理论不可能成为纯粹意义上的经验科学理论。它是一种实用理论。但教育理论中存在着"解释"部分，比如，它有对"人"的解释，这一事实成为人们把教育理论看成是既有（经验）科学理论又有实用理论成分的论据。这种观点值得推敲。首先，它似乎存在着把完整的理论肢解开来的危险；其次，我们要问：教育理论中的"解释"与（经验）科学理论中的"解释"，其性质是否一样？此外，它还隐含了对实用理论的偏见。的确，如果我们把实用理论仅仅与实际操作性原理联系在一起，仅仅把它与即时地解决问题联系在一起的话，那么，教育理论并不完全如此。实用理论是关于"实践"的理论，但它有关实践问题的论述，并不等于直接规范人们今天干什么，明天怎样干。作为一种理论，它有抽象性，有自己表达假设、进行论证的形式；它不同于直接的处方，而是处方的主要依据；它在思考如何运用规律时已蕴含了对规律本身的思考。因此，实用理论并不排斥"解释"，只是它解释的方式具有自己的特性。

就教育理论来说，由于它涉及对人的活动的解释，从而需要运用许多有关"人"的学科的概念与解释。而离开了这些学科的解释，教育理论只能对现象作事实的描述，却达不到解释的层面。但

---

①［英］丹尼斯·劳顿等著，张渭城等译，郑仪等校：《课程研究的理论与实践》，人民教育出版社1985年版，第9页。

其他学科与教育理论两者间的关系又不是直接的演绎关系，教育理论中的命题可以追溯到哲学命题、心理学命题、社会学命题等，但它已不是这些命题本身，并且这些命题的正确性并不能保证教育理论命题的正确性。教育理论中解释方式的特性在于：它是“运用解释的解释”。比如说，它是在对心理学、社会学、人类学等学科有关人的解释的运用中来解释培养人这一活动的。这样，可以说，教育理论里具有科学探究的成分，也正由此而区分出其内部相对的基础部分。

此外，从研究角度来说，教育理论的形成，实际上在运用这些学科的解释的同时，也运用这些学科的方法，而对统计学等这样的学科，则主要是运用了它的方法。尤其是随着人类知识的不断增长，不少新兴方法性学科、工具性学科的涌现，如计算机科学进入教育领域，为教育理论的科学化以及新的教育学科的形成作出了贡献。

教育理论的这种特性，使它大可不必为自己不能成为纯粹意义上的（经验）科学理论而感到沮丧，恰恰应以此而自豪：它要站在“众人”的肩膀上——把许多学科集于一身，去综合成自身的体系。从某种意义上说，它比这些学科更复杂，也更富于挑战性。然而，我们也不得不正视现实，教育理论的现状，也许落在不少学科之后。不过，当我们正视现实，“眼中形势胸中策”，既把自己列在为难的境地，又不失信心地厉兵秣马，情况就会一天天更好起来。

这种对教育理论的性质的认识，不仅为复数教育科学的产生作了恰当的脚注，而且还反映了教育科学分支学科形成的总特征，即它们是在运用其他学科的理论和方法的过程中形成的。比如，当我们追溯教育社会学的形成轨迹时，必然会回到社会学家涂尔干（Durkheim，É.）那儿，他正是运用社会学的理论和方法来研究教育的。

事实上，从教育科学分支学科的形成史中，可以归纳为这样几个大致的规律性特征。第一，分支学科的形成与其他学科的发展和成熟度密切相关，它对其他学科发展的意识由迟钝到逐渐敏感起来，从而加速自身的形成和发展。当然在这种欣欣向荣的背后也有着“假冒伪劣”，这指的是：有些所谓的新教育学科，用了不少其他学科的新名词，但实际上并没有新的内容，或者说没有表现出具有从新的角度去解决教育科学其他分支学科未能解决的问题的能力。第二，对其他学科的运用由注意理论运用开始，逐渐也重视对方法、技术的运用，这样在重“解释”的教育科学分支学科不断形成的同时，偏“操作”的技术性的分支学科也得到了发展。第三，教育科学分支学科的形成由“分析”（即从某一其他学科出发来研究教育）开始，逐渐出现“综合”（即以多学科同时研究教育）。

教育科学发展至今，已形成了不少学科。教育科学分类最终要面对的就是已形成了的那些学科，对它们进行归纳性分析。因此，在回答“是在对怎样的事物进行分类”这一问题时，除了上述对教育科学概念及教育理论性质的理解之外，还须明确教育科学内部有哪些学科可成为我们考察的对象。这便涉及对“学科”的理解，怎样才算是一门学科？学科的要旨是什么？

对这个问题，一些学科的研究者已进行了比较深入的研究。例如，有的研究者以经验分析方法分析经验学科，得出确认学科本质特征的七项标准：（1）学科的材料域，即一组研究对象；（2）学科的“题材”，即从某一角度来考察材料域所得的范围；（3）学科的“理论”一体化水平；（4）学科的独特方法；（5）学科的“分析工具”；（6）学科在实验领域中的应用；（7）学科的“历史偶然性”。[①] 也有的研究者以结构分析法透视学科的本质，得出了三个标准：

① 刘仲林主编：《跨学科导论》，浙江教育出版社 1990 年版，第 34—38 页。

（1）可观察或已形式化的客体，受方法、程序的制约；（2）现象与客体相互作用的具体化；（3）按照一组原理表达或阐述的定律。①我国也有研究者通过对社会科学学科的分析，提出了一门独立的学科所具有的特征：（1）内容的专门性；（2）对象的成熟性；（3）研究方法的科学性；（4）从理论形态上把握认识。② 借助这些研究者的研究，可以发现：不管人们是在对哪一门类的学科进行认识，也不管人们从各自角度提出了多少标准，只要是一门学科，其最根本的特征主要体现在两个方面：对象与方法。如果说有第三个方面，则是在此基础上形成的理论体系。学科的命名也概略地出现这样的分布：或以对象命名，或以方法命名。

关于学科，还有三点似乎值得注意。第一，根据学科的基本特征，可以说，在应用中形成的学科并不妨碍其成为真正的学科，它有对象、有方法，也可自成体系。第二，方法有“专利”，但并非专用。没有独特的方法也并不妨碍一门学科成为真正的学科。第三，评判一门学科的实践指标也很重要。舒尔茨（Shultz，D.）在谈到心理学成为一门独立学科的标志时，认为几乎都与实践有关，如第一个心理实验室、第一个心理学教授职称、第一个心理学学术组织、第一份心理学期刊等。③

归纳起来，评判一门教育科学的分支学科是否成熟，其指标可从两方面看：一是属于“理论”方面的——对象、方法（及理论体系）；一是属于“实践”方面的——是否有代表人物、著作、学术组织、学术刊物等。这就是说，成熟意味着：是否满足了所有这些

---

① 刘仲林主编：《跨学科导论》，浙江教育出版社 1990 年版，第 42 页。

② 陈波等著：《社会科学方法论》，中国人民大学出版社 1989 年版，第 36—37 页。

③［美］杜·舒尔茨著，沈德灿等译：《现代心理学史》，人民教育出版社 1981 年版，第 2 页。

方面？满足的程度又如何？

三

教育科学的分类是对其内部的学科进行分类，因而学科的特征量——对象与方法——便成了我们注意的焦点。是以对象为标准，还是以方法为标准？从科学分类中可以看到这一对矛盾，教育科学分类也同样碰到了这个问题。

以对象为标准，往往成了坚持客观性原则的标志。这个原则是恩格斯确立的。他把学科所要分析的对象，都归结到事物存在的运动形式上，因而“科学分类就是这些运动形式本身依其内在序列所进行的分类、排列”①。因此，以对象为标准，首先便要弄清所有学科所要分析的那些事物是什么，这些事物之间的内在区别与联系是怎样的。在教育科学的分类中，也有这种分类取向：如有的研究者认为，教育科学各个分支所表现出来的多层次性、多序列性与多量度性，正是由教育本身的、现实的系统特征所决定的。由此提出了教育系统的五个特征，相应列了五类教育科学分支学科。② 也有些研究者以教育现象（情境）的分析为基础，根据影响教育情境的因素的分类来对教育科学进行分类。③ 还有研究者按教育活动开展的阶段划分而区分了几类学科。④ 从这些探讨中，我们看到，对象

---

① 恩格斯：《自然辩证法》，载《马克思恩格斯全集》第 26 卷，人民出版社 2014 年版，第 579 页。

② 毛祖桓著：《教育学的系统观与教育系统工程》，四川教育出版社 1988 年版，第 102—105 页。

③ Mialaret，G.，*Introduction to the Educational Sciences*，1985. 见马骥雄著：《外国教育史略》，人民教育出版社 1991 年版，第 398 页。

④［德］赫尔马·格·弗兰克著，安文铸译：《未来教育科学入门》，中国世界语出版社 1986 年版。

是科学分类中一个不可忽略的重要方面。

但是，我们也要看到：对教育科学分类有着明显的认识论特征，认识论要通过追问“我们是怎样认识事物的”来达到对事物是什么的认识。“对象”本身就是一个认识论层次上的概念，它与客观存在并不完全一致。对象总是映射了一个主题，主体所面对的是整个客观存在，但最终所研究的则是主体从某一角度所看到的客体。而主体对对象的认识在很大程度上归功于认识的方法。仅以对象为标准，实际上预先为自己设立了一个前提，即对象与学科、对象与方法总是一一对应的。现代科学的发展已使这种严格的分界变得模糊起来。因为很多学科、方法有可能同时指向同一个对象。因此，仅以对象为依据，在很多情况下已难以分类。在教育科学的分类中，以对象为依据顶多只能区分这样两大类：一是以教育活动为研究对象的学科，二是以教育理论为研究对象的学科。从历史发展的眼光看，第二类学科是在第一类学科发展的基础上产生的，是第一类学科发展“自我意识”产生的标志。仅以方法为标准，也同样存在难以克服的局限，常常使一门学科分解开来。例如，日本学者根据研究问题的四种方法，把教育研究分为理论研究、实证研究、实验研究和历史研究，相应地把教育科学分为四类①，以及有些学者从研究方法的角度，把教育科学分为分析、规范、经验三类学科②，都存在着这样的问题。因此，分类标准的制定需同时考虑到对象与方法。在这里要注意的一点是：据前文所述，教育科

---

①［日］大河内一男等著，曲程等译：《教育学的理论问题》，教育科学出版社1984年版，第193—196页。

② Christensen，J. E. & Fisher，J. E.，Educology as an Organizational Concept for School of Teacher Education，Colleges of Education，and Faculties of Education，in Christensen，J. E.（ed.），*Perspectives on Education as Educology*，1981，pp. 275-287.

学内部的各门学科是在对其他学科的运用中产生的，教育科学所运用的方法也正是来自这些学科，这样，考虑对象与方法的关系问题就转变成了考虑对象与学科的关系问题。

有一点是十分明确的：除了以教育理论为研究对象的学科以外，所有分支学科都要以教育现象为汇集点，围绕教育本身来组织有关教育的知识。关键的问题是还需回答：在具体的层次上，这些学科各自与所研究的教育现象的结合点在哪里？也就是说，这些学科是怎样以不同的方式来透视教育的？

考察现已存在的教育科学的各门分支学科，大致有这样几种方式。

第一种方式是：像教育哲学①、教育经济学、教育心理学这些学科的形成，主要是把所运用的学科——哲学或经济学或心理学——作为一种理论分析框架，它们所研究的对象就是通过这些框架所观察到的那部分教育现象；其论述方式是各自运用这些学科的解释，研究达到目的的种种条件，从某一角度在教育领域中创造性地提供一种好的方法或好的活动结构，把这些学科所作出的一般承诺转化为对教育活动作出的特殊承诺。

在这类教育科学分支学科中，由于通过框架所观察到的那部分教育现象在性质上的异同，它们又可分为一些子群：（1）运用框架所分析的是教育领域中的形而上问题，是对教育活动的形而上思考；（2）运用框架偏重探讨教育中的社会现象；（3）运用框架偏重

① 作为一门学科被命名为教育哲学，是在19世纪末。德国学者罗森克兰茨（Rosenkranz，K.）发表了《作为系统的教育学》（*Pädagogik als System*）（1848）一书，后来由美国学者布雷克特（Brackett，A. C.）把它译成英文，名为《教育哲学》（*The Philosophy of Education*）（1894）。把教育学作为一种系统是教育哲学的第一种含义；教育哲学的第二种含义是用哲学观点探讨教育问题，如杜威的《民主主义与教育》；还有一种含义是指教育理论、原理，如法国学者埃德诺·拉埃里的《教育哲学——一般教育原理》。见金哲等主编：《世界新学科总览》，重庆出版社1986年版，第245—246页。

探讨教育领域中的个体——“人”的问题。

第二种结合方式是：所运用的学科是以一种具体的方法为特征，例如比较教育学①；或具有工具性，例如教育统计学。这些学科与教育的结合点在于：教育领域在哪些方面可以运用这些方法进行研究？如何运用？由此而形成的教育学科，其对象是这种方法所能达到的地方。根据这类教育学科在对象上的不同特点，又可将其分为两小群。(1) 运用学科的方法，直接分析教育活动。分析的角度因方法而异。(2) 另一小群学科主要针对的是如何将方法运用到教育领域中来。也就是说它直接以方法的运用为对象，探讨在教育研究中运用这些方法的种种原则与规范。

教育学科形成的第三种方式是：综合运用多门学科的解释（或成果）来解决教育的某一相对具体的实际问题。这类学科带有较强的可操作性。在这类教育学科中，又有两种不同的情况：一种情况是学科所研究的对象是属于教育领域内部的活动，是教育活动独有的问题，这群学科有课程论、教学论等；另一种情况是学科所研究的对象并非教育领域独有的问题，如管理、技术、规划等问题，这些问题是行政学、技术学、规划学的研究对象。但这三门学科在研究这些问题时本身就综合运用了多门学科的研究成果。因此教育行

---

① 人们对“比较教育学”有不同的理解。第一种是把它等同于国际教育，用比较方法来研究不同国家、地方的教育（例如张渭城：《比较教育》，载张渭城编：《国外教育学科发展概述》，教育科学出版社 1982 年版，第 60 页）。第二种是把它看成为有关教育过程中两个或两个以上实体比较的知识［如 Christensen, J. E. (ed.), *Perspectives on Education as Educology*, 1981, pp. 149, 279］。第三种则认为，如果比较作为方法是普遍的，一门“比较”学科只有当它把比较推到一个更高的抽象作用水平，比如说“诸如比较之比较”时，才堪称这一名称，比较教育学实际上表示更高的认识论水平（如 Olivera, C. E., Comparative Education: Towards a Basic Theory, in *Prospects*, Vol. XVIII, No. 2, 1988）。从比较教育学这门学科的历史来看，第一种理解更为符合学科现实的特点。见朱勃著：《比较教育史略》，广东高等教育出版社 1988 年版。

政（管理）学、教育技术学、教育规划学，看上去是一门学科（行政学或技术学或规划学）运用于教育领域的结果，而实际上是综合运用了许多学科而形成的。如教育技术学，它以教育技术为对象，但它不试图解释技术，对于一台教学机器，教育技术学对它的物理学原理兴趣不大，它感兴趣的是这台机器（在考虑到种种影响因素的情况下）如何提高教学效率乃至整个教育效果。当技术转化为教育技术时，这本身就隐含了对教育活动规律的思考，而对这些教育活动规律的解释又都是建立在许多学科理论的基础上的。在这里，所谓的"教育技术"是指人类在教育活动中所采用的一切技术手段的总和，其目的是达到优化的教育效果。为了不让人对"技术"产生误解，即仅理解为教学机器之类的"硬件"，克里斯坦森曾提出了以"教育实践学"（praxiology）一词来取代"教育技术学"一词。①

上述由三种形式而形成的教育科学分支学科，都是以教育活动这一实践形态为对象的，最终以理论形态表现出来。随着这些学科在理论上的不断发展和逐步成熟，教育科学也同许多其他学科一样，产生了自我反思的需要，也就是要对教育理论本身进行研究和分析，由此一些新的学科正在形成，并跻身于教育科学的行列，如元教育学②、教育学史。元教育学重在研究教育理论的结构与功

---

① Christensen，J. E.，*Educology and Some Related Concepts*：*A Dialogue*，in Christensen，J. E.（ed.），op. cit.，p. 138. 克里斯坦森以"教育实践学"来代替"教育技术学"，界定了其为有关教育过程中有效实践的知识。但由此看来，前者比后者含义更为宽泛。

②"元"，英文为"meta"，原义为"在……之后""超越"，后引申为一种更高的逻辑形式。把"meta"放在某学科（discipline）前面所构成的名词，意味着一门新的但与原学科有关的学科，它将对原学科的性质、结构等进行分析。见 Gove，P. B.（ed.），*Webster's Third New International Dictionary*，1981，p. 1418。我国台湾一些学者译"meta"为"后设"。"元教育学"的名称也是可以商榷的。

能、教育理论研究的方法论问题、教育理论与实践的关系等，教育学史重在研究教育学形成和发展的历史、教育学的逻辑演进序列、教育学的发展机制等。元教育学、教育学史的形成是建立在上述分析的各门教育学科理论发展的基础上的，它在研究对象上与上述各门学科区分开来，从而构成了教育科学分类体系中的一类。

到这里，教育科学的分类已成雏形。我们试图做的是：沿着教育科学各门学科形成和发展的历史足迹，分析学科形成的内在机制及学科的构成，较有根据地提出分类标准，并尝试提出一个分类标准的体系。

第一，以研究对象为标准，区分出教育科学的两大类：以教育活动为对象的学科与以教育理论为对象的学科。这是第一个层次。

第二，对以教育活动为对象的学科进一步分类。这是在第一层次分类标准的基础上，以学科的形成机制为标准。由于教育理论的性质决定了这一大类教育学科形成的总特征：在运用其他学科的过程中形成的，所以形成机制又反映在这种运用的不同方式上。由此区分出三类教育学科。这是第二个层次。

第三，对上述三类教育学科又进一步分类（小群）。这是在第二个层次分类标准的基础上，同时以研究对象的性质为标准，由此区分出各类中的群。这是第三个层次。

这样，教育科学分类的框架已略见端倪。

四

根据上述分析提出的分类标准，可以为教育科学体系初步绘制一个类型学的框架表。

教育科学分类框架表

<table>
<tr><td rowspan="7">以教育活动为研究对象；以不同方式运用其他学科</td><td rowspan="3">把被运用学科作为理论分析框架</td><td>分析教育中的形而上问题</td><td>教育哲学　教育逻辑学
教育伦理学　教育美学</td></tr>
<tr><td>分析教育中的社会现象</td><td>教育社会学　教育经济学
教育政治学　教育法学
教育人类学　教育人口学
教育生态学　教育文化学</td></tr>
<tr><td>分析教育中的个体的“人”</td><td>教育生物学　教育生理学
教育心理学</td></tr>
<tr><td rowspan="2">采用被运用学科的方法</td><td>运用方法直接分析教育活动</td><td>教育史学　比较教育学
教育未来学</td></tr>
<tr><td>研究如何运用方法来分析教育活动</td><td>教育统计学　教育测量学
教育评价学　教育实验学
教育信息学</td></tr>
<tr><td rowspan="2">综合运用各门学科，解决教育的实际行动问题</td><td>分析与其他领域共有的实际问题</td><td>教育卫生学　教育行政（管理）学
教育规划学　教育技术学</td></tr>
<tr><td>分析教育领域独有的实际问题</td><td>课程论　教学论</td></tr>
<tr><td colspan="3">以教育理论为研究对象</td><td>元教育学　教育学史</td></tr>
</table>

框架力图大致描绘目前教育科学的概貌。从上至下，学科由偏重认识问题，走向偏重解决问题；从侧重一个角度分析教育到综合地分析教育。上表反映出教育科学的研究在对象认识上具有了一定的深度（实践层面—理论层面）和一定的广度（从众多的角度看教育），这也同时反映出教育科学在研究方法上的多样性，反映出各门学科的形成方式及在教育科学总表中的位置。透过这张表，也可看到教育活动的丰富性，它的涉及面如此之广，几乎有点目不暇接了。

关于这个分类框架，还有几个问题需作进一步的说明。

分类使教育科学的各门分支学科明确地分离开来，那么这些学科的内在联系表现在哪里？这是我们要说明的第一个问题，即教育科学的统一性问题。

复数教育科学的脱颖而出，使教育科学的发展生机勃勃，但会不会各门分支学科“壁垒森严”，因而人们在欣喜的同时也有忧虑：如果各门学科间缺乏交流，缺乏相互合作，教育科学也就缺乏凝聚力。实际上，学科的统一性问题不只存在于教育科学之中。现代科学的发展，使人们越来越意识到学科之间的界限已不是泾渭分明了。于是便有了以“结构”观点、发生学观点来透视学科的方法，因为，当用“结构”观点透视学科时，就可以忽略不同学科研究对象的差异和定理表达方式的不同，找到学科结构的共同点和转换机制；发生学的意义则在于：它不承认有任何绝对起点，这意味着许多学科之间存在着内在联系。① 于是也有了以“基质”取代“功能”的提法，这表明考虑到了对象的综合性，希望把所有的学科都统一在世界物质的统一性这一前提之下。因此，教育科学统一性问题的提出，也正反映了这种大趋势。关键也许是在于把握住两个方面。一方面，教育科学在这种分化的表象背后有着深厚的统一基础，即除了以教育理论为研究对象的学科以外，所有学科都聚焦于“教育”（这在框架中也反映了出来），而一门分支学科只能触及教育活动的一个方面。教育活动的丰富性使这种单支的探索缺乏力度，

---

① 皮亚杰把这两种方法作为他探讨学科问题的指导思想。见刘仲林主编：《跨学科导论》，浙江教育出版社 1990 年版，第 98 页。皮亚杰在其《跨学科认识论》（*L'épistémologie des Relations Interdieiplinaires*）中说，跨学科研究应该是达到这一阶段的研究：“一门科学与邻近学科或邻近领域之间的合作，导致彼此有一些真正的相互作用，即在交流中导致某种互利，诸如互相使对方在总体上有所丰富。”这种跨学科研究还应该继续得到发展，以达到一个“高级阶段……即综合研究阶段，而是要使各有关学科融为一个总的体系，在其内部建立有这种系统”。见［法］加斯东·米亚拉雷、让·维亚尔主编，张人杰等译：《世界教育史（1945 年至今）》，上海译文出版社 1991 年版，第 502 页。

它要综合所有的学科，创造性地利用这些分支学科。教育科学的统一性，既统一在一系列协调一致的实践原则中，又统一在分支学科的广泛的理论结合中。另一方面，分化是教育科学发展的必经阶段，新的统一是建立在成熟的分化之上的。学科分化中表现出的“危机”给人们提出了新的课题：跨学科的研究。它是走向统一的希望所在!

在思考教育科学的统一性问题时，我们不由得会想到教育科学的原本统一形式，即教育学。在现今的教育科学体系中，教育学的位置在哪里？本框架中似乎把它“遗忘”了。是一种疏忽吗？这是我们要说明的又一个问题。现今人们对教育学的理解似乎走向了“两极”。其一，认为教育学是教育科学中的哲学。正如现代科学体系中的哲学一样，当一门门学科逐渐分离出去时，它也变得“轻松”起来，内涵更为明确，更具指导作用。教育学是这样吗？随着一门门分支学科的形成，出现了复数教育科学，它以怎样的方式在复数教育科学体系中成为各门分支学科的“哲学”？它讨论的议题是什么？其二，认为教育学主要涉及教学论。因为那些被运用的学科各自与教育的结合，主要体现在对教育进行所谓“解释”的基础研究层面，因此当这些学科涉足教育领域，形成分支学科，纷纷从教育学分离出去时，剩下的就是教学论一类的应用研究了。这种理解，表明对教育学的理解又回到了最初用“pedagogy”一词所表达的那种意义上了。这个词来自希腊语“paidagōgia”，按其词源来说①，意为引导儿童学习的学问。因此在现代的一些英语词典上，这个词的主要意思是“教学法（教学论）”。后来，英语的“pedagogy”一词

① 希腊语“paidagōgia”由“pais”“agein”两部分构成。“pais”意为孩子，“agein”意为引导。见 Gove，P. B.（ed.），*Webster's Third New International Dictionary*，1981，pp. 1663，1619。

在“教育学”意义上往往为“education”一词所代替。①

可以换个视角来看“教育学”。首先，“教育学”的历史和师范院校的历史关系密切。师范院校为培养教师而开设教育学课程。当“教育学”作为一门师资培训的必修教学科目时，具有“概论”的性质，就像“普通物理学”“普通心理学”② 那样。它更多地以教材体系表现其内容，是一门教学科目（subject），很难说是科学体系中的一门学科（discipline）。其次，我们常常笼统地说教育学研究，实际上它已分得很细。当说某人在进行教育学研究时，往往指的是研究一两门专业分支。但我们仍需要一个一般的术语，来指称有关教育包罗的学问，有人便提出了“educology”一词。③ 它相对于“教育”（education）这一研究对象，就如“社会学”（sociology）之于“社会”（society）。这样看来，“教育学”即为现代意义上的“教育科学”。如果将教育学放在框架上的话，那么，它也许是涵盖以教育活动为研究对象的全部分支学科了。正因为对“教育

① 有关“education”取代“pedagogy”的过程，见 Monroe，P.（ed.），*A Cyclopedia of Education*，1913，pp. 621-622；［美］亨德森著，沈剑平、崔允漷译：《教育学》，瞿葆奎主编，瞿葆奎、沈剑平选编：《教育学文集·教育与教育学》，人民教育出版社 1993 年版，第 295—298 页。

② 在习惯上称的“普通物理学”“普通心理学”等，严格说来，是“一般物理学”“一般心理学”等。

③ 此词由哈丁（Harding，L.）、斯坦纳（Steiner，E.）、比格斯（Biggs，J.）和埃尔德（Elder，R.）等人所创。1964 年，在一次教育哲学家的国际性会议上，斯坦纳提出了“educatology”一词。当时在与会学者格伦（Gruen，W.）的建议下，简化为“educology”。见 Christensen，J. E.（ed.），*Perspectives on Education as Educology*，1981，pp. v-viii，107-108。马骥雄教授为了答复瞿葆奎的请教，于 1987 年写了一张便条：“‘educology’一词，本当译作‘教育学’。唯在我国‘教育学’已经是‘pedagogics’的译语，如仍译为‘教育学’会造成术语的雷同和混乱，踟蹰良久，想不出一个恰当的译名。转思我国的学科名称有伦理学、物理学、心理学、生理学、病理学、法理学，等等。因此，姑暂译作‘教理学’，供商榷，以便定出恰当的译名。”云云。

学”的理解还有着分歧，姑暂“悬置”，有待共析。

还有一个要说明的问题是：本框架的形成，是根据对现有可称为学科的教育科学分支学科进行考察归纳的。这些学科有的已较成熟，有的正在发展中，甚至正在形成中，那么，框架的预测性表现在哪里？有些研究者为科学分类能像门捷列夫化学元素周期表那样作出准确预言曾不甘雌伏。如果说凯德洛夫的科学分类框架，以在各学科门类及学科之间可进行二级、三级，乃至四级交叉来预测学科还有粗浅之嫌的话，那么有的研究者提出的学科自身结构的“自生殖”力量与实践需要之间平衡的观点①，也还没有把预测兑现在科学分类的框架上。因为科学分类中的学科与元素周期表中的元素不一样，前者是要在实践中所产生的，而后者是为人们在实践中所发现的。因此，教育科学分类框架的预测，只能就一些趋势作可能性判断。由于教育科学的特性，对其分类框架的预测似可作如下判断：在从某一角度分析教育的某一方面或某一组成部分的层面上，有多少涉及“人”的学科；在教育研究的层面上，有多少可用于研究“人”的问题的方法，便有可能产生多少分支学科；在把教育作为一个整体，从多种角度同时进行综合研究的层面上，教育领域内有多少种具有现实作用和影响的实际问题，就有可能产生多少分支学科。而这些学科要成为现实，必然与教育的实践需要，以及学科研究所具备的各种条件有关。如此说来，本框架为未来的教育科学分支学科留下了位置，等待着人们去填写。

最后要说明的一点：任何分类总免不了带有人为的色彩，但主观的随意性却是为所有追求真理之研究所抛弃的。教育科学分类本是学科本身的特点与人们认识的结晶。本框架在认识有关教育科学的问题的基础上进行分类，力求主客观的统一。另一方面，本框架

① 赵红洲著：《大科学观》，人民出版社 1988 年版，第 156—157 页。

试图把通过分析教育理论性质而演绎出来的逻辑结构，与通过分析教育学科的发展与现状而归纳出来的逻辑结构结合起来，这也许在一定程度上反映了历史与逻辑相统一的方法论思想。此外，对分类标准的思考，也企图超越单纯形式逻辑的思维方式。当然，由于教育科学内部学科的多样性与复杂性，使分类半青半黄，相对出现了多种分类标准和框架；并且，历史发展的无限性与人们认识的有限性之间的矛盾，也决定了分类的暂时性与相对性。但这也正是人类思维进步的内在动力。以“有涯”追“无涯”，不亦悦乎？人的理智与情感的需要，教育科学自身发展的需要，将引导人们为此而继续深思。嘤其鸣兮，求其友声，亦寻其异音耳。

目　录

前言

一

教育评价学是教育科学的一个重要分支学科。教育评价是从教育测量活动中逐步发展出来的。自 19 世纪中叶，美国著名教育家贺拉斯·曼（Horace Mann）在美国学校中引进了书面考试，教育测量作为一个研究领域受到了教育工作者的高度重视。在从那时起到 20 世纪 30 年代的八十多年中，教育测量的研究取得了一系列的成果，在考试、测验的定量化、客观化与标准化方面，取得了重要的进展。然而，当时的考试与测验只要求学生记诵教材的知识内容，是很片面的。到 20 世纪 30 年代，泰勒（Tyler，R.）在“八年研究”（1934—1942 年）中（他担任评价委员会主任）证明对高级智慧技能的测量与对知识的测量不是一回事，如果高级智慧技能是教育的目标的话，那么这些技能就必须直接加以测量。在这一基础上，泰勒提出了以教育目标为核心的教育评价原理，即教育评价的泰勒原理，并明确地提出了“教育评价”（educational evaluation）的概念，从而把教育评价与教育测量区分开来。教育评价学就是在泰勒原理的基础上诞生与发展起来的。在西方，人们一般把泰勒称为“教育评价之父”，以纪念他对教育评价理论的贡献。比如，由胡森（Husén，T.）与波斯尔思韦特（Postlethwaite，T. N.）主编的《国际教育大百科全书》（*The International Encyclopedia of Education*）在“评价·评定·测量”条目下，写道：“我们可以恰如其分地把泰勒看作教育评价之父。”

然而，也有人认为：“教育评鉴（即评价，evaluation）脱离教育学自成独立学科，应自 1967 年始。”① 由于斯克里文（我国台湾学者译作斯克里芬，Scriven，M.）、斯塔克（我国台湾学者译作史代克，Stake，R. E.）与开洛格（Kellogg，T. E.）等人对教育评价理论的巨大贡献，他们被称为“美国教育评价界的泰斗”，“学者们便将 1967 年界定为美国教育评鉴发展的转折点”。②

确实，斯克里文等人在教育评价理论发展过程中起着重大的作用，尤其是斯克里文的《评价方法论》（*The Methodology of Evaluation*），在教育评价理论的发展中有着里程碑意义，正是在这篇重要的文献中，他提出了“总结性评价”与“形成性评价”的概念，以后他又进一步提出了不同于泰勒“目标评价”的“目的游离评价”这一概念。但是，他的理论是在泰勒原理的基础上发展起来的。因此，我们认为把 20 世纪 30 年代由泰勒发展起来的教育评价理论作为教育评价学的起点，把 60 年代中期由斯克里文等人的贡献看作教育评价学发展的新阶段是比较恰当的。

二

教育评价学是教育科学中一门应用性很强的分支学科。它涉及的范围也是很广泛的，粗略地加以区分，就有学生评价、教师评价、教学评价、课程评价、学校与教育机构评价、教育政策与教育项目评价等方面。如果按教育层次加以区分又可分为基础教育评价、高等教育评价、职业技术教育评价以及成人教育评价等方面。在这一本书的有限篇幅里对这些问题作全面的探讨是很困难的。为此，本书根据本丛书的性质，注意了下述三个方面。

---

① ② 李绪武：《教育评鉴的意义与发展》，载伍振鷟 主编：《教育评鉴》，南宏图书公司 1993 年版，第 3 页。

1. 以介绍教育评价学理论发展的新进展为主，着重探讨在教育评价学各领域中的最新研究成果，同时，兼及实际应用工作者的需要，适当介绍教育评价的一些运用技术。

2. 在教育的各层次中，以基础教育为主，同时，根据当前高等教育发展的需要，适当兼及高等教育评价。

3. 根据事物从简单到复杂的发生、发展规律与理论从抽象到具体的逻辑行程，本书力图把逻辑的分析与历史的分析结合起来。

三

本书的编写得到了丛书主编瞿葆奎教授的勉励与指导。瞿葆奎教授指导的博士研究生郑金洲、范国睿、谭晓玉、黄向阳和硕士研究生任长松、袁文辉等同志作为本书初稿的第一读者，对本书的修改提出了宝贵的建议。本书引用了我国台湾与香港一些学者的研究成果，出处已在每页脚注中指明。除个别因英文翻译不同的地方略作说明外，本书循“只摘不改”的原则。由于作者水平与掌握的资料有限，凡错误与不当之处，任何批评与建议都是作者所衷心欢迎的。

第一章
教育价值与教育评价

评价是人们常见的一种社会活动。几乎可以说，每个人都经常地评价着社会的各种现象，评价着他人，也评价着自身。然而，什么是评价？这并不是每个人都能正确地加以回答的问题。同样，教育评价是教师、教育管理工作者经常进行的一种活动。作为教师，我们经常地评价着学生学习的进展，评价着自己的教学水平；作为教育管理工作者，我们经常地评价学生学习的成就，评价着教师教学的质量。然而，什么是“教育评价”？这并不是每个教育工作者都能正确地加以回答的问题。再有，作为教师，当我们给学生的一篇作文打分的时候，比如，我们对一篇作文打了 85 分，我们是否问过自己，我为什么对这篇作文打 85 分，而不打 75 分或 95 分？我们打分的依据究竟是什么？当我们说这一所学校教育质量比较高的时候，我们是否问过自己，所谓“教育质量比较高”的含义究竟是什么？很遗憾，事实上这些涉及评价如何进行的基本问题，并不是所有教育工作者都作过深入思考与都能正确地回答的。本书试图对上述问题作出回答。本章先从“价值”与“教育价值”概念的分析入手，探讨什么是教育评价以及它的特点、目的等方面。

第一节　价值与教育价值

要了解什么是评价，首先就要了解什么是价值；要了解什么是教育评价，首先就要了解什么是教育价值。只有当我们对价值与教育价值有比较深入的了解，才能对评价与教育评价有比较深入的了解。

一、社会对教育的需要与教育的价值

（一）社会对教育的需要的概念

“价值”这一概念与“需要”有着紧密的联系。

“需要”（need）是近年来各界人士所广泛谈论的课题，作为一个科学的概念，“需要”指的是主体在生存和发展过程中，由某一方面缺乏而引起的一种摄取状态，这种状态形成了主体生存和发展的客观依据。“需要”这一概念包含这样三种含义。

第一，需要是一种摄取状态，是主体有目的活动的动力。这就是说，需要还不是行为和行动，而是行为的源泉，需要具有行为动力的意义。马克思主义的创始人说过：“任何人如果不同时为了自己的某种需要和为了这种需要的器官而做事，他就什么也不能做……”。① 正是在这个意义上，我们说人的行为是由需要而激发的，需要激励了人的行动。

第二，需要总是与不足或缺乏联系在一起的。没有不足就没有需要。当然，这里要指出的是：这种不足是相对的不足，它具有社

① 马克思、恩格斯：《德意志意识形态》，载《马克思恩格斯全集》第 3 卷，人民出版社 1965 年版，第 286 页。

会制约性的特点。这种不足的多样性构成了需要的多样性。

第三，需要是在主体生存与发展过程中产生的，具有动态性。主体的一种需要得到了满足以后，就又会产生新的需要。主体的需要在不断地发生变化，这种变化不仅有数量上的增减，而且往往有质量上的变化。

社会对教育的需要是一种特殊的需要。它是社会在发展过程中由于人才或才能的缺乏而引起的摄取状态，这种摄取状态是社会办教育的动力因素，是推动教育发展的动机力量。这里我们之所以把社会对人才的需要称为社会对教育的需要，其原因在于这种需要是通过教育才能得到满足的。

（二）社会对教育需要的构成

社会对教育的需要是社会对人才或才能的需要，那么，这种需要究竟包括哪些方面？考虑社会对教育的需要究竟要考虑哪些方面？这个问题就是社会对教育需要的构成问题，研究这个问题不仅有很大的理论意义，而且有很大的实际价值。

社会对教育的需要由个体（受教育者本人及其家长）以及国家、地区对教育的需要两部分组成。

1. 个体对教育的需要。个体对教育的需要是人的基本需要中引起受教育动机的那部分。研究结果表明，这种需要几乎覆盖了人的基本需要的全部方面，但其中最主要的是下述几个方面。

（1）职业的需要。在现代社会中，由于科学技术高度发展，劳动生产过程对劳动者的知识、技能和能力的要求越来越高，没有一定的知识、技能和能力，个体就很难找到职业，或者说，寻找职业的机会将受到限制。受教育程度越高，知识、技能得到相应的增加，能力得到相应的提高，个体在谋求职业和争取较高劳动报酬中获得成功的机会越多。

表 1-1 为浙江省杭州市教科所在 1990 年对中学生学习主要动

力的调查结果。

在表 1-1 中，“其他”一栏包括老师的影响与严格要求、家长的期待与督促、时代的要求与社会责任以及谈不上什么动力等情况。

由表 1-1 可见，在个体受教育的动机中，职业的需要这种动机占了最大的比重，在初三学生中占了 46.2%；在高三中占了 31.32%。职业的需要属于个体生存需要的一种，它引起个体学习劳动生产过程中所需知识、技能和能力的动机。

个体职业需要的指向，往往很灵敏地反映着社会经济发展的变化，反映了社会劳动力需求方向的变化，因而特别值得加以研究。

表 1-1　中学生学习主要动力调查结果

学习动力			为了升学	为了毕业后能顺利就业	对知识的兴趣和追求	其他
年级	初三	人数	46	162	40	103
		%	13.60	46.20	10.95	29.25
	高三	人数	75	83	25	80
		%	28.30	31.32	9.43	30.95

（2）成就的需要。成就的需要包括谋求较高的社会地位，以期获得别人的尊重和自尊，实现自己的理想，贡献自己的聪明才智。这种需要也是促使个体受教育的一个重要的原因。

在我国，在个体成就的需要中，还有一个特殊的因素，就是学生家长内在成就的需要。不少学生的家长把上大学看得很重，究其原因，是他们把自己的理想放在自己子女的身上。他们把子女的成功看得比什么都更重要，而子女成功与否的标志，似乎就是其能否跨进大学的校门。这就进一步加重了子女升学的身心压力。

（3）求真与求善的需要。上述的两种需要带有功利的性质，求真与求善的需要是一种非功利性的需要。所谓求真的需要是一种认识的需要，就是领会与理解事物的本质和规律，向往和追求真理；所谓求善的需要就是追求人自身道德与人格的完善。求真与求善的需要是人的需要中的一个重要部分。在受教育者的教育需要中，求真与求善的需要不可忽视，它也是人们追求教育的一种重要动机力量。

上述三种需要是个体对教育的需要中占有较重要地位的需要。此外，个体对教育的需要中还有安全的需要，社交的需要等成分。在谈到“什么知识最有价值”时，斯宾塞（Spencer，H.）肯定地说：“一致的答案就是科学”，但同时他又强调，“必须承认直接关系保全自己的知识是头等重要的”。① 确实，在某种情况下，有些人是为人生的安全而来受教育的。社交的需要也是部分青年进学校的一个重要因素。不过与上述三种需要相比，后两种需要的比重可能要小一些。

个体的需要是社会需要的一个重要的组成部分，在研究社会对教育的需要过程中，我们不应该、也不能够忽视对这部分需要的研究。其原因主要在于以下三个方面。

第一，个体的需要是社会需要中最灵敏的部分。社会发展过程中提出的各种需要，往往是通过个体的需要首先反映出来的。

第二，个体的需要和国家、地区的需要有紧密的相互作用的关系，因而，在很大程度上会影响国家和地区的需要。

第三，个体需要的变动，往往也是国家政策和教育政策的指示器，政策上的一些不完善之处，往往会导致个体需要的变动。因此分析个体的需要及其变化有助于发现问题，完善国家政策和教育

① ［英］斯宾塞著，胡毅译：《教育论》，人民教育出版社 1962 年版，第 43 页。

政策。

2. 国家、地区对教育的需要。国家或地区对教育的需要，包括政治、经济和文化发展的需要。

(1) 政治发展的需要。政治发展的需要就是为一定的社会培养接班人的需要。在阶级社会中，一定的教育总是为一定阶级服务的。一定的教育受一定的政治的制约，并对一定的政治起重要作用。政治的需要在任何社会都存在。

(2) 经济发展的需要。经济发展的需要，即对有一定知识、技能和能力的劳动者和专门人才的需要，以及对适应本国和本地区发展的科学技术的需要。经济发展的需要在我国不同的地区和行业，具有较大的不平衡性。不同地区、不同行业的生产力发展水平不同，因而对劳动力和专门人才的需要有结构性的差别。比如，有关研究表明，在手工操作为主的行业，一般劳动者与高级专门人才的比例大体为90∶10；在机械化程度较高的行业，这一比例为70∶30；而到了自动化占优势的行业，这一比例为30∶70。在不同的地区之间，由于地理条件、自然资源和历史传统等诸多因素的影响，这种对人才和才能的需要就表现出了更大的差别。

(3) 文化发展的需要。文化发展的需要即通过培养全面发展的人，以全面提高全民族素质的需要。从文化学的观点来看，作为一种过程的文化，它指人不断地摆脱“野性”，实现人的最高本质，追求自由的自觉活动的过程。当然，在另一意义上，文化也指作为上述过程的成果。这种成果是人类在发展过程中，人自身本质力量对象化的客观成就，人类在认识自然、社会和自身方面的成熟程度，以及以人类实践活动为基础的共同价值观念所达到的深度和广度。对于教育来说，文化发展的需要就是人类实现自己最高本质的需要。应当说，促进全民族文化尽可能地发展，这是任何地区各级各类学校的共同任务。我们教育工作者已经并且正在为实现这一任务作出艰苦的努力。但是也要看到，在我国由于历史和传统的各种因素的影响，各个地区文化发展已经达到的程度有很大的差别，因而考虑文化的发展需要就不能不考虑这种起点的差别。

二、教育的价值与教育价值的构成

价值是由客体满足主体需要的程度而决定的。当主体在某一方面存在某种需要时，客体在某种程度上满足了主体的需要，这就形成了客体对于主体的价值。由此可见，离开了主体的需要去谈客体的价值是无意义的。同样，教育价值由教育满足人们需要的程度决定。个体与国家、地区对教育的需要是构成教育价值的客观基础。个体对教育的需要形成了教育的个体价值，国家与地区对教育的需要形成教育的社会价值。任何社会的教育都是在满足个体与国家、地区这两个方面的需要中得到发展的。当一个群体由于人才不足或一个个体由于才能不足时，就需要通过教育活动来加以满足。教育活动满足社会群体或个体需要的程度就是教育的价值。

教育的价值有“教育的社会价值”与“教育的个体价值”之分。社会是由个体组成的，就像离开个体就没有群体，没有个体就不可能组成社会一样。不可能有脱离个体价值的社会价值。然而，又要看到，教育的社会价值并不是教育的个体价值的简单总和。在阶级社会中，教育的社会价值集中地反映了这个社会统治阶级的利益与需要。

第二节　教育评价的本质

一、教育评价的概念

在我国的文字中，“评价”是评定价值的简称。在英语中，“evaluate”（评价）这个词，在词源学上的含义也就是引出和阐发价值。从本质上来说，评价是一种价值判断的活动，是对客体满足主体需要程度的判断。教育评价是对教育活动满足社会与个体需要的程度作出判断的活动，是对教育活动现实的（已经取得的）或潜在的（还未取得，但有可能取得的）价值作出判断，以期达到教育价值增值的过程。比如，教师通过辛勤的劳动为社会培养了人才，评价教师的工作就是对教师是否对社会作出了贡献、他的贡献有多大作一个价值判断。教师评价的目的是进一步促进教学、教育质量的提高，使教师的工作能产生更大的价值。

事实上，在教育评价的各种界定中，美国学者格朗兰德（Gronlund，N. E.）在1971年的一种极为简洁的表述十分值得注意。格朗兰德认为，评价可以简单地用下式表述：

评价＝测量（量的记述）或非测量（质的记述）＋价值判断①

这就是说，评价是在量（或质）的记述的基础上进行价值判断的活动。格朗兰德的这一公式虽然粗糙了一点，但它确实抓住了评价活动的本质。

对事物进行量（或质）的记述，我们称为“事实判断”。事实判断是对事物的现状、属性与规律的客观描述。比如，我们说，这个学生已经掌握了四则运算的规则。这就是事实描述。它记述了学

---

① Gronlund，N. E.，*Measurement and Evaluation in Teaching*，1971.

生知识掌握的现状。在教育活动中，教育测量与教育统计都属于事实描述的范畴。事实判断的基本要求是它的客观性，即真实地反映事物的本来面目。“价值判断”则不同，它并非是由客体单方面所决定的。如前所述，教育的价值由教育活动满足主体需要的程度来决定。不同的主体由于其需要不同，对教育活动就有可能产生不同的判断。价值判断是在事实描述的基础上，根据评价者的需要和愿望对客观事物作出评判。由于它受评价者价值观念的制约，因此价值判断有一个显著的特点：它是一种客观性与主体性统一的活动。所谓客观性，就是说它是在客观地描述对象的基础上进行的；所谓主体性，就是说评价的结论又与评价者本身对事物“应该怎样”的认识有关，反映了评价者的主体需要和愿望。格朗兰德的公式表述的就是这样一个关系。

在实践中，“教育评价”和“教育测量”是一对经常容易混淆的概念。有些人常常把属于教育测量的活动也当作教育评价。教育评价与教育测量有着紧密的联系。教育评价往往把教育测量当作它的基础。教育评价是在教育测量基础上的深化。就其历史的发展来说，教育评价就是在教育测量基础发展起来的。但它们毕竟是有区别的。测量是对有关的属性分配数值。教育测量就是对有关的教育属性分配数值。在本质上，教育测量属事实判断的范畴。而评价是在它的基础上，进一步作出好与坏、优与劣，对与错、善与恶的判断。有人把身高、体重的测量也当作评价，这是一种误解，是需要加以澄清的。

此外，教育评价与教育研究在实践中经常被当作同一回事。其实这两者也有很大的差别。我国台湾学者李绪武从五个方面讨论了教育评价与教育研究的区别。①

---

① 李绪武：《教育评鉴的意义与发展》，载伍振鷟主编：《教育评鉴》，南宏图书公司 1993 年版。第 7—9 页。

1. 探究的重点不同。教育研究的目的在寻求基本理论的发展，知识的增进与了解，获得正确的结论。而教育评价在对现象或问题深刻了解之后，还要指导有关方面或有关人士的行为。教育评价的结果，须对教育行政主管机构、学校、教师及行政人员，以及社会负责。

2. 处理的结果不同。教育研究者的主要旨趣，在识别各种教育现象与问题的特性。最理想的研究成果，也不过是于广泛的教育现象中建立普遍的原理原则。教育评价者探讨的重心，却在针对特殊教育问题的解决，评价人员无意对其他现象或情况作综合，也无意作比较研究，而是就事论事地解决教育问题，厘定新的教育政策。

3. 探讨的任务不同。评价人员的主要任务是确定教育计划或问题的价值，协助决策制定阶层作最恰当的选择。而教育研究者的主要任务，只是追求科学的真理，并无对其所有的发现作价值批判的意图。

4. 研究的普遍性不同。教育研究与教育评价最大的区别，可能是教育问题和现象研究的普遍性。教育评价的范围比较广，但是受到时间与空间的限制；教育研究的范围比较狭小，却不受时间与空间的约束。

5. 学术基础不同。教育研究人员可以个人的特别兴趣，选择适当的方法，就某种教育问题，在确定的范围内作精深的研究。而教育评价人员却不能仅凭个人意愿。

李绪武认为，如果将教育研究者比为生理学家，可以将教育评价人员比为医师，个人感觉身心不适时，应当立即请教的是医师而不是生理学家。同样地，当教育行政主管机构对现行教育事业发生怀疑而谋求改进时，委托的对象是教育评价专家，而不是教育研究人员。

二、教育评价的主体：教育的个体评价与社会评价

教育评价由于其主体不同、主体的需要不同，可以分为“个体评价”与“社会评价”两种不同的类型。

1. 个体评价。个体评价是一种以个人为评价主体的评价，是个体从自身的需要、利益、情感出发，对主客体价值关系的判断。教育的个体评价是个人从自身的需要、利益、情感出发，对教育进行的价值判断。个体对教育与学校的评价总是客观存在的，并且，学生由此来决定自己报考学校的志愿，选择自己喜欢的学校。

需要指出的是，这里所讨论的个体是广义的概念，它可以是某一个人，也可以是具有共同利益的一组人。

严格地说，个体评价又可以分为两种类型。

（1）个体的自我评价。在社会生活中，个体总是通过接收外界对其行为的反馈信息，评价自己行为的成败得失，从而来调整自己的行为。因此，个体的自我评价，是其在日常生活中自觉与不自觉地、经常地进行着的。在此时，自我评价的主体是自我，评价的客体是自我的行为与结果。

（2）个体对他人他事的评价。个体对自身以外的其他客体的评价，是个体对他人他事的评价。学生对教师的评价就是属于这一类型。

2. 社会评价。社会评价与个人评价不同，“是指从一定社会的角度来考察和评定现象的社会价值，判明现象对社会的作用之善恶、美丑、功过及其程度”。① 正像社会并不是单个个体的简单相加一样，社会评价也不是单个个体评价的总和或其平均值。在阶级

① 李德顺著：《价值论》，中国人民大学出版社 1987 年版，第 312—313 页。

社会中，占统治地位的意识是统治阶级的意识。社会评价则是反映这个社会占统治地位的那些个人、群体和阶级意识的评价。教育的社会评价是从国家与地区的需要出发对教育进行的评价。

社会对教育的需要有当前的需要与长远的需要之分。国家对教育的当前需要着眼于国家今天的发展；国家对教育的长远需要着眼于国家未来的发展。就像未来是今天的继续一样，社会未来的需要是当前需要的延续，但是，它不是今天需要的简单的总和，恰恰相反，它在寻求资源满足自身需要方面往往呈现一种竞争的态势。只是从今天的需要出发，人们可能杀鸡取卵，竭泽而渔。从未来的需要出发，人们今天就要植树造林，造福后代。当然，这决不是说，当前的需要不重要。社会当前的需要得不到满足，社会就有可能失去动力。社会长远的需要得不到考虑，在社会未来的发展中也会产生各种意想不到的问题。

与当前的需要和长远的需要相对应的，是对教育社会价值的“社会现时评价”与“社会历史评价”两种不同的判断。

（1）社会现时评价。以满足社会发展眼前需要为价值尺度的教育评价，是教育的社会现时评价。

（2）社会历史评价。以满足社会发展长远需要为价值尺度的教育评价，是教育的社会历史评价。

对社会现象作社会现时评价的主体是当代人；对社会现象作社会历史评价的主体是后代人。

人们总是评论着前人的千秋功罪，盖棺并未就此定论。人们常说，要经得起历史的检验，就是说要经得起社会历史的评价。

从社会长远发展的需要去考虑教育改革的问题，就是要学会从社会历史评价的角度去研究与判断每一教育改革的行为与措施。身在当代人的时空内，试图站在未来人的角度上去判断现代的行为是不容易的。对国家、民族及地区长远的需要的把握，要求人们具有对未来的深邃洞察力与对历史的强烈使命感。但是，它决不是说是做不到的。能否做到这一点，这正是具有远见卓识的教育领导人与目光短浅的教育领导人的分野。

三、教育评价的目的：形成性评价与总结性评价

教育评价就其目的的不同，通常分为“形成性评价”与“总结性评价”两种类型。

“形成性评价”与“总结性评价”这两个概念是由斯克里文在其1967年所著的《评价方法论》中首先提出来的。形成性评价（formative evaluation）是通过诊断教育方案或计划、教育过程与活动中存在的问题，为正在进行的教育活动提供反馈信息，以提高实践中正在进行的教育活动质量的评价。一般地说，形成性评价不以区分评价对象的优良程度为目的，不重视对被评对象进行分等鉴定。总结性评价（summative evaluation）与此不同，它是在教育活动发生后关于教育效果的判断。一般地，它与分等鉴定、作出关于受教育者和教育者个体的决策、作出教育资源分配的决策相联系。学生的毕业考试、教师的考核、学校的鉴定都是总结性评价的例子。由此可见，这两类评价活动是有区别的，并且，这些区别可以进一步从以下几方面加以说明。

第一，形成性评价与总结性评价的目的、职能（或者说期望的用途）（expected uses）不同。布卢姆（Bloom，B. S.）曾经明确指出，这两种评价相区别的“明显的特征在于目的（期望的用途）”。他进一步指出：“形成性观察的主要目的是决定给定的学习任务被掌握的程度、未掌握的部分”，“它的目的不是为了对学习者分等或鉴定，而是帮助学生和教师把注意力集中在为进一步提高所

必需的特殊的学习上”。[①] 布卢姆的这段话主要是针对学生学习成就的评价而言，但其基本精神同样也适用于教育评价的其他方面。在教育方案的评价中，形成性评价通过社会需要、教育活动参与者的需要的评定、可行性研究、实施过程存在的问题等方面的调查，将其目的指向改进教育活动的质量。

总结性评价“指向更一般的等级评定”[②]。它的直接目的是作出教育效果的判断，从而区别优劣、分出等级或鉴定合格。总结性评价与教学效能核定（accountability）联系在一起，它为关于个体的决策、教育资源投资优先顺序的抉择等提供依据。

第二，形成性评价与总结性评价的报告听取人（audience）不同。形成性评价是内部导向的，评价的结果主要供那些正在进行教育活动的教育工作者参考。总结性评价是外部导向的，评价的报告主要呈递给各级制定政策的管理人员，以作为他们制定政策或采取行政措施的依据。形成性评价与总结性评价的这一区别，决定了这两类评价活动的外部特征：形成性评价者与教育活动的实施者相互依赖。教育活动的实际参与者与实施者需要形成性评价者提供各种帮助，这两类人员关系密切。然而，总结性评价者则在一定程度上保持着独立的关系，这一独立的关系是他们能以客观的态度实施评价的基础。

第三，形成性评价与总结性评价覆盖教育过程的时间不同。如前所述，形成性评价直接指向正在进行的教育活动，以改进这一活动为目的，因此，它只能是在过程中进行的评价，一般它并不涉及教育活动全部过程。总结性评价考察最终效果，因此它是对教育活动全过程的检验，一般在教育过程结束后进行。

---

①② Bloom, B. S., et al., *Handbook on Formative and Summative Evaluation of Student Learning*, 1971.

第四，形成性评价与总结性评价对评价结果概括化程度的要求不同。形成性评价是分析性的，因而，它不要求对评价资料作较高程度的概括。而总结性评价是综合性的，它希望最后获得的资料有较高的概括化程度。

除了上述区别外，形成性评价与总结性评价在评价的准则、标准、方法等方面也有些区别。但是，这些区别并非是本质的，而是由目的或期望用途的不同而派生的，并且随着一些新的评价模式的出现，这些区别正在变得模糊起来。

第三节　关于教育评价本质与目的的争论

一、关于教育评价本质的争论及其分析

（一）关于教育评价本质的争论

当然，上述关于教育评价的本质与目的的观点并非已取得学术界一致认同。对教育评价的本质究竟是什么，理论界对这一问题至今仍有歧义。为了使大家对关于教育评价本质的几种观点有一个比较全面、清晰的认识，本节把理论界几种不同的观点放在教育评价历史发展的长河中加以考察，以便认识各种观点的由来及分歧所在，从而为读者得出自己的观点提供一个基础。

1. 泰勒的评价观。教育评价就其历史发展来说，它的起源与对学生学力检测活动的发展有着紧密的联系。在 19 世纪的下半叶和 20 世纪最初的 30 年，教育工作者在对学力测验的研究和教育成就定量化、客观化、标准化方面取得了很大的成绩。但是由于当时

的测验都是以教科书为中心加以编制的，测验的内容只是要求学生记诵教材的知识内容，是很片面的，并不能反映学生的发展情况和他们的实际需要。在这种情况下，美国俄亥俄州立大学教育科学研究所教授泰勒受卡内基基金会的资助，进行课程与评价的研究。在尖锐批评以往的课程和测验设计的基础上，泰勒提出了一套以教育目标为核心和依据的课程和测验编制的原则，试图以此把社会的要求、学生的需要反映在课程与测验中。为了把这一思想与早期的测量区别开来，泰勒和他的同事正式提出了“教育评价”的概念。根据泰勒的理解，教育评价就是衡量教育活动达到教育目标程度的一种活动。泰勒说：“评价过程实质上是一个确定课程与教学计划实际上达到教育目标的程度的过程。”① 这一界定可以看作教育评价最早的定义。

2. 克龙巴赫的评价观。自 20 世纪 30 年代以来，泰勒的评价理论一直占据着主导地位。虽然泰勒在其描述中很强调评价应借助信息的反馈，帮助教育者达成预期的目标。但是，由于泰勒的目标的概念与结果的概念紧密相关，这就使人们更易于把注意力集中到对结果的评价上。因此，人们更多地把泰勒的评价看成是一种对结果的总结性评价。

克龙巴赫（Cronbach，L.）认为，用于改进工作的形成性评价的作用，远比总结性评价重要得多。他强调：“评价能完成的最大贡献是确定教程需要改进的方面。”② 为使人们能注意到评价的全部作用，克龙巴赫修改了泰勒对评价的定义，他把评价广义地界

---

①［美］泰勒著，施良方译：《课程与教学的基本原理》，人民教育出版社 1994 年版，第 85 页。

②［美］克龙巴赫著，陈玉琨、赵中建译：《通过评价改进教程》，载瞿葆奎主编，陈玉琨、赵永年选编：《教育学文集 · 教育评价》，人民教育出版社 1989 年版，第 164 页。

定为："为作出关于教育方案的决策，搜集和使用信息。"他进一步把"使用评价的决策"分为三种类型：

（1）教程的改革；

（2）关于个体的决策；

（3）行政的调控。①

按照克龙巴赫的观点，评价就是为上述三种决策，尤其是其中第一种决策收集和使用信息。这一观点一经提出就受到了不少西方教育评价专家的重视，在教育评价学术界产生了广泛的影响。

3. 斯塔弗尔比姆的评价观。斯塔弗尔比姆（Stufflebeam，D. L.）的评价观，也是出于对有人把评价仅仅看作"对不法行为所作的严密调查"而提出的。因此，他的观点和克龙巴赫有着很大的一致性。斯塔弗尔比姆强调："评价最重要的意图不是为了证明（prove），而是为了改进（improve）。"为此，在1969年他对评价提出了一种界定："为决策提供有用信息的过程。"② 值得注意的是，为使他的评价概念与他所提出的CIPP模式相匹配，1978年在一篇未公开发表的论文中，斯塔弗尔比姆把评价重新界定为："为满足决策和教育效能核定的需要，描述、获得和运用有关客体的目的、计划、过程和成果价值的过程。"③ 到1985年，斯塔弗尔比姆在和欣克费尔德（Shinkfield，A. J.）合著的《系统的评价》（*Systematic Evaluation*）中，进一步提出："评价是一种划定、获取和

---

①［美］克龙巴赫著，陈玉琨、赵中建译：《通过评价改进教程》，载瞿葆奎主编，陈玉琨、赵永年选编：《教育学文集·教育评价》，人民教育出版社1989年版，第160页。

②［美］斯塔弗尔比姆著，陈玉琨译：《方案评价的CIPP模式》，载瞿葆奎主编，陈玉琨、赵永年选编：《教育学文集·教育评价》，人民教育出版社1989年版，第301页。

③ Stufflebeam，D. L.，*Philosophical Conceptual and Practical Guides for Evaluating Education*，1978.

提供叙述性和判断性信息的过程。这些信息涉及研究对象的目标、设计、实施和影响的价值及优缺点，以便指导如何决策，满足教学效能核定的需要，并增加对研究对象的了解。”①

4. 美国教育评价标准联合委员会的评价观。斯塔弗尔比姆的评价观在很大程度上影响了美国教育评价标准联合委员会（Joint Committee on Standards for Educational Evaluation）。这个由 12 个与教育评价有关组织的联合机构，在 1981 年对评价作了一个简明的界定：“评价是对某些现象的价值，如优缺点的系统调查。”②美国教育评价标准联合委员会的这一界定影响很大，在一段时间内，确实左右了教育评价学术界，在很大的范围内被当作教育评价权威性的界定而加以接受。在我国，这一界定也被较多的研究者加以引用，产生了较大的影响。

（二）教育评价本质争论的主要问题

教育评价概念发展的历史表明：人们对评价的理解，始终同对教育评价的基本目的和功能的理解联系在一起。因为，从克龙巴赫开始，教育评价学界就试图突破把评价仅仅看成总结性评价的狭隘观点，强调了形成性评价在教育评价中的作用。无疑这是一个很大的进步。相应地，他们也突破了泰勒评价观的局限，试图在更广阔的范围内给出评价的界定，这对人们加深对评价的理解是很有帮助的。

然而在这一争论过程中，涉及的一个重要问题是：评价是否属于一种价值判断过程。由于总结性评价更多地和对教育结果的判断联系在一起，因此，在反对把评价仅当作总结性评价的时侯，克龙巴赫旗帜鲜明地拒绝把评价当作一种判断的过程。在西方，反对把评价界定为判断性过程有着两个重要的原因。

---

① Stufflebeam, D. L. & Shinkfield, A. J. , *Systematic Evaluation*, 1985.

② Joint Committee on Standards for Educational Evaluation, *Standards for Evalutions of Eduactional Programs, Projects and Materials*, 1981.

1. “一个表明评价判断性的定义，也许会引起潜在评价者的许多忧虑和评价对手们的抵制。”① 相反，一个非判断性的评价定义，如“为决策提供信息”也许会更顺利地被评价者和使用者采用。

2. 一个判断性的评价要确定评价判断的依据。在西方有的教育流派认为，教育乃是个人自我实现的过程。个人就是自己生活的创造者，自身的创造者，因此，用一个统一的价值标准去限制个人的发展，去评价教育的结果，从根本上来说是不可接受的。目前在西方流行的不少评价流派，他们极不喜欢收敛的价值标准，并试图推翻这种标准。这也是他们竭力用描述性的评价界定去代替判断性界定的一个重要原因。这是我们在理解众多教育评价界定时须看清的一点。

概而言之，在西方否定评价的判断性界定主要有两种原因：其一是试图淡化评价的判断属性，以取得人们对评价的肯定态度；其二是反对统一的判断标准。这两种情况都是需要人们作出进一步的分析的。

（三）关于教育评价本质之争的分析

确实，在实践中，由于很多评价活动既不可靠又不公正，因而引起了被评人的反对。斯克里文认为，在实践中，“人们（特别是教师和学生）对‘评价’的担忧，常常是由于评价所发挥的作用极不可靠和难以理解”所引起的。但令人担忧的是，“他们对这种情况合理的反对”往往又“变成了一种对评价不通情理的反应”。②

---

①［以］内伏著，赵永年、李培青译：《教育评价概念的形成：对文献的分析评论》，载瞿葆奎主编，陈玉琨、赵永年选编：《教育学文集·教育评价》，人民教育出版社 1989 年版，第 346 页。

②［美］斯克里文著，陈玉琨、刘力、张立红译：《评价方法论》，载瞿葆奎主编，陈玉琨、赵永年选编：《教育学文集·教育评价》，人民教育出版社 1989 年版，第 182—183 页。

然而，对那种以忽略评价的判断属性而取得人们对评价肯定态度的做法，以色列的一位教育评价学专家内伏（Nevo，D.）在其一篇著名的论文《教育评价概念的形成：对文献的分析评论》（The Conceptualization of Educational Evaluation：An Analytical Review of the Literature）中认为："以这种忽略评价的主要特征来引起对评价的肯定态度，也许是不现实的。发展对评价肯定态度的另一途径，也许是在教育的各个领域中证实评价的建设性功能。"① 这一分析，是很有道理的。在实践中，确实由于被评人存在着安全的需要、自尊的需要等各种原因，对评价采取抵制的态度。然而，采取忽略评价主要特征的办法是解决不了问题的。只有认真地分析被评人参与评价的需要，从被评人参与评价的需要入手，激发他们的动机，调动他们的积极性，才能从根本上解决这个问题。

认清"个体评价"与"社会评价"的区别，对于理解西方教育评价的一些理论有很大帮助。在西方，强调评价描述属性、强调评价描述属性与判断属性并存的评价理论，几乎都是一些以个体为中心的评价流派。比如，当事人中心模式（client-centered studies）、消费者导向模式（consumer oriented studies）就属这一类型。在这类评价中，评价者以当事人或消费者的代理人的身份进行评价活动。这是一种代替自我评价的评价。从本质上说，这是一种个体评价。它从当事人的需要和愿望出发，以当事人的需要和愿望为依据，对当事人所进行和参与的教育活动符合当事人的需要的程度进行描述。由于在这一过程中，评价者只是代理人，他们站在当事人的立场上，凭借着自身丰富的经验和知识，帮助当事人发现教育过程存在的问题。因而，不难看出，这主要是一种从一般知识得出特

①［以］内伏著，赵永年、李培青译：《教育评价概念的形成：对文献的分析评论》，载瞿葆奎主编，陈玉琨、赵永年选编：《教育学文集·教育评价》，人民教育出版社 1989 年版，第 346 页。

殊知识的过程，是一种介于评价与研究之间的评价。

二、关于教育评价目的的争论及其分析

（一）形成性评价与总结性评价的地位的争论

如前所述，人们对教育评价本质的认识，在历史上就与人们对教育评价目的与功能的认识联系在一起。为加深读者对教育评价本质的认识，有必要进一步对关于教育评价目的与功能的争论再作一些探讨。

众所周知，教育评价在西方已有一百多年的历史。早期的评价重视评价的总结性功能，而现代教育评价十分重视评价的形成性功能。事实上早在 1963 年，在理论界尚未区分总结性评价与形成性评价之前，克龙巴赫就曾尖刻地把教育评价中某些类似总结性评价的功能称作为主人服务的“奴仆功能”，他反对把评价者理解为一个“专门雇来决定‘对’或‘错’的‘篮球裁判员’”。① 他认为形成性评价的作用要比总结性评价大得多，因而，形成性评价也比总结性评价重要得多。

然而，这种片面强调形成性评价重要性的观点，也受到了一些评价学者的反对。他们指出，强调形成性评价在教育过程中的作用，不应导致对总结性评价的贬损。斯里克文曾经中肯地说：“‘与总结性评价相比，形成性评价更重要’，人们在接受这一表述之前，看来还要有若干限制条件。”② 这就是说，这一表述只有在特定场

---

①［以］内伏著，赵永年、李培青译：《教育评价概念的形成：对文献的分析评论》，载瞿葆奎主编，陈玉琨、赵永年选编：《教育学文集·教育评价》，人民教育出版社 1989 年版，第 346 页。

②［美］斯克里文著，陈玉琨、刘力、张立红译：《评价方法论》，载瞿葆奎主编，陈玉琨、赵永年选编：《教育学文集·教育评价》，人民教育出版社 1989 年版，第 184—185 页。

合才是合理的。目前这两种观点在教育评价理论界都有一定的影响。

（二）形成性评价与总结性评价在教育过程中的地位

应该说，重视教育评价的形成性功能是教育评价历史发展中的一大进步，也是现代教育评价区别于早期测量运动的一大特点。这是因为以下三点。

第一，形成性评价直接指向正在进行的教育活动，与实际活动紧密结合，因而，开展形成性评价有助于直接地、有效地提高教育、教学质量。

第二，形成性评价者与教育活动的实施者紧密配合，并服务于实际的教育、教学活动，因而，有利于在教育工作者中确立对评价的肯定态度，有利于调动实际工作者开展教育评价活动、进行教育改革的积极性；

第三，它以反馈信息服务于决策活动，因而，有助于大大地提高教育决策的水平。

然而，总结性评价由于其特殊的功能，它在教育、教学过程和教育管理过程中的地位也是不容否定的。为什么这么说呢？试作如下分析。

第一，事实上迄今为止，在教育范围内进行的评价，最大量的还是总结性评价。在世界各地，每学年、每学期都有数以亿计的学生参加各种考试，如毕业考试、入学考试等。为了管理上的需要，每年也有数以万计的人参加教师资格考试等各种类型的评价活动。这些评价都是总结性评价的一个部分。这种大量存在的总结性评价活动是它存在合理性与重要性的证明。

第二，开展总结性评价是对社会负责的表现。让一个不合格的毕业生进入社会，无疑是教师的失职；让一个不合格的教师站在讲台上误人子弟，那就是教育管理者的失职；让一个不合格的学校年复一年地制造出不合格的人才，则是教育主管部门对社会的犯罪。为此，斯克里文强调："进行总结性评价，是方案指导者不可推托的责任，是赞助机构的明确的要求，也是学校本身所需考虑的事情。"①

第三，进行总结性评价是社会和行政管理机构对学校进行监督和控制的有效手段，是提高教育投资效益与效能的重要途径。

第四，从总体上说，进行总结性评价也是教育系统自我调节、自我完善的重要措施。

此外，总结性评价是外部导向的。因而，它具有一定的"威胁性"，可能引起被评人员的焦虑。但是研究表明：适度的焦虑可以起到提高工作质量的动机作用。正因为这些原因，我们认为，积极地研究与开展总结性评价也是有很大现实意义的。

第四节　教育评价的主要范围和几个相应的概念

一、教育评价的主要范围

教育评价包括的范围十分广泛，粗略地加以区分，就有学生评价、课程评价、学校评价、大群体评价、特殊方案与项目的评价以及人事评价等多个方面。美国学者盖伊（Gay，L. R.）总结了各种类型的评价所涉及的主要变量与主要的决策问题，见表 1-2。

---

①［美］斯克里文著，陈玉琨、刘力、张立红译：《评价方法论》，载瞿葆奎主编，陈玉琨、赵永年选编：《教育学文集·教育评价》，人民教育出版社 1989 年版，第 187 页。

表 1-2　教育评价类型与涉及的主要变量及决策问题

评价类型	被评主要变量	主要的决策问题
学生评价	学业成就 能力倾向 个性	分级与升学 选择与安置 后续教学安排
课程评价	学业成就 态度 成本	教学方法、策略或教材相对于目标的有效性 相对效益 成本效益
学校评价	学业成就 能力倾向 个性	后续教学与非教学活动的安排 资源分配
大群体评价	学业成就	教学系统相对于目标的有效性 各子系统的相对有效性
特定方案与项目评价	具体的项目与方案	相对目标的有效性 相对效益
人事评价	如教师与学生的课堂行为这类的活动 被评人（如教师）的态度与观点 有关人员（如学生）的态度与观点	聘用 提升 薪水

盖伊对教育活动中最常见的这五种评价都作了分析。但是需要强调的是，教育评价远非只有这五种类型。此外还有教育督导评价、教育政策评价等多种类型。下面，对上述五种评价作一些概要

性的介绍。

1. 学生评价。学生评价是对学生学习进展与行为变化的评价。学业成就当然是学生评价的一个内容。但是，学生评价除学业成就外，还包括对学生智能、态度、个性以及兴趣、爱好的评价。一般认为这种评价有五种功能：了解学生的学习起点；评定学生学习的结果；使教师了解教学的得失；诊断学生的学习困难；激发学生学习的动机。① 本书第三、四章将作专门研究。

2. 人事评价。人事评价在英国等地常称为"考评"。考评即考核评价。对教育工作人员的考评包括教师、行政管理人员、后勤服务人员等。对这些人员的评价就是人事评价。在学校人事评价中，教师评价是人们最关心的问题，本书第五、六章将作专门研究。

3. 课程评价。课程可以在三个意义上加以理解。其一是学校为实现预定的教育目标而组织的全部教育活动的总和。在这一意义上的课程评价指对课程体系的评价。以目前上海所进行的中小学课程教材改革为例，把学校课程分为必修课、选修课与活动课。对这一方案的评价就是判断它在总体上是否对全面提高学生的素质有利。其二是指某一教学科目，如数学或语文。一般在学校内部就管理工作而言，它涉及相应教学科目的教师队伍的建设、教学设施设备的改善等方面的工作。其三是对课堂教学活动的评价。本书第七章将对课程方案的评价进行探讨；第八章将对学校教学工作评价与课堂教学活动的评价进行讨论。

4. 学校评价。这类评价包括学校鉴定以及学校办学质量的综合评价等多个方面。由于学校评价对象涉及的因素较多，复杂程度也较高，因此，对它们的评价按严格、精确的方法进行还有困难。

---

① 台湾师范大学学术研究委员会主编：《教学评量研究》，五南图书出版公司1992年版，第31页。

目前，主要地还是依靠定性与定量结合、客观统计资料与主观描述资料并重的手段。因此，有时我们把这类评价称为“评估”。本书第九章将对这类评价的最新发展——教育质量保障体系作专门研究。

5. 大群体教育评价。这类评价可以是对一个地区教育现状的调查，也常用于不同地区甚至不同国家教育现状的比较研究。1969年，美国州际教育委员会（Education Commission of the States）为全国教育进展评定部（National Assessment of Educational Progress，NAEP）随机地抽取了不同州的约八万个年龄分别为9、13、17岁的儿童和少年，进行了这类大群体的调查。以后这一调查的群体又扩展到了26—35岁。美国教育测验服务部（Educational Testing Service，ETS）目前也在为美国教育进展评定部从事收集资料的工作。国际教育成就评价协会（International Association for the Evaluation of Educational Achievement，IEA）也多次组织多国教育成就的比较研究工作。本书第十章将作专门研究。

二、几个相应的概念

在各种学术著作中，常被当作“评价”的近义词，甚至当作同义词加以使用的有：评估、评定、评鉴、考评。“evaluation”这个词，在我国大陆教育理论界译作评价，有时译作评估，似已成习惯。在台湾省教育学界，它常译作“评鉴”，如黄光雄编译的《教学目标与评鉴》，张植珊著的《教育评鉴》，杨文雄著的《教育评鉴之理论与实际》，黄政杰著的《课程评鉴》，以及伍振鷟主编的《教育评鉴》等。有译作“评量”的，如台湾师范大学学术研究委员会主编的《教学评量研究》；也有译作“评价”的，如黄炳煌的论文

《教育评价概念的分析及其发展》。

在英语中，与“evaluation”相近的，有“assessment”和“appraisal”。我们把它们分别译作“评定”与“考评”。胡森等主编的《国际教育大百科全书》写道：应尽可能把“assessment”这个词用于对人的评定。它包括评级（正式或非正式的）、考试和考核。人们可以评定学生在某一学程中的成绩，可以评定某一特定职业申请者的态度，也可以评定教师的能力。① 然而，希尔斯（Hills，P. J.）编写的《教育词典》（*A Dictionary of Education*）写道：“assessment”主要的重点是学生以及学习的进展。②英语“assess”这一词，源于拉丁语的“assidere”，它意味着照看，评定学生即是与学生一起为学生干些什么（do with and for the student），而不是对学生干些什么（to the student）。威金斯（Wiggins，G. P.）认为，评定是以判断为基础的，对学生活动全面的、多方位的分析。③ 在管理学中，对管理人员的考核评价，西文有一专门的词对应，这个词为“appraisal”，有人把它译作“考评”，这是很贴切的。

关于评价，胡森等主编的《国际教育大百科全书》建议：保留这个术语，使其专门用于抽象的存在物，比如方案、课程以及组织变量，这看来是比较妥当的。这种用法意味着概括地估计事情的价值与成就。④

基于上述学术界的一般看法与中文的特点，我们的建议如下。

把“评定”这个词用于对学生个体的评价；“考评”这个词用于对教育者（教师和教育管理人员）个体的评价；“评估”这个词

---

①②④《教育评价术语选》，载瞿葆奎主编，陈玉琨、赵永年选编：《教育学文集·教育评价》，人民教育出版社1989年版，第745、450、746页。

③ Wiggins，G. P.，*Assessing Student Performance*：Exploring the Purpose and Limits of Testing，p. 13，1993.

用于对教育机构和教育方案等的评价。由于评估的对象涉及的因素较多，复杂程度也较高，因此，对它们的评价按严格、精确的方法进行还有困难。目前，主要地还是依靠定性与定量结合、客观统计资料与主观描述资料并重的手段。“评估”这个词反映了这一事实。

这就是说，关于评价及其属概念，我们的建议如下。

评价
→ 评定 (对学生的评价)
→ 考评 (对教育工作者的评价)
→ 评估 (对教育机构和教育方案的评价)

从语言学上来说，评价是一个动宾结构的词，它作为一个总合的概念是恰当的。评定、考评和评估作为并列结构的词，用它们来界定相应的评价对象也比较妥当。

这里需要指出的是，即使在西方，理论工作者和实际工作者对这些术语的用法也并不一定规范。“学院工作的评定”（assessment of college performence）、“学生成就的评价”（evaluation of student achivement）等说法也很常见。

本书对评价及其有关的术语的界定，仅是本着方便使用的原则给出的一种建议。考虑到目前在我国教育界这些概念并没有严格的加以区分，所以，本书将一以贯之地使用“评价”这一概念。

第二章
教育评价的步骤及其技术和方法

教育评价是一项专业性和技术性都很强的工作。按照科学的程序组织教育评价，显然对保证教育评价的质量，使我们能达到预期的评价目的有很大的帮助。本章探讨教育评价的基本步骤及相应的技术、方法。

第一节 教育评价的基本步骤概述

教育评价的基本步骤，可以从两种不同的角度加以讨论。盖伊从教育评价随教育活动展开的这一侧面提出，评价活动可以分为计划、过程与成果三个阶段。表 2-1 简明地勾勒了评价活动三个阶段的时间、解决的问题和需要完成的主要工作。①

表 2-1 教育评价的主要阶段与相应的主要工作

时间	解决的问题	主要工作
	计划阶段	
教育活动之前	1. 确定教学目标 2. 确定教学活动	1. 情境分析 2. 确定目标 3. 确定先期条件 4. 选择与编制测量工具 5. 勾勒教学策略 6. 选择方案 7. 制定进度表
	过程阶段	
教育活动之中	1. 实际活动与计划相符的程度 2. 为改进教学所需要采取的措施	1. 前测管理 2. 入学行为测试管理 3. 教学目标适当性估计 4. 周期性资料的收集 5. 教学策略有效性分析

① Gay，L. R.，*Educational Evaluation and Measurement*，p. 37，1985.

续表

成果阶段		
教育活动之后	1. 教学活动的全面效果 2. 今后的对策	1. 收集与目标相关的资料 2. 收集非预期成果的资料 3. 分析与解释资料 4. 报告

如果按教育评价进行过程自身的顺序划分，教育评价的过程一般可分为准备、实施和结果分析三个阶段。其中每一阶段又有若干项工作。为了更清楚地了解这一过程的结构，我们把这些工作列进了评价过程流程图（见图 2-1）。

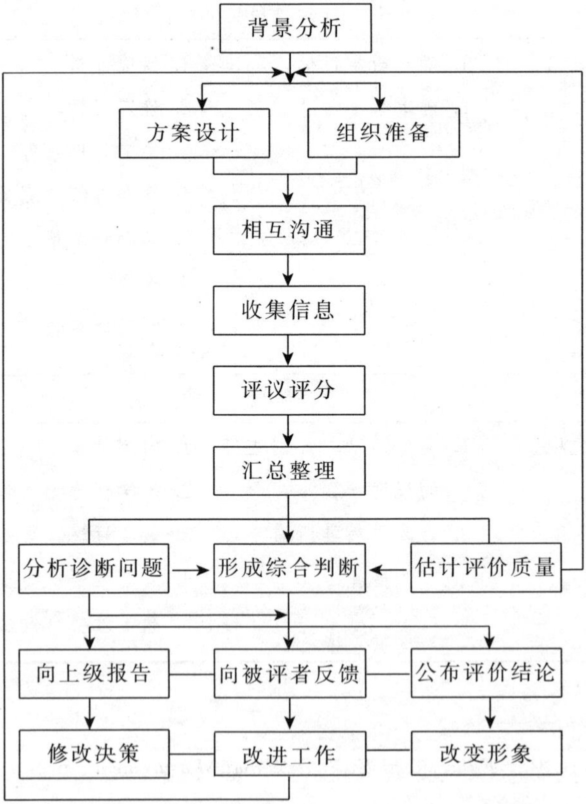

图 2-1　教育评价流程

由图 2-1 可见，评价是从评价的准备开始的。评价的准备，包括背景分析、制订评价的方案和建立一定的评价组织。

评价的准备是评价实施的基础；评价的实施则是评价过程中影响最大的一个阶段。一般地说，评价的实施又包括相互沟通、收集信息、评议评分和汇总整理等工作。

评价的结果分析，又是评价实施阶段的延续。评价的准备和评价的实施，是评价结果分析的前提和条件。然而，评价结果的分析又不仅仅是对被评单位存在问题的分析，它还包括对评价本身质量的分析。对评价活动本身质量的分析，在实践中往往被人们所忽视，但它是教育评价的一项重要工作。人们能否根据一次评价活动的结论来制定政策，在很大程度上取决于评价活动本身的质量是否得到了保证。同时，对评价本身质量的分析，又为我们研究评价的准备和评价实施阶段的质量提供了必要的信息。因此，评价活动的这三个阶段事实上是紧密相连的。

上述评价三个阶段的划分适用于除学生评价以外的其他评价活动。学生评价的活动比较特殊，在本书第三章“学生评价的原理与原则”中，将专门讨论。

下面，分三节介绍这三个阶段的主要工作及其相应的技术方法，为教师评价等后续内容提供基础。

第二节　教育评价的准备及其相应的技术

评价的准备阶段对于科学地进行评价活动来说是必不可少的。准备的质量，在很大程度上决定了评价的质量。评价准备阶段的工作，包括背景分析、方案设计与评价人选择三个方面的工作。

一、背景分析及其相应的技术

背景分析是评价准备阶段的一项重要工作，它的主要任务是确定评价活动要解决的主要问题。在不同的时空，教育要解决的问题是不一样的，因而，教育评价要解决的问题也不相同。明确教育评价需要解决的问题是加强评价活动的针对性，是使评价能取得实效的关键。

教育评价的背景分析，包括社会背景分析、教育发展阶段重要问题分析、评价委托人需要分析以及被评人预期心理分析等方面。

（一）社会背景分析

这一分析的重点在于确定在特定的阶段，政治、经济与文化、科学的发展对学校教育提出了哪些重大的要求。从教育与社会发展的关系来看，一定的教育总是受一定社会的政治、经济及文化、科学的发展所制约的，为它们的发展所推动，又对它们的发展产生重要的影响。离开了教育发展的宏观背景，教育评价就会迷失方向。尤其在课程评价与教育方案的评价中，这种背景分析更具有重要意义。从历史上来看，教育评价的几次重大发展，总是在社会发生重要变革的时候产生的。这一事实说明，如果教育评价不能适应社会的需要，那么这种评价活动就会被社会所淘汰。

对于一特定的学校来说，社会背景分析还包括社区环境分析、学生家长基本要求分析等方面。

社会背景分析，对于教育评价发挥联系学校与社会的桥梁作用，发挥教育评价对学校教育的正确导向作用具有重要意义。

（二）教育发展阶段重要问题分析

教育在其发展的特定阶段，会产生一些同类学校带有倾向性的共同问题；一个学校在其发展的过程中也会产生自己特有的问题，这些问题的存在才使教育评价能够发挥作用。如果评价人对这些问题不敏感，不能通过调查研究把握住这些问题，这种评价活动本身的价值就很值得怀疑。避免出现这种状态的基本途径，就是在评价活动开展之前进行教育发展阶段重要问题的分析。

（三）评价委托人需要分析

在评价活动是受人委托的情况下，这一分析就十分重要。从实践来看，并不是所有的评价委托人，对评价所要解决什么问题都十分明确。委托人往往是出于对现状不满意而提出开展评价的要求，而对需要评价活动解决什么问题、达到什么目的并不十分清楚。在这种情况下，一开始就明确评价人的需要很重要。

（四）被评人心理分析

这一分析，对评价活动开展的时机与方法的选择具有重要影响。被评人对评价活动是否已有心理准备？如有的话，是何种心理？他们对评价有何心理预期？诸如此类的问题，是决定选用何种评价策略的基本依据。

背景分析常用的方法，有问卷调查以及对特定人群中的关键人物进行访谈等。

二、评价方案设计及其相应的技术

（一）评价方案概述

评价方案是评价活动的先行组织者，它是依据一定的评价目的，根据教育活动和评价活动的一般规律，对评价的内容、范围、方法、手段和程序等方面加以规范的基本文件。

现代教育评价是通过系统地收集信息，对教育的价值作出判断的过程。教育是一种复杂的社会劳动，这种活动有多种方面，涉及多种因素。教育评价作为对教育的价值作出判断的活动，它的特点是系统地，而不是零碎地；是有计划地，而不是盲目地进行的。在有限的时间内，即使对教育活动作全面评价，人们不可能也没有必要全面地、毫无遗漏地收集教育活动所有方面和全部因素的信息。因此，在教育评价活动之前，人们就要预先决定在教育活动的多个侧面及其众多因素中，要对哪些方面、哪些因素作出评判。因而需要收集何种信息，如何收集信息，以及在得到有关信息以后根据何种标准作出好坏优劣的判断。上述方面对科学的评价活动来说，是需要预先加以规定的。这种在评价活动之前，对评价内容（评价的方面或因素）及其权重、评价的量表和标准作出规定的文件，称之为评价方案。

评价方案具有以下几个特性。

1. 目的性。评价是一种有目的的社会活动。人们在评价活动之前，预期它所要达到的结果是评价活动的目的。评价方案须体现评价目的，并从各个方面努力保证评价目的的实现，这就是评价方案的目的性。

2. 规范性。所谓规范性就是评价方案具有一定程度的统一性，因而它具有一定的指导性。它要求评价人员严格地按照它所规定的程序、准则、标准对所有的评价对象进行评价。评价方案的规范性，决定了它在一定的范围里能使评价的结果具有可比性。

3. 可操作性。评价方案作为对评价活动的一种具体的指导文件，它必然要求可以实施。评价方案不能也不应该只有抽象的、原则性的意见。只有抽象的原则性的意见，评价人员就无法据以实施评价。为使评价活动能顺利开展，评价方案须是具体的。评价方案的这一可实施性、具体性就是它的可操作性。

一般地说，一个完整的评价方案包括以下几个方面的内容。

1. 评价目的。它指出本方案适用于何种目的的评价，依据本方案进行评价预期可达到何种结果。

2. 评价的准则。它规定评价的方面和内容，也就是说它规定评什么，不评什么。

3. 各准则相应的权重。权重表示各条准则的相对重要性。

4. 量表和标准。它提供必要的测量尺度和评判依据。

5. 各类表格。

当然，根据实际的需要，人们可以增加必要的内容，或删去某些部分。比如，对于形成性评价以及人们所进行的自我评价来说，它们的目的并非是对评价对象进行分等或鉴定，因而，就没有必要对准则分配权重。

（二）评价方案设计的基本步骤

评价方案的设计一般包括以下几个步骤。

1. 确定与表述评价目的。这是在设计任何一个评价方案之前须首先解决的问题。不同目的的评价需要不同的评价准则，有不同的评价方法。因此，评价目的准确无误的表述，有助于科学地规范评价方案和规定评价方案的适用范围。

2. 根据特定的评价目的设计评价准则。评价准则是评价方案的核心部分，评价准则的设计是一项技术性很强的工作，后面将对其作深入探讨。

3. 按照各准则之间的内在逻辑形成分级系统，并依据它们的相对重要性，对各准则赋予相应的权重。

4. 确定测定的量表和评价标准，为测量和评价提供作为参考系统的尺度。这是目前教育评价中比较难解决的问题之一，这一步骤的科学性程度极大地影响着评价的质量。

5. 设计为收集各种信息的表格。表格的设计要本着方便使用的原则，力求精练、简明、统一。

依据上述问题的逻辑关系，本章先对评价准则、权集和标准的设计问题进行探讨。

（三）评价准则及其设计的基本方法

1. 准则概述。准则（criterion，复数为 criteria）是对评价活动内容或方面质的规定（对被评属性的规定）。它是评价方案的核心部分，它规定评价活动评什么、不评什么。指标是最常用的表述形式，除此之外，概括性问题也是用得较多的评价准则。

评价准则是一定时期人们价值观念的反映，也是人们对教育活动客观规律认识的产物。

人们对什么是好的教师、何种学生才是好的学生的认识，总是与一定时期的价值观念相联系的。具有不同的教育价值观的人，对上述问题的回答不一样。评价的准则集中地反映了人们对教育活动的价值认识。

评价准则也是人们对客观规律认识的产物。教育评价必然涉及对教育活动中各种具体因素的评价，我们对这些因素同教育质量的本质联系不清楚或了解不全面，就会提出一些无关紧要或似是而非的准则。这就会把人们的注意力错误地引向一些与教育质量无关或关系不大的方面，甚至使人们把一些对提高教育质量不利的因素当作有利的因素加以鼓励。所以，为了科学地进行评价，使评价真正有效地促进教育质量的提高，就须深入地研究教育规律，可以说，人们对教育规律认识得越深刻，评价准则才能设计得越科学。

2. 指标系统及其设计方法。目前，在教育评价中，评价的准则通常有两种形式：其一为指标系统，其二为概括性问题。

（1）指标的概念。什么是指标，从评价学的观点来看，指标是一种具体的、可测量的、行为化的评价准则，是根据可测或可观察的要求而确定的评价内容。比如，学生是否具有爱国主义精神，这是我们在对学生的评价中所关注的一个重要方面。但实践表明，人的思想是无法直接测量的。到目前为止，人们还无法观察到思想，无法观察到别人在想什么或怎样想。如果评价者确实无法观察到被评价者想什么或怎样想，且又没有找到有科学根据的其他测量方法的话，那么，他就不能而且不应该对别人的思想作出结论。

我们说思想无法直接测量，但并不是说它根本无法测量。人的言行是受思想影响的，因而，可以通过观察他的言行来了解他的思想。这就为我们判断人的思想以及其他内在的、抽象的品质提供了渠道和方法。指标就是用诸如行为等具体化的东西来表示被评的抽象属性的项目。它是一种行为化的项目，因而是一种可测的项目。

指标作为一种评价的准则，它用外在的行为来反映内在的思想，用具体的项目来反映抽象的内容，因而，它就为人们的测量提供了一条便利的途径。一般地说，它有以下几个长处：

第一，便于测量；

第二，便于定量处理，易于获得综合结论；

第三，测量过程误差较小，信度较高。

但是，也应看到，指标作为一种评价准则也有它固有的弱点，这些弱点是：

第一，设计较难；

第二，较少灵活性，因而，较难反映被评对象的特点和社会多样化的需要；

第三，效度相对较低。

对指标的这些特点，评价组织者要有清醒的认识。

(2) 指标设计方法。如前所述，指标是一种具体化、现象化的准则，因此，从根本上来说，评价的属性加以具体化是设计指标的基本方法，具体地又有下述三种方法可供选择。

第一，从内涵分析入手，抓住事物的本质属性，然后把这一属性的现象性外观表现确定为指标。这是一种最简捷、最有效的方法。它的意思是说，我们所要评价的事物具有多种属性，为了对事物作出科学的评价，须作出深入的分析，抓住它的最本质的属性，把反映这一属性的可观察的外观表现确定为指标。

第二，从分析事物间的相互联系开始，抓住事物变化后产生的效应，把事物变化所产生的效应确定为指标。这种方法认为，事物与事物之间是有一定的联系的。一事物的变化可以引起另一事物的变化，因此，可以通过测量一事物变化后引起的效应（另一事物的变化），从而对这一事物的变化作出判断。

由事物变化的效应来测量和评价事物，这种方法在教育评价中也常为人们所运用。比如，为了对教师的教学质量进行评价，有的学校实行“挂牌教学”，即两个教师开同样的一门课，由学生自由选听。然后学校根据听课学生人数的多少，对教师的教学质量作出判断，这就是运用了由事物变化的效应来测量和评价事物的方法。学生听课人数的多少本身并不就是教学质量，而是教学质量高低引起的不同效应，根据听课学生人数的多少来判断教学质量，就是根据它的效应对事物作出判断。

第三，抓住事物的全部属性或相关属性，把因素群作为相关指标。这是一种最不经济的方法，然而却是目前用得最多的方法。在上述两种方法均无法采用的情况下，这种方法就得到了应用。所谓抓因素群，就是把和被评价的事物有关的因素确定为指标。比如，在评价教学质量的时候，在无法获得反映教育质量本质的信息又无法实施“挂牌教学”的情况下，通过评价教师的教学态度、教学内容的选择、教学组织和教学方法等因素，最后将这些方面综合起来以形成对教学质量的判断，就是运用了这一方法。从这个例子中，无论是教学态度、教学内容还是教学组织和教学方法，每一因素本身都不能代表教学质量，但教学质量的高低受上述各因素的影响，离不开上述各因素的作用。因此，我们可以用这些因素的全体（或称集合）来对评价对象作出判断。

需要指出的是，运用这一方法确定的指标系统有一定的缺陷，这种系统的指标都比较多。其原因是人们未能抓住事物的本质。各种因素中往往还包括一些实际上并不重要的甚至是无关的因素。这必然增加指标的数量。对这一点是要引起注意的。

（3）指标系统设计中应注意的几个问题。指标系统在评价中处于“先行组织者”的地位，它的科学性对整个评价活动有重要影响，为了提高它的科学性，设计工作者要处理好以下几个关系。

第一，具体与抽象的关系。如前所述，指标是一种具体化的评价准则，为了减少评价人员在评价中可能产生的误差，减少主观臆断的成分，提高评价的信度（可靠性），因而人们希望评价的指标越具体越好。具体的、可观察的东西大家都看得见，主观臆断的成分少，评价者之间分歧的意见也少。比如，对一个人集体主义精神的判断，因为被评属性很抽象，人们又无法对此作出直接的观察，因而评价过程难免带有主观性，评价者之间的评分结果不一致性也可能较高。相反，对一个人参加集体活动的次数进行测量，由于被评属性具体，人们很容易观察和记录，因而客观性就较高，评分结果之间差异就不会太大。因此，就提高评价的客观性和可靠性而言，具体的指标是有利的。

但是也要清楚地认识到，具体的东西往往并非是我们要评价的东西，而只是与我们要评价的属性有关的某种效应和某种关联的因素。这就产生了一个实际评价的东西（如学生参加集体活动的次数），与我们真正想要评价的东西（如学生集体主义的精神）之间是否完全一致的问题，即评价的效度问题。

具体和抽象是相对的。从抽象转化为具体可以有多个层次，指标越具体，它经过的具体化的环节越多，受到的干扰也可能越大，效度就可能越低。因此，有些教育评价学家警告说，人们在对评价对象进行具体化处理的过程中，绝不能迷失了自己的本意。这就是说，当具体的指标确实与被评对象相一致，干扰因素能得到有效控制，效度可得到基本保证时是可取的。反之，则不应过分强调这种具体化。比如，一般地说，一个人集体主义意识越强，对集体越关心，参加集体活动的比率就越高。因此，参加集体活动的次数在一定程度上反映了一个人集体主义意识。然而，在实践中，也许一个人集体主义意识并不强，但由于集体活动在内容上和他的兴趣相投，他参加这种活动的次数往往也很多。这种因素干扰了我们从参加集体活动的次数来判断个体的集体主义意识，导致了这种具体化指标在一定程度上的失效。

为了避免评价活动的失效，针对指标系统的这一问题，有人提出用概括化的问题作为评价的准则，对此，本章后续部分将作介绍。

第二，独立与相关的关系。评价的指标系统是由一组相互间有着紧密关系的指标结合而成的。在一般情况下，为了使评价简便易行，指标系统内的各条指标最好是相互独立的。所谓相互独立，就是在同一层次的各条指标不相互重叠，不存在因果关系，不能从这条导出那一条。

这里，不重叠指的是，不应用两条指标反映同一被评因素。或更一般说，若 $N>M$，那么，我们就不应用 N 条指标来反映 M 个因素。指标间可以存在包容关系（在教育评价中，这种情况是常见的），但不应是重复的。用数学语言来说，如果把指标看作是多维空间的向量，那么，它们须是线性无关的。

那么，为什么评价的指标尽可能独立为好呢？原因主要有二：其一，如果指标不独立，说明其中有冗余指标，这些冗余指标的存在无疑就加大了整个评价的工作量，因而也就降低了评价的可行性；其二，指标如果不独立，那么在指标系统中，重复的指标被重复进行评分，实际上是加大了它的权重。如没有适当校正措施的话，偏差的出现就会在一定程度上影响了整个评价的科学性。

当然，对于独立性的要求不能绝对化，在有些特殊的情况下，有时为了能尽可能地提高评价的可靠性，人们也常用两条或更多条相关的指标去测试对象的同一属性。可以证明，用多条指标测验同一属性比只用一条指标可靠性要高。因此，在可靠性特别重要的场合，比如，在人事决策的场合，具有一定重复性的相关的指标也是有用的。不过在这种情况下须注意两个问题：要有较富裕的信息资源和人力、物力，以及正确地分配权重。

第三，定性与定量的关系。由于定量的结果便于数学处理，所以在很长的一段时间内，它受到了人们的推崇。确实，在指标系统的设计中，应尽可能地用一些可定量处理的指标，或是尽可能地为指标找到定量处理的途径。定量的方法具有以下几个优点：

其一，有助于提高评价的精确性；

其二，有助于提高评价的客观性；

其三，有助于作出明确的等级区分。

但是也要看到，由于教育活动的极端复杂性，以及我们对存在于教育活动中各种因素相互关系的认识，相对地说还很肤浅，因此，在评价中纯客观的方法往往导致有意或无意忽视一些很难量化的方面，而这些方面对教育活动来说具有极为重要的影响，离开了这些方面的评价，教育评价是不全面的。因此，在评价中片面强调定量是不适当的。

此外，更重要的是，和定量结论相比，对于改进教育来说，定性结果的作用往往更大，因而更有意义。举个例子来说，人们对一个教师的教学作了评价，最后告诉他一个分数。通过这个分数，教师能获得多少如何改进教学的信息呢？实践表明，这个分数提供的信息是很有限的。但如果我们能够告诉他一些定性意见的话，这些意见就有可能对教师改进教学工作产生很大帮助。比如，根据评价结果，告诉一位教师：他的讲课有三方面的问题，显然，这位教师就能针对这些问题采取措施，不断改进自己的工作。

3. 概括性问题及其设计方法。指标作为一种评价准则，对提高评价的可靠性很有利。但是，指标这一优点也是相对的。研究结果表明，即使对于一个十分具体的行为，人们的观察结果也会有很大的差异。由于在观察的过程中，人的知觉具有整体性，人的思维也会渗入观察过程，因此把注意整体判断的概括性问题作为评价准则也很有用。

（1）概括性问题概述。概括性问题（issues）是针对指标的缺点而提出的评价准则，它针对教育工作者所关心的方面，用一系列较为抽象的问题作为评价准则。这种问题类似于日常的调查提纲。比如，在评价学校办学水平中，当涉及评价学校确定的培养目标是否妥当时，人们可以提出以下几个问题：

——本校培养何种人才（种类，规格）？

——社会对本校培养的毕业生有何具体要求？

——学校在满足社会需要方面采取了何种措施？

这些问题并非是具体的，但它同样起了规范评价内容的作用。它告诉评价者去调查哪些方面的信息。

由于概括化的问题不针对具体的行为，比较抽象和概括，强调整体认知，因而，作为评价的准则，它有以下几个长处：

第一，效度高；

第二，在形成性评价中，实用性强（由于所提的问题针对性强，在帮助教育工作者改进工作中有较大作用）；

第三，易于制定。

当然，作为一种评价准则，它也有自身的缺点，这些缺点主要是：

第一，评价过程中一般误差较大，因而信度较低；

第二，不易于定量处理，因而也不易于获得综合性的结论。

(2) 概括性问题的设计原则。根据概括性问题的特点，为提高评价的科学性，概括性问题的设计须遵循以下几条原则。

一是针对实际的原则。所谓针对实际，就是说概括性问题应该而且必须是教育工作者所关心的、急于解决的问题。这样通过概括性问题得到的信息，就可以直接地用于改进教育决策和教育活动。概括性问题的最大优点就在于它不需要行为化或具体化，由于不需要这些转化过程，因而它就有了较高的效度。如果不充分地利用这一长处，使概括性问题密切地联系实际、针对实际的话，那么它也就失去了存在的意义。

二是明确简练的原则。所谓明确简练是说这种评价准则的表述要明确，不要使人产生模棱两可的理解。否则就有可能产生由于评价人理解上的歧义，而导致评价的失误。由于概括性问题比较抽象，不是针对某一个行为的，因而在实际中由于表述不明确而使人产生歧义的情况很多，这需要方案设计者认真加以避免。

三是突出重点的原则。所谓突出重点就是要抓主要因素，不抓次要因素，更不抓具体问题。指标要求具体，要求用小问题说明大问题，用次级指标说明上一级指标，因而指标系统一般比较庞杂，数量较多。概括性问题不同于指标，它强调对大问题的总体判断，因而在一次评价中，所用的概括性问题可以很少，这是它的长处。如果在概括性问题的方案中，抓了大问题再抓小问题，抓了主要因素再抓次要因素，那么它就是利用指标的短处，而放弃了概括性问题的长处，这是很不可取的。

(3) 概括性问题与指标的关系。概括性问题与指标是两种不同形式的准则，但这两种不同形式的准则是有一定联系的。一般地，可以把指标看作概括性问题的分解和具体化、行为化；概括性问题则是指标系统的概括和抽象。这一关系决定：概括性问题的设计途径与指标的设计有一定的共同之处。在概括性问题运用受到限制的场合，可以进一步把概括性的问题加以分解，进行行为化处理，以形成指标系统。

（四）权集的构造

构造权集是评价准备阶段的另一项重要工作。如果说准则系统构成了评价因素集的话，那么，权集就是各准则的关系集。准则的权重既表示它们在准则集的地位，又表示一准则与其他诸准则的关系。权集的科学性程度影响着评价的科学性程度。

1. 权集的本质及解释。“权”是什么？权即“权重”（weight）的简称，它是准则相对重要性程度的数值表示。一准则的权重以数值的形式表示这一准则在准则集中的相对重要程度。准则系统表明在教育活动中哪些准则有价值；权集则表明这些价值有多大。在实践中，人们提出了一条准则并给予了它比其他准则更大的权重，就表明，在人们的观念里，在诸准则中，这一准则的价值是最高的。人们对各准则相对价值的认识，其结果就体现在权集中。

世界上的任何事物都是处于和其他事物的相互联系与相互制约之中的。权集作为关系集正是事物相互联系与相互制约关系的具体反映。前面已经指出，评价准则只是规定了人们去评教育活动的哪一方面。但是，教育活动除了这一方面外，还有其他方面，教育活动这一方面以外的其他方面，则由其他准则加以规定。权集正是把这些分散的、但在客观上有着紧密联系的准则联系起来的一种形式。如果说准则集反映了人们对存在于教育活动中变量的种类与性质的认识的话，那么，权集则是人们对这些准则联系形式的认识。在本质上，它是人们对这些联系形式认识的凝聚物。

2. 权集的构造技术。权集构造技术是当前评价学研究的重要课题，在实践中人们也发展了一些技术与方法。目前常用的有关键特征调查法、特尔斐法、层次分析法等多种类型。

关键特征调查法是一种对备择目标或被择因素进行筛选的调查

法。这一方法所以称为“关键特征调查法”，是因为它只要求被调查者在所有备择因素中找出关键因素或最有特征的因素。用这一方法设计指标，可以同时求得这些指标的权重。

特尔斐法（Delphi Technique）是在20世纪50年代由美国兰德公司开发的一种调查技术。它以分发问题表的形式，征求、汇集并统计个人的意见或判断，以便在一些问题上使大家取得一致的意见。在整个调查过程中，专家彼此不见面，以“背靠背”的形式接受咨询。咨询人有组织、有控制地掌握整个咨询过程。第一轮咨询表收回后，经过组织者的整理、统计、分类，再将应答情况的统计整理反馈给参加者，这样反复几次，直到过程完毕。在整个过程中，参加者可以根据经过统计整理的各轮应答情况，修改或坚持自己的观点和判断，由此，整个过程一般都呈逐步收敛的趋势，从而保证了调查的结果一般能得到较为统一的意见。

层次分析法是运用对评价准则进行两两比较，然后通过矩阵运算求得权重的方法，这一方法在数学方面比较复杂，本书就不详作介绍了。

（五）评价标准及其设计的方法

1. 标准概述。标准（standard）是教育评价学中的一个重要概念。通常这个概念可以有两种认识。其一指事物质变的临界点，事物质变过程中量的规定性。通俗地说，它指“要求、优良或完成的程度或水平”。因而标准表示达到什么程度才是合乎要求的，或者能被称上优良的。其二为标准物即测量的量表、尺度（scale）。为讨论方便，本书对上述两种含义作了区分：把后者称为量表，而把标准用来表示第一种意义上的“临界点”。当然，标准的上述两种含义的区别也是相对的，在一定程度上它们可以相互转化。比如，当标准物以目标本身作为尺度时，那么它本身也就是作为临界点的标准了。

本节讨论第一种意义上的标准。

2. 评价标准的确定。在社会现象的评价中，与作为尺度的标准一样，作为质的临界点的标准，最显著的特点就是它的社会性。在社会现象的评价中，各种标准从表面上看，都是人们的主观规定，是人们约定的结果。但是，进一步深入地分析，可以发现，社会现象评价的标准也具有十分客观的内容。它是人们对社会现象认识的产物。比如，为什么人们要把60分定为及格的标准？这无非是因为在相同年级的学生中，在社会平均智力发展水平、平均学习条件与学习紧张程度下，大部分的学生能达到或超过这一分数线，有了这一认识，人们再把它转化为相应的规定，于是，60分就成了及格的标准。如果把及格标准定得过高或过低，人们就会批评我们的标准定得不合理，就是说，它是脱离学生发展水平这一实际的。

社会现象的评价标准是由社会现象的总体数量特征决定的。社会现象评价标准的这一特点就是它的社会性，它决定了社会现象评价标准的制定，要以对社会现象的认识为基础。教育评价是一种社会现象的评判。因此，这一标准的制定，须以对学校教育工作总体认识的成果为基础，具体来说，又可分为两种情况加以讨论。

（1）相对评价标准及其制定。评价就其标准来分，又可分为两类。一类称为“相对评价”。重点学科的评价就是相对评价的例子。它的特点是评价目的在于区分评价对象的相对优良程度，以便择优选拔或择优扶植。一般地说，这类标准是建立在同类水平的参考组数据资料上的。加里（Gary，L. M.）和安德森（Anderson，B. A.）在谈到相对标准的建立时指出：这类标准“主要以数据资料为基础，即标准的制定与参照组的成绩有关”①。相对地说，这

---

① 瞿葆奎主编，陈玉琨、赵永年选编：《教育学文集·教育评价》，人民教育出版社1989年版，第762页。

类评价的标准较易确定。比如，从十个学校中确定五个优秀学校，经评价得到下述一组综合评定值：

$$x_1,\ x_2,\ \cdots,\ x_{10}$$

上述综合评定值以从高分到低分的顺序排列，于是其中的 x_5 即为这次选优的分数标准。

高考也是大家熟悉的相对评价的一个例子。它的录取标准也是在一次高考结束，全部分数都出来以后再确定的。在这两个例子中，可把全体评价对象的成绩看作参考组的实绩，评价的标准是从这一组数据的概括和提炼中产生的。

（2）绝对评价标准及其制定与修改。与相对评价不同的另一类评价称为“绝对评价”。绝对评价的特点是它的标准不以某一特定的评价为转移，而与教育目的有关。如果说，准则系统是目标质的规定，那么，标准则是目标量的规定，它表明在什么程度上才算是达到了目标。学生的毕业考试是绝对评价的例子。60 分作为及格线是既定的，尽管在某些特定的场合，大部分应考者可能都达不到这一水平，但是，在这种情况下，我们只能说他们都没及格，而不能随意改变，降低这一标准。在教育工作评价中，鉴定学位授予单位是否达到了应有的水平，能否培养出合格的人才，以决定其是否具有继续授予学位的资格，这类评价也属绝对评价的范畴。

由上可以看出，绝对评价标准的制定比较复杂，因为只有它才能称得上严格意义上质变的关节点。如果学位授予标准定得科学的话，那么，在这一水平之下的授予单位就不具有学位授予资格，这条质量标准则是合格的授予单位与不合格授予单位的临界点。同时，也可看到，当我们在制定绝对评价标准时，实际上陷入了一个自我相关的过程。本来，制定这个标准是为了用它来评价一单位是否已经合格，因而，它是我们认识被评对象的依据、基础。但是为了制定标准，我们又须知道哪些是合格单位，哪些是不合格的单位，以便从中抽出标准，它又表现为我们对对象的认识结果。这个自我相关的过程，按照马克思主义的观点来看，是一个人的认识不断深化的过程。标准的制定过程的这一特点，决定了绝对评价标准的制定不可能是一蹴而就的过程，它需要不断地修改完善。

一般来说，绝对评价标准的制定需要先根据社会各界对各单位的反映，假定一批不合格的单位，然后，根据综合评定值的分布，考察这批单位综合值密集的区间，从而划定一条得分线作为标准，再根据这一标准修正对某些得分值处于标准之上单位的看法。当然这一标准并非一下就尽善尽美的，它还需要经过多次这样的过程，反复修改，使其尽可能地达到合理的程度。

绝对评价标准制定的另一方法是：在评价过程中不仅请专家给被评对象按准则打分，而且，请专家按对被评对象总体的看法作出合格与不合格的判断。在此基础上，以专家意见比较集中的不合格对象的最高值作为合格与不合格的临界点。这一标准制定法相对于前者来说，其精确程度可能更高一点。

上面，讨论了相对标准与绝对标准的制定途径与方法，并指出了它们之间的若干差别之处，但在讨论中，我们也看到，它们之间也存在着重要的联系。事实上，任何相对标准一经制定也就具有了绝对的成分，它是制定绝对标准的基础；绝对标准则是一种规定了的规范化的相对标准，它们之间存在着辩证的转化关系。

三、教育评价的组织与评价人的选择

评价的组织准备，包括成立专门的评价委员会；设立一定形式的评价办事机构；聘请有关专家成立专家组等项工作。

评价依其组织者的不同，可以分为上级领导部门的评价、同行评价和自我评价等多种类型。在国外，对学校及系科的评价通常由

社会民间具有一定权威性的学术机构来组织进行。比如，在美国就有一百多个民间组织自称为鉴定机构，专门从事对学校和专业的评价活动。在我国大多为教育行政部门委托专家组进行。在教育评价中，专家组直接参加评价活动。他们的任务是实地开展调查，审阅有关材料，然后对评价对象作出评价结论。这一专家组是评价活动的实际实施者，他们的水平和思想境界很大程度上决定了评价的质量。因此，要很慎重地选择专家，组织专家组。

在组织过程中，聘请的专家除了要注意他们是否具有与其评价范围相称的知识外，还要注意他们办事是否公正等方面的人格品质以及他们是否掌握教育评价的理论与技术。在专家对评价理论与技术不很熟悉的场合，组织者还要做好评价的培训工作，使评价人能掌握一定的评价理论和评价技术，熟悉教育评价的内容、方法和基本要求。

第三节　教育评价的实施

一、教育评价实施的一般步骤

现代教育评价的实施，一般可分为预评价和再评价两步。把评价的实施过程分为预评价和再评价，是提高评价活动的质量，充分发挥评价作用的重要措施。

（一）预评价

预评价也称“预备性评价”。它通常是被评者的自我评价。自我评价是教育评价中的一个必要的阶段。为什么在现代教育评价中须有自我评价这一阶段？原因主要在于自我评价在整个评价阶段中具有下列重要的作用。

1. 自我评价的过程是为再评价提供充分信息的过程。被评者对自己的情况最熟悉，因此，他们所提供的自评材料，可以为后续的再评价提供必要的信息。在某种程度上可以说，自评活动深入的程度，决定了再评价信息的足够程度。

2. 自我评价的过程是被评人自我诊断的过程。

3. 自我评价的过程也是被评单位自我整改的过程。评价不是目的，开展评价的目的是为了促进被评者更好地改进工作。在自评阶段，被评人发现了存在的问题，就能采取措施加以改进，这样就起到了促进工作的作用。

(二) 再评价

再评价也称“确定性评价”。它一般是专家组的评价。在教育评价中，专家组的评价具有其他方面不可替代的作用。这些作用主要有以下几个方面。

1. 再评价有助于提高评价的可靠性。再评价是对自我评价的再检查。不能否认，在自我评价的过程中，由于各种原因，“报喜不报忧”的情况是经常出现的。有的可能是夸大自己的成绩，有的可能是掩盖自己的不足。在评价活动中，这种情况的出现既不利于被评人改进自己的工作，又不利于上级部门根据这种信息进行科学的决策。再评价是对被评者自评结果的再检查，因而，它有助于提高评价活动的可靠性，从而提高评价活动的科学性。

2. 再评价有助于提高评价结论的客观性和权威性。专家组的成员来自社会各界，相对说，他们比较超脱，因而，由他们开展评价工作，有助于提高评价的客观性，使评价结论易于为大家所接受。

此外，在教育评价中，专家组的成员来自社会的各个单位，专家组成员构成上的特点，决定了他们的评价能够进行横向比较，易于发现被评单位自身所忽视的问题与经验。

二、评价实施阶段的主要任务

从预评价开始，评价就进入了实施阶段。评价的实施阶段主要有相互沟通、收集信息、评议评分和汇总整理四个方面的工作。

相互沟通是评价人员与被评人员取得相互理解的重要步骤。在对评价的意义不理解的情况下，被评人员很容易产生对立情绪与防卫心理。相互沟通可以从讲清评价的意义入手，务必使各类人员充分了解评价的意义，从而激发起他们的内在动机。美国有两位教育评价的研究人员曾对美国东北部 200 多所院校的评价活动作过调查。通过调查，他们认为有三个因素与有效的评价有关，而其中最主要的一个因素就是“内在动机”。只有当有关人员明确了评价的意义，他们才可能有投身于评价活动的愿望。

就其方法来说，组织一定范围、一定形式的讨论会和座谈会，让教师和其他人员有机会就评价问题交换意见，这对深化他们对评价的认识是很有利的。

各种类型的座谈会、讨论会也是交流和收集信息的重要途径。根据被评单位内部人员的特点，在座谈讨论中，组织者不仅要注意他们介绍的情况，而且还要听取他们对问题的见解，了解问题形成的来龙去脉以及各种建议，以激励他们改进工作的积极性。

收集信息是评价阶段一项具有基础性意义的工作。全面的信息是作出科学的评价结论所必不可少的条件。但是，教育是一项十分复杂的系统工程，在有限的人力和物力的情况下，要把各方面的信息全都收齐，几乎是不可能的，因而，在尽可能全面收集信息的基础上，还要特别注意有重点地收集信息。

一般而言，教育评价对信息有以下几个要求。

1. 信息的全面性。信息须是尽可能全面的。信息不全面，以偏概全，用片面的信息去概括全面的情况，抓住一点不及其余，必然造成决策的失误。

2. 信息的可靠性。信息的可靠性与精确性程度有关。信息不可靠，带有较大的误差，就会导致纠正措施的失准，这就像医生误诊一样，所开的药方不仅不能治病救人，在有些场合甚至会加重病人的病情。因此，为了能使偏差得到及时的有效的克服，信息须高度可靠。

信息的可靠性与信息的全面性成正比关系。收集的信息越全面，越完整，这些信息的可靠性一般也比较高。然而，信息的可靠性往往与收集信息所投入的人力、物力有很大关系。可靠的信息往往需要较多的时间收集，要花较多的人力和物力去获取。由于评价的过程时间有限，人力也不很多，在这种情况下，就需要我们善于在各种信息中抓住最重要的信息。

3. 信息的有效性。信息的有效性是判断信息价值的一个更深刻的指标。它指一个测量反映被测事物的程度。比如，为了判断学生数学应用能力，进行了一次数学测验。结果其中有一个应用题大多数学生未能正确解答，于是就匆匆断言，这批学生数学应用能力较差，并为此采取了纠正措施。但实际情况并不如此，很可能学生的数学应用能力是强的，问题是学生未能掌握这个应用题中涉及的艰深物理概念，因而未能正确解题。由此可见，根据这张试卷获得信息对判断学生数学应用能力来说，有效性是不高的。根据这种无效信息贸然行事，必然达不到改进工作的目的。有效性在教育测量学中被称为“效度”，本书把这一问题留给教育测量学进行讨论。

评价信息收集的方法，主要为调查法。

调查是信息收集的基本方法。在评价中，根据所获信息的性质来分，调查又可分为证实性调查、疑问性调查、评估性调查与经验性调查四种类型。

1. 证实性调查是对已知材料加以证实或证实不了加以否定的调查。比如，调查者对被调查者提供的材料逐项加以核实，就是一种证实性调查。再如，在学校评价中，为核实学校所提供的设备使用率等数据，在接收到报表后，再对使用者进行访问，以确证有关人员所申报的数据不含任何“水分”，这就是典型的一种证实性调查。

此外，证实性调查还可以纠正由于被调查者对规定的要求不明确，或其他原因造成的失误，因而，有助于提高评价工作的质量。

2. 疑问性调查是对某一或某些问题还不清楚，还不知其然，为弄清情况而进行的调查。因此，从其所获信息的性质来看它与证实性调查是有区别的。

3. 评估性调查是在了解事实的基础上，调查人试图了解被调查者对一事物或客体的态度、情感，或价值判断的调查。价值是由一事物满足主体需要的程度来决定的。因此，评估性调查与证实性调查、疑问性调查不同，证实性调查与疑问性调查只要求了解事物的客观状态和事实，而评估性调查则要了解被调查者对某一事物或客体的主体感受与价值判断。

4. 经验性调查是不针对特定的问题，它是为发现某一单位在某一方面的经验或问题及其症结所在而进行的调查。在一项教育改革措施出台，经过一个阶段实施后的评价中，这类经验性调查运用的范围相当广泛。由这种调查得来的信息，可以用于制定后续措施的管理政策。

在这四种类型的调查中，疑问性调查与评估性调查根据其问题的不同又可分为四种类型。

第一，选择性答案的问题。这种问题预期只要作简单的选择性回答。通常的答案不外乎："是""不是"，"一定""不一定"或"对""不对"等。比如，下述问题就可归入这一类型。

"'当前我国教育面临的最大问题是教育经费严重不足'，你认为这种提法对吗?"

可以预计这一问题的答案必然是"对""不对"或"不一定"。

第二，确定性答案的问题。这种问题其答案是确定的。比如，"你认为在你的一生中对你影响最大的是哪一阶段的教育?"

可以预计其答案必定落在"小学""初中""高中""大学"或"很难说"这几种类型中。

第三，程度性答案的问题。这种问题需要被调查者对某一特定的表述作出程度性的判断。比如：

"'没有教师的支持，任何教育改革都是不可能成功的。'你同意这一观点吗?"

(1) 完全同意；

(2) 同意；

(3) 难下结论；

(4) 不同意；

(5) 绝对不同意。

在这类问题中，当被调查者在其表明了他的观点后，调查者往往还要求他们说明理由。

第四，开放性答案的问题。这种问题的目的，主要在于了解被调查者对某一事物的态度、看法或观点。因此，它需要被调查者作一定的阐述。比如，"社会主义市场经济的建立将对我国教育产生什么影响? 你认为，我国教育在体制上如何改革才能适应这一新的形势?"

不同类型的问题，需要不同的调查手段加以配合才能获得最好的效果。下面再从调查的手段方面来对调查作一番研究。

调查就其手段来加以区分，有两大类型：以“问”为主的调查，如问卷、访谈；以“看”为主的调查，如观察等。

1. 问卷调查与访谈。问卷以书面调查表的形式向被调查者提出问题。它的特点是覆盖面可以较宽，便于统计处理，一般具有较大的可靠性。

访谈作为一种调查技术，它在教育评价中也被广泛地运用着。访谈的主要方式是调查者面对面地征求被访问者的意见。它的优点是调查者可就某一问题作较为深入的调查研究。但它也有不少缺点，其中之一是由于受时间的限制，访谈的范围不可能很大，覆盖的面不可能很宽。访谈又有个别访谈、集体访谈等多种形式。

（1）个别访谈。这种访谈有非正式交谈型采访和正式专题型采访两种类型。前者是调查人员和被调查人员自由交谈，不作笔记，保持非正式气氛，但调查人员应做到心中有数，要围绕目的控制谈话。这种采访的好处是可能暴露正式交谈中不易出现的问题，不足是费时且易受采访者的个人影响等。后者恰好与前者相反。因此，可以把二者结合起来运用。如先用非正式交谈的方式搞个小规模预查，然后在这个基础上进行正式专题采访。

（2）集体访谈。它也有两种方式，即集会和座谈。前者是邀请有关人员广泛参加，由调查人员召集，向与会者提出问题。后者仅是邀请少部分人参加，与会者自己讨论某个题目，而调查人员只是促进发言，使其集中在事先拟定的题目上。集体采访有许多优点，例如，它比较经济，因为一个人在短期就可以采访许多人；它有时能获得比个人采访更准确的信息，因为在众人面前，人们一般不愿意提供不准确的信息。但集体访谈也有一些弱点，如很多人不愿在公开场合，对一些敏感的问题表明自己的观点，而某些人常支配了讨论等。

2. 观察。观察属于以“看”作为主要手段的现场调查。俗话说：“耳听为虚，眼见为实”，这是说，自己看到的才是真实的。事实上，大量的研究表明，我们的眼睛有时也会欺骗我们。

观察又有自然条件下的观察与实验条件下的观察等多种类型。在教育评价中，运用比较多的是自然条件下的观察，其中又以实地观察为最。实验条件下的观察广泛地用于教育研究之中。

实地观察这种方法，常是以检查组（或团）的方式到一单位实地观察、检查。这种方法的优点是观察者亲临现场，能真实准确地了解情况，并能较及时地解决有关问题，但缺点是要求观察者具有较丰富的专业知识和技能，另外，在被观察者有为应付观察而进行伪饰的行为时，也极易造成观察结论的扭曲。

评议评分是评价阶段一项具有关键性意义的工作。在某种意义上，可以说，这一步是评价活动的核心所在。对被评对象每一方面所作的评判是否符合被评对象的实际，这对被评对象今后的工作，乃至长期的发展都有至关重要的影响。因此，要十分注意分项评判的科学性。

分项评判的问题与测量有十分紧密的联系，本书就不再讨论。

汇集整理是评价阶段一项具有全局性意义的工作。它直接影响对评价结果的分析与处理，是联系评价的实施阶段和结果分析阶段的一个十分重要的过渡环节。评价资料的汇集与整理既要迅速又要准确，在以往手工操作的情况下，这是一项十分繁复的工作。目前，计算机的普遍运用已使得这项工作简单得多了。

评价实施阶段的这几项工作是环环相扣的，其中任何一项工作搞得不好，都会影响整个评价工作的质量，因此，组织者须统筹兼顾，全盘规划，切实提高评价的质量。

第四节　评价结果的分析与处理

评价结果分析与处理是评价活动的最后一个阶段，它的质量关系到评价的作用能否充分发挥，因此，这也是一个很重要的阶段。评价活动的这一阶段主要有以下几项任务。

1. 形成综合判断。形成综合判断就是从总体上对被评对象作出关于其工作的定性或定量的综合意见。在必要时，对被评对象作出优良程度的区分或对被评对象作出其是否达到应有标准的结论。

2. 分析诊断。为了更好地帮助被评对象改进工作，在形成综合判断的基础上，还需要对评价过程得到的信息进行细致的分析，对被评对象的工作的优缺点和长短得失进行系统的评论，以帮助被评对象能认清存在的问题和问题的症结所在，从而有针对性地改进工作。

3. 估计本次评价活动的质量。在对被评对象的全部评价工作结束以后，根据评价结果和碰到的问题，估计本次评价活动的质量。这是一项很重要的工作。第一，如果评价活动本身质量不高的话，贸然地根据这一活动得到的不十分可靠、不十分准确的信息作出决策，这一决策就很可能失误。第二，对评价活动本身质量的估计也为我们发现评价方案存在的问题，修改评价方案提供了科学的依据。

4. 向有关方面反馈评价信息。由评价获得的信息一般需要向三个方面进行报告。第一，向有关领导部门报告，为上级的决策提供依据。当然，这里需要强调的是，由评价获得的信息是领导决策的一个重要依据，但它不应该成为决策的唯一依据。上级的决策需要考虑众多的因素，评价的结果只是其中的一个因素。当然，在一般情况下，这是一个极其重要的因素。第二，向被评对象进行反馈，使他们能有针对性地改进工作。第三，在有些情况下，还需要在一定范围内公布评价的结果，使同行能相互借鉴、相互督促和相互鞭策。到这里为止，评价活动可以说就基本结束了。然而，这时正是评价活动发挥其作用的开始。领导部门决策的修改，同行的督促与鞭策，自身对存在问题的明确认识，都为被评对象改进工作、使自己的工作迈上一个新的台阶创造了良好的条件。

第三章
学生评价的原理与原则

学生评价是对学生个体学习的进展和变化的评价。它包括对学生学业成绩的评定、学生思想品德、个性的评价等方面。测验是其常用的工具，然而，学生的评价不只是测验，它还包括多种手段，本书后续章节将择要对此作些探讨。学生评价是教育评价领域中最基本的一个领域，也是教育工作者最关心的一项工作。

第一节　学生评价概述

一、学生评价的基本类型

现代学生评价的主要目的是为了激励学生的学习，根据学生的实际改进教学过程，促进学生更好地发展。克龙巴赫把学生评价分为“最佳表现”（maximum performance）的评价与“通常表现”（typical performance）的评价两种类型。① 所谓最佳表现，指学生在动机得到充分调动的情况下，所能达到的最好表现。这类评价主要用于判定学生潜在能力或学习成果。能力倾向测验以及学业成就测验就属这一类型。能力倾向测验用于预测学生未来的学习能力。学业成就测验用于确定学生过去学习活动的成果。

所谓通常表现的评价，主要用于判断学生的兴趣、态度等个性素质。它的重点在于获得在日常情况下学生典型的反应。观察与日常行为记述是最常用的技术。

最佳表现不等于通常表现，用最佳表现评价得到的信息去推断日常行为就有可能失误。

按照在课堂教学活动中的作用，学生评价又有定位性评价、形成性评价、诊断性评价与总结性评价等多种类型。

定位性评价（placement evaluation）。又称安置性评价、预备性评价。它主要是在特定的教学活动之前，判定学生的前期准备。它要解决的问题为：学生是否已掌握了参加预定教学活动所需的知识与技能；在多大程度上学生已经达到了预期的教学目标；学生的兴趣、习惯以及其他个性特征显示何种教学模式最为合适。

---

① Cronbach，L. J.，*Essentials of Psychological Testing*，1984.

形成性评价（formative evaluation）。在学生评价中，形成性评价主要在于不断地反馈学生学习成功或失败的信息。它特别注重强化学生学习的成功之处，显示学生学习过程中需要改进的具体的学习错误。

诊断性评价（diagnostic evaluation）。如果把形成性评价看作对学生学习错误的初诊的话，诊断性评价就是复诊。它的重点在于对学生学习中屡犯错误深层原因的调查。它需要一些精心准备的诊断性测验以及高度专门化的访谈技术。

总结性评价（summative evaluation）。它是对教学目标达到程度的判断，同时也提供教学目标适当性与教学策略有效性的信息。

布朗（Brown，F. G.）用图表示了四种评价在教学过程中的相互关系，① 见图 3-1。

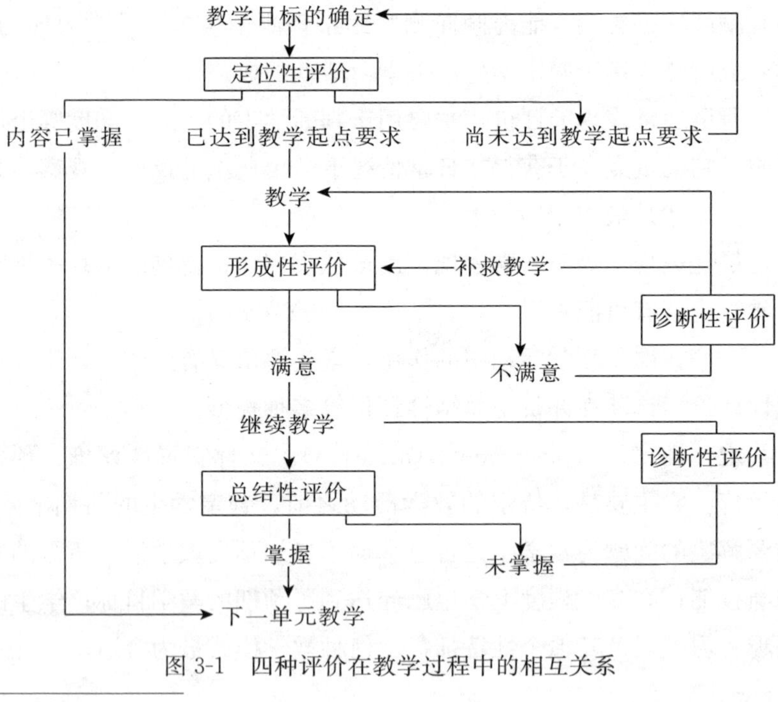

图 3-1　四种评价在教学过程中的相互关系

① Brown，F. G.，*Measuring Classroom Achievement*，1981.

二、学生评价的功能

学生评价在教学过程中有着重要的作用。这些作用主要有以下几个方面。

1. 有助于把握学生学习起点，正确地确定教学目标，选择教学策略。学生在进入新的一门课程的学习时，要有一定的知识、技能与能力作为基础，以一定的学习积极性作为动机力量。通过定位性学习评价，教师了解了学生在学习一门课程时的相关的知识、技能、能力与学习态度，就为他确定适当的教学目标提供了依据。

在更多的情况下，为实现预定的教学目标，了解学生学习的前期准备有助于教师有针对性地采取适合学生特点的教学方法。比如，在学生知识、技能准备不足的情况下，采取一些补救性的教学，就可解决这些问题。在学生把原有的知识运用于新的学习方面迁移能力不足的情况下，教师就可以着重揭示知识之间的联系，以帮助学生将各种知识联系起来思考问题，以提高他们的迁移能力，促进他们新的学习。在学生由于对本门课程意义了解不深、学习动机不足的情况下，有的放矢地阐述本门课程的价值，就有可能取得较好的效果。

了解学生学习起点是定位性评价的任务。通常它可以用课堂提问、课堂作业、个别谈话等多种方法进行。当然，测验也是其中的一种方法。

2. 有助于评定学生学习的结果，作出恰当的教学决策。在一个单元或一门课程结束时，进行学生学习的总结性评价，对学生的学习是否达到预定的教学目标以及达到教学目标的程度作出判断，这就可能作出恰当的教学决策。在一个教学单元中，学生学习离预定的教学目标还有较大差距时，教师就要考虑是否需要延续先前的教学，采取必要的教学补救。在个别学生掌握不好的情况下，教师就要考虑是否要采取一些个别辅导的措施。当一门课程结束时，个别学生未能达到教学要求，必要时也可考虑让他重修这门课程，否则，就会给他学习后续的课程带来较大的困难。这种教学决策的作出，也离不开科学的学习评价。

3. 有助于教师了解教学的得失，改进教学方法。通过在教学过程中进行的各种评价，教师能及时得到有关教学情况的反馈信息。当教学比较成功的时候，教师就可设法巩固已有的成绩。当教学活动与预期目标有较大差距的时候，教师就要找出问题所在，及时改进自己的教学。

4. 有助于了解学生的学习困难，帮助学生找出存在的问题。诊断性学习评价的主要任务就是在学生学习出现困难时，帮助他找出困难背后的问题。在学生学习出现困难时，一味地责怪学生不努力，试图通过给学生施加更大的压力来改变学生学习的状态，这在大多数情况下，都是收效甚微甚至失败的。学生学习困难背后的原因是多重的，只有找准了影响学生学习的主要原因，有针对性地采取措施，才能取得较好效果。诊断性评价在这方面是大有作为的。

5. 有助于激发学生学习的动机，促进学生的学习。学生评价可能引起学生的焦虑。心理学的研究表明，适当的焦虑可以成为一种动机力量。人们常说，没有压力就没有动力。很难想象完全没有考试，学校教育将成什么样子。

第二节　现代学生评价的基本模式与特点

一、现代学生评价的基本模式

教育评价的模式是相对固定的评价程序，它是在一定理论指导下对教育评价的基本范围、内容、过程和程序的规定。西方教育评价的模式一般都有较大的适用范围。比如，本章所介绍的几个模式的基本思想都不仅被广泛地运用于学生评价，在实践中也被广泛地运用于课程与教学方案评价等各个方面。为叙述的方便，本章先介绍与学生评价有密切关系的泰勒模式、CIPP模式以及目的游离模式。在以后的有关章节中将根据需要，探讨与教师评价、课程评价和学校评价紧密相关的模式。

（一）泰勒模式

研究现代学生评价的模式，不可不对泰勒的模式先作一番研究，因为泰勒的评价模式与现代学生评价的关系最为密切。

在本书“前言”中，已经提到，泰勒的评价理论是在20世纪30年代提出来的，从社会大系统来看，泰勒的评价理论产生在30年代是有重要的历史原因的。1929年，西方经历了一场严重的经济危机。这场危机迅速地波及了美国的各行各业。它对教育的影响主要表现在两个方面：一是经济的危机导致教育经费的拮据；二是工厂的倒闭导致失业青年的大量增加，这批青年大量地涌入学校，使学校人数急剧地增加。在这种情况下，为了渡过危机，教育的办学效益问题受到了人们普遍的关注。这就推动了以课程改革为核心的教育改革研究的开展。随着课程改革的深入，教育评价的问题也随之提了出来。进步教育协会（Progressive Education Association）发起了一项著名的“八年研究”（Eight-Year

Study)。泰勒领导了其中的评价委员会。通过研究，泰勒和他的同事得出了这样的结论：当时的学校课程和测验是很片面的。在对这种教科书中心主义的课程和测验进行严厉批评的基础上，他们提出了一套以教育目标为中心的课程和评价编制的模式。泰勒的这一研究成果，至少在两个方面十分突出，并至今仍影响着教育评价的实践。

第一，在 20 世纪 30 年代，泰勒向当时教育测验的权威伍德（Wood，B.）的思想提出了挑战。伍德认为，测验只要能测量学生对事实和知识的回忆和认识就可以了。而泰勒证明，对高级智慧技能的测量和对知识的测量不是一回事。如果高级智慧技能是教育的目标的话，那么，这些技能须直接加以测量。

第二，泰勒认为，在 20 世纪初发展起来的所谓常模参照测验（norm-referenced testing），一般并不能提供评价教育目标所需的信息。起源于智力测验的常模参照测验是以区分考生为目的的，它对了解学生学习的进展并无多大价值。而与此相对的目标参照测验，则可为判明学生学业的进展提供很多帮助。目标参照测验的提出是学业成就评定的一大进步，它是泰勒对教育评价的一大贡献。目标参照测验至今在学业成就评价中占有重要的地位。

泰勒模式的基本观点集中体现在所谓的“泰勒原理”中。泰勒原理是由两条密切相关的基本原理组成的。一条是评价活动的原理，以《成绩测验的编制》（*Constructing Achievement Tests*）为书名，于 1934 年首次发表；另一条是课程编制的原理，于 1945 年在芝加哥大学作为上课用的油印讲授纲要问世，并于 1949 年以《课程与教学的基本原理》（*Basic Principles of Curriculum and Instruction*）为书名公开出版。以后应《卡潘》（*Phi Delta Kappan*）杂志等的邀请，泰勒分别撰写了《课程编制的新尺度》

(New Dimensions in Curriculum Development)(1966)① 和《方案评价原理》(A Rationale for Program Evaluation)(1983)等文章，回顾和介绍了他当时的思想。

泰勒方案评价原理规定的评价步骤包括下列几个方面：

(1) 确定教育方案的目标；

(2) 根据行为和内容对每个目标加以定义；

(3) 确定应用目标的情境；

(4) 设计给出应用目标情境的途径；

(5) 设计取得记录的途径；

(6) 决定评定方式；

(7) 决定获取代表性样本的方法。②

从上述步骤可知，泰勒模式是以目标为中心的。它把教育方案的目标用学生行为化的成就来表示，并把这一行为目标作为决定教育活动和对教育进行评价的主要依据。预定的目标决定了教育活动，同时也规定了教育评价就是找出实际活动与教育目标的偏离，从而通过信息反馈，促进教育活动能够尽可能地逼近教育目标。这一模式由于结构紧凑，因而在很长的一段时间内，它在教育评价理论中占有重要的地位。

(二) CIPP 模式

CIPP 模式诞生于 20 世纪 60 年代。然而，其背景可追溯到 50 年代后期。1957 年苏联第一颗人造卫星上天，在美国朝野引起了极大的反响。经过深刻的反省，他们认为，美国在科技方面的落后，归根到底反映了教育上的落后。于是，他们花了很大的精力着

① [美] 拉尔夫·泰勒著，施良方译：《课程与教学的基本原理》，人民教育出版社 1994 年版，第 107—114 页。

② [美] 泰勒著，龚伟民译：《方案评价原理》，载瞿葆奎主编，陈玉琨、赵永年选编：《教育学文集·教育评价》，人民教育出版社 1989 年版，第 253—254 页。

手进行教育改革。在教学领域中，布鲁纳（Bruner，J. S.）的“结构课程论”就是这一时期的产物。美国国会通过了《1965年初等和中等教育法》（*Elementary and Secondary Education Act of 1965*）。① 这个法对全美各学区提供了数十亿美元的资助，以提高初等和中等教育的质量。联邦政府要求所有接受该法资助的项目都须加以评价，由此也产生了对评价的需要。

当时，在教育评价领域，有人重新审视了当时占统治地位的泰勒原理，结果认为，这一理论有很多缺陷。具体地说，如果评价以目标为中心和依据，那么，目标的合理性又根据什么判断；教育活动除了达到预期的目标外，还会产生各种非预期的效应、效果，这些非预期效果要不要评价，如此等等，问题不一而足。此外，如前所述，在西方，有一种教育流派认为，教育乃是个人自我实现的过程，用统一的目标模式去统一个人的自由发展，去评价教育、教学的结果，从根本上说是不可接受的。因此，他们对泰勒模式更为不满。

在这种情况下，泰勒模式受到了严重的挑战。泰勒模式的权威性一经冲击，其他的模式就应运而生。CIPP评价模式就是在这一特定的情境下产生的。从1957年起，约经过十年的徘徊，到1966年斯塔弗尔比姆首创CIPP模式。这是由背景（context）评价、输入（input）评价、过程（process）评价和成果（product）评价这四种评价组成的一种综合评价模式。

在评价《1965年初等和中等教育法》改革项目的过程中，斯塔弗尔比姆最初试图运用泰勒模式去评价这些项目。然而，很快就失败了。斯塔弗尔比姆发现，学生们的需要是各种各样的，而且根

① 瞿葆奎主编，马骥雄选编：《教育学文集·美国教育改革》，人民教育出版社1990年版，第271—298页。

本不可能找到一套共同的目标。此外，教师们对该如何去做，也感到相当的困惑。他们对项目的内容不是不同意，就是不了解。因此，在这种情况下运用泰勒模式几乎是不可能的。① 根据斯塔弗尔比姆的观点，泰勒提出的作为评价中心和依据的目标本身是需要受到评价的，于是斯塔弗尔比姆提出：方案评价的第一步应该是"背景评价"。背景评价又应是周期性的，它的一个重要任务是"考察现存的目的与重点是否与使用者的需要相一致"，"背景评价的结果都应为调节现存的目的、优先顺序所需的变革提供坚实的基础"。② 就是说，须根据对象的需要对教育目标本身作出判断。无疑，背景评价突破了泰勒的框架，拓宽了评价范围与内容，表明了人们对评价认识的深化。

"输入评价"是在阐明了决策的目标以后，关于达到目标所需要而且可以得到的条件评价，在本质上可以理解为方案、计划可行性的评价。它涉及的问题包括：实现目标的可能性，各种方案的潜在成本，它的优势与劣势，它的合法性与道德性，各种人员的利用以及对外界资源的需要，等等。它的方法也是多样的，有特尔斐法、成本与经济分析等。

"过程评价"为计划、方案的制订者提供反馈信息。过程评价是对计划实施情况的不断检查，有关活动是否按预定计划加以实施，是否以一种有效的方式利用现有的资源。并且最初的决定在以后可能被证明有缺陷，因而，它也为修改计划提供指导。

"成果评价"测量、解释和判断教育的成就，确证人们的需要被满足的程度。按照斯塔弗尔比姆的说法，在 CIPP 中，成果评价

---

① Stufflebeam, D. L. & Shinkfield, A. J., *Systematic Evaluation*, 1985.

② ［美］斯塔弗尔比姆著，陈玉琨译：《方案评价的 CIPP 模式》，载瞿葆奎主编，陈玉琨、赵永年选编：《教育学文集·教育评价》，人民教育出版社 1989 年版，第 314 页。

仍然是质量控制的一种手段，这与泰勒的评价是不同的。当然，这不是说，这两者之间没有共同之处。豪斯（House，E. R.）说过，重视定量的目标是它们的共同特性。

（三）目的游离模式

目的游离评价是由斯克里文提出来的。严格地说，目的游离模式不是一种完善的评价模式，它没有一套完整的评价程序。因此，有人把它仅当作一种关于评价的思想原则。然而，深入了解这一思想原则对全面地理解泰勒模式有重要的意义。

目的游离模式，是针对目标评价模式把教育活动的目标即预期效应，与教育活动非预期效应（斯克里文称之为副效应）割裂开来这种做法的弊病而提出来的。他断定："对目的的考虑和评价是一个不必要的，而且很可能是有害的步骤。"① 按照斯克里文的观点来看，目标评价很容易使评价人受方案制订者所确定的目的的限制。所以严格地按目的办事，往往会大大地限制评价的范围及其深远的意义。因此，他建议把评价的重点由"方案想干什么"转移到"方案实际干了什么"上来。

斯克里文认为，评价委托人不应把方案的目的、目标告诉评价人，而应当让评价人全面地收集关于方案实际结果的各种信息，不管这些结果是预期的还是非预期的，也不管这些结果是积极的还是消极的，这样才能使人们对方案作出正确的判断。

对斯克里文的目的游离评价，批评者说，它简单地用评价人的目的替代了方案管理者的目的。评价人毕竟还应该有判断赞成与不赞成的准则。对其持支持态度的人则认为，评价中最重要的准则并非是方案应当满足其目的的程度，而是方案能满足其实际需要的程

---

① 参见许建钺等编译：《简明国际教育百科全书·教育测量与评价》，教育科学出版社 1992 年版，第 51—53 页。

度。目的游离评价正是一种“以需要为基础的评价”①。

应当承认，斯克里文“副效应”，即非预期效应概念的提出具有很大意义。教育活动在实现预期目标的过程上，还会产生各种非预期效应。比如，针对中小学一些学生生活经验贫乏，普遍感到作文无内容可写的实际，一所学校进行了以说童话、写童话为主要内容的作文教学改革。结果证明，这一改革在提高学生写作水平方面有一定效果，这就是说，在一定程度上，改革达到了预期目标。然而，深入的研究发现，在学生学习已经严重脱离社会生活的情况下，可能童话教学又进一步强化了学习与生活的脱节。这是人们在改革前未设想到的消极的非预期效应。再者，对比的研究进一步表现，童话教学有助于提高学生的想象力，这又是人们在改革前未设想到的积极效应。它们都说明，对教育活动与教育改革的评价，如果忽视了非预期效应，显然是不全面的。

从目前许多国家的学生评价来看，泰勒模式至今为止仍是运用最为广泛的模式。当然，CIPP 模式所提出的作为评价依据的目标本身首先应当受到评价；斯克里文提出的目标效应以外的非预期效应也应当受到重视，这些观点都补充了泰勒原理的不足。全面地掌握这些理论，对我们科学地开展学生评价是有很大帮助的。

二、现代学生评价的特点

通过一百多年的发展，现代的学生评价发生了很大的变化，具有了不同于早期测验的显著特征，这些特征主要表现在以下几个方面。

---

① 参见许建钺等编译：《简明国际教育百科全书·教育测量与评价》，教育科学出版社 1992 年版，第 51—53 页。

1. 强调了评价功能的形成性。现代教育评价在其目的上，十分强调参与和推动教育的发展。在教育评价发展历史的早期阶段，测验主要是用来鉴别学生的，其目的在于选拔适合于教育的儿童；而现代的学生评价，主要是用来诊断问题，改进教育，其目的则是创造适合儿童的教育。这一根本目的的转变是现代教育评价区别于早期的评价的显著标志，它推动了教育的发展。在谈到泰勒模式的缺陷时，斯塔弗尔比姆曾经中肯地指出：泰勒模式是一种"注重反馈和教育改革的模式"，但是，"在泰勒的评价概念中，目标与结果紧密相关，使人易于把注意力集中在评价结果的终结程序上，这种终结程序只有在教育方案进行完毕后，才能产生信息。无疑地，泰勒的评价方法的概念与人们使用其方法的方式大相径庭，以致往往损害了泰勒模式的所有潜力"。① 正是在这种认识的基础上，现代学生评价极为重视评价的形成性功能。同时，对评价形成性功能的重视又反过来成了现代教育评价发展的一个重要动因。这个转变在教育评价的发展中具有重要的意义。

回顾现代教育的发展，在 20 世纪 70 年代以后，课堂测验得到很大的发展，其中很大的原因，就是由布卢姆所提出的"掌握学习"（mastery learning）以及个别教学的普及与推广。在掌握学习与个别教学中，课堂测验是提供及时反馈的重要手段。这种评价就是形成性评价。

2. 重视评价内容的全面性。从泰勒开始，教育工作者就反对把评价仅仅当作检验学生知识掌握程度的工具，他们要求评价须全面地反映教育目标，对学生认知、情感以及动作技能的发展作出全面的评价，以促进学生的全面发展。CIPP 模式更进一步提出，作为评价依据的目标本身也要受到评价，使学生的发展更能符合社会

① Stufflebeam，D. L.，et al.，*Systematic Evaluation*，1985.

的实际需要。目的游离模式则强调，在教育工作者预期目标之外的各种实际效应，也是评价工作者需要调查与评价的对象。这就大大地拓宽了人们对评价的认识，因而，评价活动对教育活动能提供更大的帮助。

与重视评价内容全面性相匹配的是，评价工作者不再把测验当作唯一的评价工具，与各种被评属性相关的评价工具的开发也受到了评价工作者的高度重视。在多年研究的基础上，也逐步研制出了一系列新的评价工具。这些工具在现代评价中逐步地发挥了它们的作用。

3. 重视评价类型的多样性。根据现代教育的需要，现代教育评价注意为教育提供全方位的服务。在早期单纯的总结性评价的基础上，现代教育评价根据学校教育不同阶段的需要，逐步地发展了包括定位性评价、形成性评价、诊断性评价在内的多种评价。这种多样性的评价，在学校教育的不同阶段提供不同的评价服务，使得评价在推动教育的发展中能起到越来越大的作用。

现代学生评价的这些特点，当然会反映在现代学生评价的原则与操作方法上。

第三节　学生评价的基本原则与步骤

现代学生评价的原则，是在现代教育评价观指导下对评价工作者的要求；评价的基本步骤则是根据这一评价观提出的操作程序。掌握现代教育评价的原则与步骤，对正确地开展评价具有重要意义。

一、学生评价的基本原则

不少学者对学生评价的原则作过研究，其中数格朗兰德在多年研究的基础上提出的五条原则最为著名。①

1. 在评价前首要的是要明确评什么。按照格朗兰德的观点，在选择评价工具之前，人们首先要明确评什么，这意味着，在选择测验方法之前，人们先要明确预期的学习结果是什么。

2. 评价工具的选择，要与被评属性或被评的成就相一致。格朗兰德认为，诸如客观性、精确性或方便性这些要求，对评价工具的选择来说都是重要的，但是，在选择评价工具的过程中，最重要的是与被评属性或被评成就的一致性。

3. 全面的评价需要各种评价工具。测验是学生评价的重要的也是最常用的工具，但是，仅有测验远不足以评价学生学习的全部结果。观察、访谈等调查技术在学生评价中也应受到重视。此外，在测验中，客观式测验与论文式测验也各有作用，偏爱一种方法而忽视另一种方法是有害的。

4. 要清醒地认识运用的评价工具的局限性。每种评价工具都有它适用的范围，超出这一范围，这一评价工具就失去了它的作用，评价人应有清醒的认识。

5. 评价是达成目的的手段而不是目的本身。

我国台湾学者何英奇在谈到教学评量，即教与学两方面的评价原则时提出了 13 条原则。由于这些原则的主要思想对学生评价也

① Gronland，N. E.，*Measurement and Evaluation in Teaching*，2nd ed.，pp. 6-8，1990.

有指导意义，为此这里作简要介绍。①

1. 符合原则，即教学评价应与教育目标相符合，避免为升学而评价。

2. 综合原则，即评价内容要兼顾认知、情感与动作技能各方面，评价手段要多样，安置性评价、形成性评价、诊断性评价与总结性评价等各类评价都不应偏废。

3. 回馈原则，即评价结果要反馈给被评人员。

4. 历程与结果兼顾原则，即评价不仅要重视结果，也要重视历程。

5. 个别原则，即评价要注意学生个别差异。

6. 连续原则，即评价要看到过去、诊断目前，也要预测未来。

7. 民主原则，即评价者与被评者都要有民主态度，形成良好沟通。

8. 合作原则，即评价要重视各方人员的合作。

9. 科学原则，即评价要力求合理、实证与客观。

10. 公平原则，即评价应追求实质上的公平，避免形式上的公平。

11. 保密原则，即评价结果应注意保密。

12. 描述原则，即健全的评价也要有质的描述性评价。

13. 研究发展原则，即评价要有助于教育的发展。

上述这些关于学生评价原则的研究成果对我们是有启发的。综合各家的研究成果与我们对实践的调查，我以为，对学生评价来说，提出以下的原则可能是比较合适的。

1. 发展性原则。学生评价要围绕学生的发展，为学生的发展

---

① 台湾师范大学学术研究委员会主编：《教学评量研究》，五南图书出版公司1992年版，第6—16页。

服务，这是发展性原则的核心思想。为此，第一，要破除为评价而评价的思想，在实践中要防止为评价而评价的各种做法。第二，要反对站在学生对立面的评价，要破除“只有难倒学生，才能体现评价人的水平”的陈腐观念。评价要注重帮助学生树立成功的信心，发现发展中的问题，通过反馈信息，促进学生更好地发展。第三，要反对仅仅为升学而进行的评价，使评价成为促进学生全面发展的工具和手段。发展性原则是学生评价中最基本的，也是最重要的原则。

2. 全面性原则。学生评价要紧扣教育目标，全面地反映教育目标。学生评价不全面，必然会把学校教育引向片面。我们的教育目标包括德、智、体几方面的发展，学生评价须充分反映这些方面。

对学生全面的评价要运用多种评价工具。在学生评价中，评价人可以充分运用测验等评价工具，但决不能把自己局限在测验这种单一的评价方法上。根据评价的内容来选择评价方法，而不能根据评价方法来选择评价内容。这是一条重要的评价原则。

3. 明确性原则。评价的目的要明确，评价的要求也要明确，这是明确性原则的基本含义。评价的目的、要求明确了，才能促进学生的发展。同时，明确的目的与要求要在教学活动之前就让学生了解与掌握，这样才能使学生朝着学校明确的要求去努力。在实践中存在一种现象：有些教师到考试前才去订考纲，根据考纲再去拟试卷。这就失去了以评价促发展的作用。按照明确性的要求，学校要根据教学目标去组织教学，然后根据教学目标进行评价。教学目标不仅是学校组织教学的依据，也是指导学生学习的指南，教师要在教学活动之前了解，学生在学习活动之前也要掌握。

4. 过程性原则。学生评价作为促进学生发展的工具，要贯穿学生学习活动的全过程。要充分利用定位性评价、形成性评价、诊断性评价与总结性评价的不同功能，在学生学习的各个过程提供各种不同类型的评价服务。

把评价的功能退化为仅仅是对学生分等鉴定，把学生评价缩减为只有一种总结性评价，这是对评价的曲解。通过提供各种不同类型的评价服务，才能使现代教育评价真正成为“为学生提供最好的教育”的工具。

二、学生评价的基本步骤

学生评价是一件技术性很强的工作，按照评价工作的基本规律，科学地开展学生评价对提高评价的质量会有很大的帮助。从评价学的观点来看，科学地评定学生的学习进展与行为变化要经过下述六个步骤：

（1）确定教育方案的目标，并预测各种可能出现的非预期的副效应；

（2）把教学目标转化为作业目标，预测各种副效应可能的行为表现；

（3）设计获得学生反应的途径；

（4）决定评定方式与获取代表性样本的方法；

（5）取得记录；

（6）结果分析。

上述六个方面的工作是紧密相连、环环相扣的，其中第一至第四步是评价的设计，第五步是评价的实施，最后一步是结果的分析与处理。

（一）评价方案的设计

1. 确定教育方案的目标，并预测各种可能出现的非预期的副效应。教育方案的目标往往也被称为考试目标。事实上，它是决定考试内容的基本依据。我国学者于信风说得好："我们有一个习惯，即不经设计就进行考试的组织实施。应该说，这是我们许多考试质量不高的首要原因。如果说不经设计而施工是小农建筑的陋习，先设计而后施工是现代建筑的特点，那么可以说，不经科学设计而后实施考试是经验考试的陋习，先经科学设计而实施考试，则是现代考试的重要特点。"① 现代教育评价学把考试看作评价的工具。我们不是为考试而考试，而是通过考试收集学习变化的信息，以促进教育目标的全面达成。为此，评价设计就必须紧紧扣住教育目标。

教育、教学目标不仅是教育、教学过程的指南，而且是评定学生进展的依据。确定和表述教学目标，应当是在教学活动之前就完成的一项工作。一门课程的教学目标是评价学生学习的基本依据，因此，这一步不完成，评价工作是很难进行的。

对一门课程来说，教学目标的设计通常可以形成如下所示的双向细目表。

双向细目表可看作一个二维矩阵：一是目标维；二是内容维，它由各门课程的教学内容确定。表 3-1 是以"教育评价学"为例的一个双向细目表。

双向细目表具体地确定了每门学科的教学内容，每个教学单元的教学目标及其重点，它规定了每一教学单元应达到的最终结果，它为教师分配教学时数和教学精力提供了指南，同时也为检查最终教学结果提供了标准。

---

① 于信风著：《考试学引论》，辽宁人民出版社 1987 年版，第 59 页。

表 3-1 “教育评价学”课程双向细目表

	知识	领会	应用	分析	综合	评价	合计
教育评价的本质	1	1	3				5
教育评价的基本程序	2	2	3		3		10
学生评价	2	2	3		3		10
目标设计	2	2	3			3	10
教师评价的原理	2	2	2	3	3	3	15
教师评价的方法	2	2	3		3		10
课程方案评价	2	2	2		2		8
教学评价	2	2	3		3		10
教育质量保障体系	3	3	3		3		12
教育政策和项目评价	2	2	2	2	2		10
共计	20	20	27	5	22	6	100

教育目标表达了教育工作者的意向，然而，在实际的教育过程中，还可能出现各种非教育工作者所预期的结果。事先对这种非预期的效应作出预测，既有助于人们克服各种消极的效应，增加积极的效应，也有助于人们全面地评价教育活动的全面的效果。所以，尽可能地对各种非预期的效应作出预测，也是很有意义的一项工作。

2. 将教学目标转化为具体的目标，并预测各种副效应可能的行为表现。

在上面一步中制作的教学目标相对地说是抽象的，它还不能成为学生评价的直接依据。根据评价的需要还要进一步把它加以具体化，直至它最终成为可观察的目标。

教学目标设计是评价学生学习成果的关键。本书第四章将对教学目标设计的基本原理进行重点讨论。

如同我们从评价的需要出发，要将教育目标转化可观察的目标一样，对教育过程可能出现的副效应，也要注意预测其可能的行为表现，以便在它们出现的时候能及时地把握，采取必要的措施。

3. 设计获得学生反应的途径、决定评定方式与获取代表性样本的方法。简单地说，这两步就是设计获取学生学习进展信息的途径与方法的问题。这些问题是教育测量学研究的一些主要问题。

（二）评价的实施

实施评价取得记录，包括测验试卷的印制、考场的安排、考试的组织等方面。在这些方面也有很多问题须加以研究。在以非测验形式进行的场合，评价组织实施需要研究的问题就更多，本书第四章将对此作适当的研究。

（三）结果分析

学生评价的最后一步是结果分析。结果分析包括对评价本身质量的分析，以及通过评价所得到的信息对教学活动过程中存在问题的分析。关于对评价本身质量的分析的问题，本书把它留给教育测量学去讨论。至于从学生评价的结果中获得学校教学工作信息的问题，本书第五章将进行专门的研究。

第四章
学生评价的方法

学生评价的方法要与评价的内容相一致。由于现代学生评价的内容相当广泛，因此评价的方法也极其多样，在本章有限的篇幅中作全面的探讨显然是不可能的。本章集中讨论学生评价中教育目标的设计与非认知因素的评价两个问题，而与教育测量有关的问题则由教育测量学进行研究。

第一节　教育目标设计的原理与方法

在有些学校的材料中，经常见到本校或本专业的教育目标为“培养学生创新能力”“学生应受到科学研究的基本训练”等语句。从教育评价学的观点来看，这些目标的表述都是不规范的，然而，它们在实践中又很流行。此外，不少学校在设计有关教育目标时，对它究竟应具体到何种程度也感到困惑。

一、教育目标概述

（一）教育目标的概念

何谓“目标”？按照马克思主义的观点来看，目标是在活动之前观念地存在于人们头脑之中的活动结果。众所周知，人与动物的一个根本区别就在于人的行动是有目的的。人在活动之前，他所要达到的活动的结果就已预先存在于人的头脑中，人的活动就是为了达到这一结果的。在活动之前存在于人头脑中的结果就是人活动的目标。

教育目标就是人们在教育活动之前，预先设想和确定的关于教育活动最终期望达成的结果。在学生刚进校的时候，学校对学生通过一定年限的学习活动在知识、能力、思想品德以及身体素质发展方面要达到什么水平预先作了规定，这个预先设想的学习结果就是学校教育的目标。

目标与目的本质上是一致的，通常它们是按表述的抽象性水平加以区分的。按其抽象与具体的水平加以划分，有的教育工作者把教育目标分为“教育目的”“教学目标”“学习结果”与“学生表现”四个层次。[①] 了解教育目标的这四个层次以及它们之间的关系，这对科学地设计目标有很大帮助。

教育目的（educational goal）。这是关于教育的一般意向、要求的表述，它通常用于指导一个国家或地区教育政策与宏观规划的制定。它是一种最抽象的教育目标，通常是在一个国家或地区的水平上作出的。比如，我国的教育目的是“培养德、智、体等方面全面发展的社会主义事业的建设者与接班人”。这就是我国教育的一般目的。由于这一目的的表述最为抽象，因而，它就有了最大范围的适用性。我国的这一教育目的适合于各级各类教育。

教学目标。也称作一般教学目标（general instructional objective）。这是教学活动意向结果的表述，通常用于原则地规定特定层次与特定对象的受教育者的学习结果。比如，初中生的教学目标就不同于高中生的教学目标。在高等学校，各个专业的教学目标也各有区别，教学目标反映这一区别。

学习结果。也称特殊的学习结果（specific learning outcome）。这是指教学活动的具体的可观察的结果，所以有时也称作教学的行为目标。它具体规定学习结束时预期的学生行为表现。通常它与特定的教育活动相联系。

学生表现（pupil performance）。也称作业规定的目标与详述目标。作业规定的目标是用学生的行为与反应来表述的目标。它是目标系统中最具体的一个等级，这种目标甚至可以用测验题的形式加以表述。它具体规定每一阶段或每一单元的学习结果。

在这四种目标中，抽象的目标指导具体的目标。具体的目标反映与体现抽象的目标。上一层次的目标需要下一层次的目标来加以

---

① Gronland，N. E. & Linn，R. L.，*Measurement and Evaluation in Teaching*，2nd ed.，p. 24，1990.

保证，下一层次的目标不能违背上一层次的目标，这是这些目标之间最根本的关系。

在实践中，有人常常把学校的管理目标与教育目标混同起来，在评价学中，这两类目标是需要区分的。从评价学的观点来看，目标按其依赖关系可以分为“实质性目标”与“工具性目标”两种类型。实质性目标是人们活动的最终意向，它规定最终的活动产物。比如，我国中小学要培养社会主义事业的建设者与接班人，这个目标就是学校工作的实质性目标。与此相对的工具性目标不同，它主要用于指导实际的工作，是一种为保证实质性目标实现的辅助目标。比如，为了保证人才培养的质量，保证人才培养目标的实现，学校提出教师队伍发展的近期目标，实验室等教学设备建设的目标，这些目标就是工具性目标。教育目标是学校教育活动的实质性目标，它是学校教育活动的出发点与归宿。学校管理目标是为实现教育目标而提出的辅助性目标。学校管理目标是为教育目标的实现而服务的，教育目标需要有管理目标的支持，但是这两者是不能混同的。

（二）教育目标的性质

教育目标具有以下几个性质。

1. 主体性与客观性的统一。任何目标总是反映了目标制定者的主体需要，反映他的愿望与意志。不同的人有不同的生活目标，这是众所周知的。同样，不同的教育者也会有不同的教育目标，这是不奇怪的。

教育目标作为人们愿望与意志的体现，它集中地反映了人们的教育价值观，反映了人们对什么样的学生是“好学生”的认识。对“好学生”的不同认识就会有不同的教育目标。

教育目标体现了人的愿望与意志，反映了人的教育价值观念，这就是教育目标的主体性。

然而，正如列宁所强调的："事实上，人的目的是客观世界所产生的，是以它为前提的——认定它是现成的、实有的。但是人却以为他的目的是从世界以外得来的，是不以世界为转移的（'自由'）。"① 从唯物主义的观点来看，当我们为了某种需要，考虑提出某个目的、某种目标时，在我们面前有一个现存的、客观的物质世界。这个客观世界是不以人们的意志为转移而存在的，它正是人们提出目的和实现目的的前提和条件。只有当我们的目的和目标符合这一客观的前提和条件时，我们的活动才能收到预期的效果，获得成功；反之，则难免事与愿违。

2. 阶段性与终结性的统一。教育目标作为对教育活动结果的规定，它应当是关于一个阶段教育活动结果的描述。但是，教育活动作为学生人生发展的一个阶段，它又是应当为学生终身发展服务的。这就是说，只有把阶段性与终结性统一起来的目标才是好的目标。

（三）关于教育目标在教育过程中地位的争论

教育目标在教育过程中具有重要的地位，有不少教育学家把它当作编制学校课程的依据、组织教学的指南与评价教育的准绳。但是关于这些论点在教育学界还有一定的争论。

如前所述，泰勒原理是一套以教育目标为中心的课程和评价编制的理论，它把教育目标放到了教育活动中心的地位。然而，根据斯塔弗尔比姆的观点，泰勒提出的作为评价中心和依据的目标本身是需要受到评价的。斯克里文进一步强调，评价要注意教育活动中存在的各种非预期的效应、效果。

此外，在西方，有的教育流派认为，教育乃是个人自我实现的

---

①《黑格尔〈逻辑学〉一书摘要》，载《列宁全集》第55卷，人民出版社1990年版，第159页。

过程，用统一的目标模式去统一个人的自由发展，去评价教育、教学的结果，从根本上说是不可接受的。因此，他们对泰勒模式更为不满。尤其对某些要求用学生可测量的行为来表述目标的做法，这些人反对说："这种方法把主要精力集中于事实的教学，却忽略了更复杂的或更高级的行为。"① 他们认为："行为目标这个概念没有人性与弹性，往往阻拦了课堂中创造性和自觉性行为的产生。"②

二、教育目标的分类理论

教育目标分类理论源于泰勒在"八年研究"中的工作。以后，泰勒的弟子，著名教育学家布卢姆等人进一步加以发展，把教育目标分为认知、情感和动作技能三个领域。并对认知、情感目标作了具体的研究，先后发表了《教育目标分类学（第一分册）：认知领域》（1956）与《教育目标分类学（第二分册）：情感领域》（1964）两本专著。在他们之后，1965 年与 1972 年辛普森（Simpson, E. J.）与哈罗（Harrow, A. J.）分别发表了动作技能领域的研究成果。此外，美国心理学家、教育学家加涅（Gagné, R. M.）、奥苏伯尔（Ausubel, D. P.）等人从心理发展的角度对教学目标也作了深入的研究，提出了不同于布卢姆的分类理论。由于在这些分类的理论中，布卢姆等人的理论是"最容易为教师所接受的分类"，所以本节仅对此略作介绍。对加涅以及奥苏伯尔等人对教学目标理论有兴趣的读者可参阅《教育学文集·教育评价》。

（一）教育目标分类学：认知领域

1. 认知目标的分类。认知目标包括对学生知识和理智能力和

---

①② 瞿葆奎主编，陈玉琨、赵永年选编：《教育学文集·教育评价》，人民教育出版社 1989 年版，第 756、757 页。

理智技能发展的要求。布卢姆等认为，认知目标由下列六个类别组成。①

1.0 知识（knowledge）。这类目标包括下述三类亚目标：

1.1 具体的知识

1.2 处理具体事物的方式方法的知识

1.3 学科领域的普遍原理和抽象概念的知识

这类目标的行为特点，是回忆与再认先前遇到过的信息等，比如，根据记忆来定义通货膨胀这一概念。

2.0 领会（comprehension）。这类目标包括下述三类亚目标：

2.1 转化

2.2 解释

2.3 推断

这类目标的行为特点，是解释与阐述概念与原理，而不是根据记忆进行背诵。比如，阐述通货膨胀对经济影响的途径与方式。

3.0 运用（application）。这类目标的行为特点，是将抽象的概念用于特殊的情境。比如，将经济学中关于通货膨胀的抽象概念用于解释当代美国的经济。

4.0 分析（analysis）。这类目标包括下述三类亚目标：

4.1 要素分析

4.2 关系分析

4.3 组织原理的分析

这类目标的行为特点，是将对象分解成组成部分，并指出它们之间的联系。比如，在三种不同的降低通货膨胀的方案中，鉴别出

---

①［美］布卢姆等编，罗黎辉等译：《教育目标分类学（第一分册）：认知领域》，华东师范大学出版社 1986 年版，第 191—200 页。又见［美］布卢姆等编，罗黎辉译：《教育目标分类学提纲——认知领域》，载瞿葆奎主编，陈玉琨、赵永年选编：《教育学文集·教育评价》，人民教育出版社 1989 年版，第 390—400 页。

它们的共同之处。

5.0　综合（synthesis）。这类目标包括下述三类亚目标：

5.1　进行独特的交流

5.2　制订计划或操作步骤

5.3　推导出一套抽象关系

这类目标的行为特点，是将各个部分或元素整合成一个新的整体。比如，在分析原有方案的基础上，形成新的降低通货膨胀的方案。

6.0　评价（evaluation）。这类目标包括下述两类亚目标：

6.1　依据内在证据来判断

6.2　依据外部准则来判断

这类目标的行为特点，是对他人的工作、结论以及得出结论的方法进行比较，并在价值判断的基础上进行评论、批判等。

近年来，我国教育工作者根据我国中小学的特点，对布卢姆的分类作了修改，并根据不同学科的特点提出了不同的目标。比如，把小学的语文教学目标确定为下述四个方面：知识、理解、简单运用以及综合运用。这一目标体系简单明了，便于操作和检查，很值得研究。

2. 认知目标分类理论的特点。西尔（Hill，P. W.）在总结布卢姆分类的基础上，指出了这一理论的四个显著特点。①

（1）认知行为可归入下列六种类别中的一类：知识、领会、运用、分析、综合以及评价。

（2）这些类别按照它们的复杂程度和人们对其实体的意识程度而作有层次的排列。

---

①［美］西尔著，王钢译：《教育目标分类学与过程的层次理论》，载瞿葆奎主编，陈玉琨、赵永年选编：《教育学文集·教育评价》，人民教育出版社 1989 年版，第 483 页。

这就是说，认知目标并非是处于同一水平上的而是有一个由低到高的层次关系。认知目标的层次性可以用图 4-1 简单地加以说明。

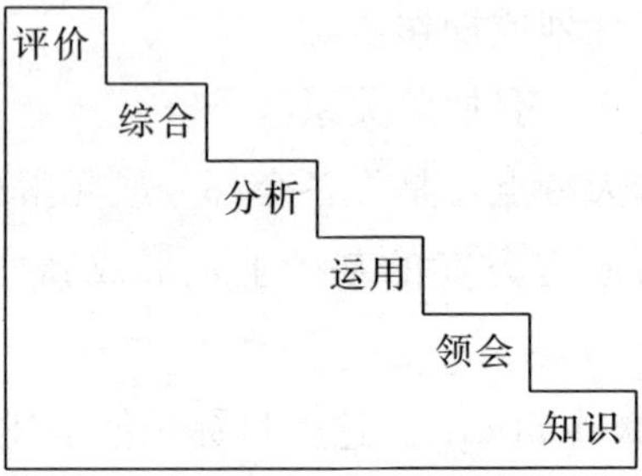

图 4-1　认知目标层次关系

（3）分类是累积性的，表现为每一层次的行为包含了较低层次的行为。

认知目标的这一累积的特点，可以用图 4-2 表示：

知识：a

领会：a＋b

运用：a＋b＋c

分析：a＋b＋c＋d

综合：a＋b＋c＋d＋e

评价：a＋b＋c＋d＋e＋f

图 4-2　认知目标累积关系

这就是说，如果我们把“知识”看作因素 a 的话，那么，“领会”全部地包含了 a，并在 a 的基础上，增加了新的因素 b。最高的能力“评价”，则是包含了前面所有的各种因素，并增加了新的因素 f。

（4）构成各种类别行为基础的过程，不受年龄与教学类型限制，在不涉及特定知识时，过程也不受教材限制。

（二）教育目标分类学：情感领域

1. 情感目标的分类。情感目标，按照克拉斯沃尔（Krathwohl, D. R.）、布卢姆等人的看法就是“注重情调、情绪或接受与拒绝程度的目标……我们发现，在文献中，这类目标有许多是用兴趣、态度、欣赏、价值观和情绪意向或倾向这类术语来表示的”①。

根据他们的研究结果，情感目标可以分成以下五个方面。

1.0 接受（注意）[receiving（attending）]。这一目标包括下述三个亚类：

1.1 觉察

1.2 愿意接受

1.3 有控制的或有选择的注意

这一目标的行为特征，是学生对某一现象敏感，表现出愿意接受或注意的倾向。比如，在课堂中认真地听教师朗读诗歌。

2.0 反应（responding）。这一目标包括下述三个亚类：

2.1 默认的反应

2.2 愿意的反应

2.3 满意的反应

这一目标的行为特征，是学生具有足够的动机与兴趣，主动地作出反应。比如，对教师就诗歌内容所提出的问题主动地回答。

3.0 价值的评价（valuing）。这一目标包括下述三个亚类：

3.1 价值的接受

3.2 对某一价值的偏好

---

①[美] 克拉斯沃尔、布卢姆等编，施良方、张云高译：《教育目标分类学（第二分册）：情感领域》，华东师范大学出版社 1989 年版，第 198—208 页。又见[美] 克拉斯沃尔等编，张云高译：《教育目标分类学提纲——情感领域》，载瞿葆奎主编，陈玉琨、赵永年选编：《教育学文集·教育评价》，人民教育出版社 1989 年版，第 401—412 页。

3.3 信奉（坚信）

这一目标的行为特征，是学生对某物或某事产生喜欢或厌恶的态度。比如，对诗歌产生了爱好，课余时间寻找各种诗歌来阅读。

4.0 组织（organization）。这一目标包括下述两个亚类：

4.1 价值的概念化

4.2 价值体系的组织

这一目标的行为特征，是学生把某一或某些价值认识综合到价值等级系统中去，并区分出它们的重要性程度。比如，把阅读诗歌看得比其他活动更为重要。

5.0 由价值或价值复合体组成的性格化（characterization by value or value complex）。这一目标包括下述两个亚类：

5.1 泛化心向

5.2 性格化

这一目标的行为特征，是某一价值或价值复合体为学生所内化，成为持久影响其行为的个性特征。比如，学生对诗歌的热爱到了被别人称为“诗歌迷”的程度。

2. 情感目标与情感形成过程。按照克拉斯沃尔等人的研究结果，人的情感形成过程可以说是一种内化的过程，“用‘内化’（internalization）这个术语似乎可以最好地描述这一过程或连续体……‘内化’这个词，似乎是对现象或价值逐步地、普遍地成为个体的一部分这样一种过程的恰当的描述”①。

那么，这个过程是如何发生和发展的呢？克拉斯沃尔等人认为：“情感连续体是从个体仅仅觉察到某种现象并能够知觉到它这样一个层次出发的。在下一个层次上，他愿意注意某些现象。再下

---

①［美］克拉斯沃尔、布卢姆等编，施良方、张云高译：《教育目标分类学（第二分册）：情感领域》，华东师范大学出版社 1989 年版，第 27 页。

一个层次，他对这些现象作出反应时具有积极的感情。最后，他的感情可能强烈到以特别努力的方式来作出反应。在这个进程的某一点上，他把自己的行为和感情概括化，并把这些概括化的东西组织成一个结构。这个结构不断增加复杂性，以至成为他的人生观。”① 按照他们的观点，人的情感就是这样一步步从接受开始，最终到成为他的个性特征的一个过程。

3. 情感目标与德育目标。对比一下我国教育工作者对德育目标的研究是很有意义的。有些研究者认为，我国德育目标一般包括五个方面：

（1）法纪观；

（2）道德观；

（3）人生观；

（4）世界观；

（5）政治观。

粗看这两者之间几乎没有任何的联系，由此，国内确实有些同志把西方关于情感目标的分类当作伪科学，拒绝加以研究。然而，仔细的研究可以从中获得很多有益的借鉴。

事实上，我国对德育目标的研究是集中在德育的内容上的，因而是一种内容目标。而西方的情感目标的研究是集中在过程和阶段上的，因而是一种程度目标。所谓“程度目标”，它研究的是任何一种情感发生、发展所经历的阶段。不管这种情感是爱国主义的情感还是卖国主义的情感，不管这个态度是马克思主义的态度还是反马克思主义的态度，它的发生、发展都要经历从接受到性格化这样几个阶段。西方对情感过程目标的研究，是与西方社会价值观念相

①［美］克拉斯沃尔、布卢姆等编，施良方、张云高译：《教育目标分类学（第二分册）：情感领域》，华东师范大学出版社1989年版，第26—27页。

联系的。

由于西方社会中，存在着不同利益集团的利益、需要和价值观念的冲突。这个特点反映在评价研究上就是：他们更多地研究学生情感发展过程的程度，而忽视情感教育内容的研究。

在我国，多年来对德育目标的研究，集中在对德育内容的研究上，这是我国社会发展对教育提出的一种要求。然而，在德育目标的研究中，探讨德育的程度目标也是很有意义的。它有助于认识思想政治教育的规律，更有效地进行思想教育。同时，研究这种程度目标有助于我们正确地判断学生在这方面发展的水平。

（三）教育目标分类学：动作技能领域

在教育目标分类学中，关于动作技能领域的目标，例如有辛普森和哈罗的研究成果。① 辛普森把动作技能领域目标分解成知觉、行动的倾向与行动的组织以及运动活动等三方面；哈罗将动作技能领域目标分解为反射动作、基本—基础动作、知觉能力、体能、技巧动作以及有意沟通六个方面。

这里需要强调的是，动作技能领域目标由于其复杂性，现有的分类理论为教育界所接受的程度并不高。盖伊指出，由于动作技能中包含着大量的认知成分，由编制这一领域目标的任务所产生的问题就远比其他领域来得复杂。②

介绍国外教育目标分类理论的目的，在于为我们研究教育目标提供参考，下面我们对教育目标设计的基本原理进行探讨。

---

① ［美］哈罗、辛普森编，施良方、唐晓杰译：《教育目标分类学（第三分册）：动作技能领域》，华东师范大学出版社 1989 年版，第 169—172、69—72 页。又见［美］辛普森编，熊川武、罗明东译：《教育目标分类学提纲——动作技能领域》；［美］哈罗编，罗明东译：《动作技能分类学提纲》，载瞿葆奎主编，陈玉琨、赵永年选编：《教育学文集·教育评价》，人民教育出版社 1989 年版，第 413—425 页。

② Gay，L. R.，*Educational Evaluation and Measurement*，p. 75，1985.

三、教育目标设计原理

（一）教育目标设计的基本原则

我国社会主义各级各类学校，教育目标的确定须注意以下几个方面。

第一，以马克思主义人的全面发展的学说为指南，贯彻党的教育方针，反映国家对新时期人才的基本要求。

第二，充分反映社会对人才的实际需要。不同类型、不同地区的学校根据当时当地经济、文化发展的不同状况，确定自己培养人才的规格与质量。

第三，遵循学生身心发展的客观规律。

（二）教育目标设计的几个技术要求

教育目标的设计除了要考虑上述基本原则外，还须注意它自身的几个要求。

1. 目标之间以及目标与其他积极的非预期效应的相容性。教育目标是一个系统，因此，在目标设计中，须考虑目标之间的一致性，这就是说，目标之间不能相冲突。目标相冲突就会造成教育活动的混乱。

目标与其他积极的非预期效应的相容性，指设计的目标要尽可能地有利于各种积极效应的实现。如前所述“非预期效应”是指在人们规定的结果之外，教育活动可能出现的其他结果。如果一个目标，在它实现的过程中，出现消极效应的可能性大于出现积极效应的可能性，这时设计者就要十分谨慎从事。

2. 正确地分配目标的权重。目标的权重由目标的相对重要性决定。目标是说明预期成果的，它指明我们要做的工作有哪些，重点放在哪里，以及通过一系列的活动所要完成的任务是些什么。目标的制定还要同时确定目标的优先顺序。

对于教育活动来说，在一定时间内某一目标的实现，相对地说要比实现其他目标更为重要，这种确定目标相对重要性程度的工作，称之为“确定目标的优先顺序”。确定目标的优先顺序的意义，在于任何一个学校与教育机构都须以合理的方式分配资源。目标优先顺序的确定就为资源的分配提供了合理的依据。它保证了在资源紧缺的情况下，重要的目标能够优先实现。

目标的相对重要性和目标的优先顺序，通常以目标权重的方式加以表示，在学业成绩的评定中，就是以每一测验题的分数来加以表示。正确地确定目标的权重和测验题的分值，这也是目标设计中一个很重要的问题。

3. 充分考虑教育活动对实现教育目标的有效性。有些教育目标自身虽然很重要，但没有过得硬的课程或其他的教育活动能够保证它的实现，这时，我们就需要对这些目标仔细地加以斟酌。

4. 教育目标的层次性与连续性。教育是一种循序渐进的活动。学校教育是以学年、学期为单位加以组织与实施的。因此，人们不能期望学生一下子就能达到教育的最终目标。教育目标的层次要与学生接受教育的层次相适应，这是层次的一个含义。

此外，教育目标自身也有层次的关系。比如，在布卢姆的认知目标中，从知识开始，经过领会、运用、分析、综合到评价，这六个目标就有一个从低级到高级的发展关系。这是在设计教育目标的时候也须注意的。

与层次性相联系的，是我们在设计目标的时候，还有它们之间的连续性。教育目标不连续就违背了教学、教育的循序渐进的原则，就会给学生的发展带来障碍。

5. 教育目标的全面性。全面发展的教育需要全面性的教育目标，目标不全面就很难造就全面发展的人才，这是教育目标须全面的原因之一。教育目标之间相互支持的特点，也决定了教育目标须全面的另一个原因。在教育目标的系统中，有些子目标就其自身的价值来说可能并不高，但从教育过程的观点来看，缺少这些子目标，目标系统就不完备，或者更准确地说，有些较重要的子目标的实现是以较不重要的子目标的实现为前提的。如果在我们的目标系统中，由于某些较不重要的子目标得不到充分的实现，而使另一些较重要的子目标的实现受到较大程度的影响，我们则称这个目标系统是不全面的。

（三）目标设计过程中的几个技术问题

从评价学的观点来说，目标的设计要注意以下几个问题，符合以下几点要求。

1. 教育目标的行为主体须是学生而不能是教师或教育工作者。在这个意义上，诸如“培养学生的创造能力”这样的目标表述是不恰当的。因为，它的行为主体并不是学生。如果我们把教育目标用教师或教育工作者的行为来界定的话，那么，只要教师或教育工作者开展了这些活动，在这里，这个目标就算达成了。比如，“培养学生的英语听说能力”这一目标，只要教师把学生带进语音室，组织学生进行了有关活动，在这里，这一目标就算达成了。至于学生在听说方面究竟有多少提高，那是另外一件事情。

需要强调的是，这里作为主体的学生，可以是学生个体也可以是学生群体。这在目标设计中都是允许的。

2. 教育目标须用教育活动的结果而不能用教育活动的过程或手段来表述。在这一意义上，“学生应受到科学研究的基本训练”也是一个不合格的目标表述。虽然，这一目标的行为主体是学生，但是，它并没有表达教育活动最终要达成的结果。如果人们可以用过程来表述目标的话，那么，学生只要参加了这一活动，在这里，这一目标就可以认为已经达成了。教育目标只能用教育活动的结果

（尽管这个结果可能是阶段性的结果）来表述，这是科学地设计教育目标的一个基本要求。

3. 教育目标的表述须是确定的而不能是模棱两可的。西方的有些学者甚至反对用所谓“should be”“able to”这样的字眼来表述教育目标，译成中文就是“应该”“可以”。他们认为，“应该”“可以”只是表达了一种意向，并非是表达了必须完成的要求。

4. 对于用于评价和检查教学效果的具体目标来说，行为化的教学目标的行为动词须是具体的而不能是抽象的。教学目标不仅是教学过程的指南，而且是评定学业成绩的依据。抽象的目标无法观察，也无法检查，因而也不符合评价学的要求。

这里所谓具体，就是说，这一动词所对应的行为或动作是可以观察的。其判断的标准是：如果你能根据这一动词想出一个动作，这一动词就是具体的，反之就是抽象的。

比如，对“学生要掌握计算机的应用程序”这一目标来说，显然，人们很难找到与“掌握”对应的动作，因而，这一目标不是可观察的目标。

把抽象目标转化为具体目标，通常可以用分解目标的方法进行。如“学生要掌握计算机的应用程序”这一目标分解为下述四个目标后，这些目标就可观察了：

（1）说出计算机各组成部分的名称；

（2）列出计算机操作的基本步骤；

（3）描述计算机操作过程的注意事项；

（4）演示计算机操作的技能。

把抽象目标转化为具体目标的另一种方法，就是用“作业目标”的形式来表述对应的目标。

作业目标通常包括三个部分：刺激、反应和标准。刺激部分说明给定的情境和条件；反应部分说明预期学生作出的行为和反应；

标准部分提供评判依据。下面以化学实验能力这一目标为例，说明作业目标的三个部分。

给出：5 种不同化合物和有关分析仪器；（刺激）

学生：能确定这些化合物的成分；（反应）

标准：正确判定 4 种以上为优秀，3 种为及格。（标准）

上述几个方面，是人们在设计教育目标的过程中最容易产生错误的地方，本节提出这些问题，旨在引起大家对这些方面的注意。

第二节　学生心理品质与思想品德的评价方法

对学生学业成绩的评定，其主要的工具是考试与测验。如何科学地编制测验试卷是教育测量学的一项主要任务。然而，对学生的评价，还包括对学生心理品质与思想品德的评价。探求科学地评价学生心理品质与思想品德等的方法，则是学生评价要解决的重要问题。

从心理学的观点来看，个性是人的内在的心理品质，它是无法直接观察的。到目前为止，人们还无法观察到人的心理品质。科学发展到今天，各种测量仪器层出不穷，但到目前为止，人们还没有找到可以直接测量人的个性的工具。如果一个人确实无法观察到被评价者的个性，又没有找到有科学根据的其他测量方法的话，那么，他就不能而且不应该对别人的个性作出结论。

从测量学的观点来看，其实，不仅人的个性，而且，人的品质或能力都是抽象的、内在的，因而是不可直接观察的。然而，人的言行是由特定的环境和人的心理品质所决定的。在同一环境中，个体内在品质的差异形成了不同个体的行为差异。著名心理学家卡特尔（Catell，R. B.）曾用所谓的“卡特尔特性公式”（Catell's specification equation）描述人在特定情境中的活动。这一公式可简单地写成：

$$R=f(p, s)$$

式中 R 为个体的反应，p 为个性，s 为特定的情境。这就是说，人的行为是个性及其情境的函数。卡特尔这一公式的科学性究竟如何，还可以进一步加以研究，但它所揭示的个性与行为之间的紧密关系还是为人们所公认的。

人的内在心理品质通过外显的行为得到表现，因而，人们可以通过观察他的言行来了解他的个性、品质和能力。这就为人们判断一个人的个性以及其他内在的、抽象的品质提供了渠道和方法。见微而知著，从现象到本质，从具体到抽象，从外在到内在是认识人的心理品质的一般途径，也是评价人的心理品质的基本途径。具体地说，它又有以下几种方法可供选择。

（一）*刺激—反应法*

刺激—反应是测量人的心理的基本手段。各种心理测验和教育测验就是一种通过提供刺激，然后再观察被评对象反应的过程。

从刺激到反应，又有提供系统的刺激、突然的刺激和模拟自然的刺激三种类型。

1. 系统的刺激。各种心理测验就是提供系统刺激的过程。为各种心理测验所用的投射技术、自陈量表和问卷表是评价者通过精心设计而提供的系统的刺激。其中常用的有以下几种。

（1）量表测定法。了解学生态度最常用的方法就是量表测定法。态度量表就是测量态度的工具。态度量表是多种多样的，每一个态度量表都是针对某一态度对象而设计的。它由若干问题组成，被测者将对这些问题作出反应。

在设计态度量表时，一般要考虑两个指标：一个是态度的方向，即被测人对所测问题的肯定或否定的反应；另一个是态度的强度，即被测者对所测项目的认知、情感表现出来的程度，也就是态度的力量或深度。

在运用量表法进行评价时，要使评价项目与被测的态度确实有关，从而保证评价的有效性，同时要注意项目的清晰和可辨性。

在测量态度方面比较著名的有瑟斯顿量表（Thurstone Attitude Scale），里克特量表（Likert Scale），博格达斯量表（Bogardus Scale，全称为博格达斯社会距离量表，Bogardus Social Distance Scale，又译作包氏量表）等。

（2）自由反应法。量表法所测定的态度，主要是态度中的情感因素，为了知道态度中的认知因素，就需要采用自由反应法。自由反应法的特点是让人们自由回答。这种方法，可以使人们充分地反映自己的态度。例如，可以提出："你对思想教育的看法怎样？"这样的问题，被测者可以作任何形式与内容的回答。

（3）投射调查法。投射调查法是通过间接的方法来了解一个人对某一事物的态度。它是通过分析人们对某个刺激物所产生的联想来推测其态度。这种联想常常被认为是人们内心深处的想象、愿望、要求以及思想意识、思想方法等无意识地在某个刺激物上的反映。投射调查法的特点，是让被评价者在不受限制的情况下，在不知不觉中表现出其态度的特征，也就是在毫无警惕和防卫的情况下，把深藏在内心的态度投射出来。

2. 突然的刺激。人是一种社会动物，有着一种天然的保护自己不受伤害的本能，有时在日常生活中所见到的并非是人的真实面貌。在很多重要的场合，被评价者往往是经过精心的设计，按照他所认为的社会所能接收的方式对刺激（比如，评价人的提问）作出反应（如对提问的回答）的。突然的刺激可以有效地捕捉到真实的信息。心理学的研究表明：人在受到突然刺激时，会说出其在一般场合不愿说的真心话，暴露出人们在一般场合很难看到的本来面目。突然的刺激暴露出了在这一特定的场合，人们很难观察到的被评人的情绪倾向。

3. 模拟自然的刺激。情境性测验是模拟自然刺激最常见的形式，它根据人们在已知情境中的态度、志向，预测他们在另一类似情境也将持有类似的个性特征。其基本方法是通过提供一种模拟的自然情境，然后观察被评价人员在这一特定情境下的反应，收集有关的信息，从而推断出他在类似情境中的心理品质。

比如，对社会交往能力的测量与评价，模拟自然的刺激反应方法就很适用。某校为了了解学生的社会交往能力，特意举办了一次晚会。与会者是本校不同专业的学生，这些人之间很少往来。晚会的气氛很宽松。在开场前，举办者说，请大家聚聚的目的只是因为大家平时学习辛苦，提供给大家一个放松的机会。上半场与会人员相互闲聊，下半场是舞会。然而，在晚会结束时，举办者给每个与会者发了一张纸条，请他们把在晚会上所结识的所有人的姓名、单位、职务，以及他所了解到的其他情况写出来。显然，由于与会者的交往能力不同，每个与会者在晚会上结识的人数以及结识的深度各不相同。举办者通过对每个人在晚会上结识的人数和深度，就可以对与会者的交往能力作出较为客观的评价。

上述三种就是通过提供特定的刺激，来观察被评者预期反应的方法，它为评价人们的内在心理素质开辟了一条途径。

（二）现象—本质法

除了刺激—反应法外，直接观察被评对象日常生活也是常用的评价方法。在我国中小学，教师在行为观察的基础上对学生的思想品质作出评语，就属这种类型。从哲学上来说，从外显的行为入手这就是从现象入手，进而认识事物的本质。被评对象的日常生活观察法与“刺激—反应”法的区别在于：日常生活观察法所收集的，是被评对象在真实生活中的表现；“刺激—反应”法收集的，是被评对象在特定刺激下的表现。

然而，事物的表现形式和事物的本质未必完全一致。现象是可变的、丰富的、多彩的。因此，为了正确地评价事物，从现象入手对事物作出评价，必须抓住事物的本质属性，然后通过观察这一属性的现象性外观表现来评价这一事物、了解和判断这一事物。

这一方法运用于心理品质的评价，要求人们在评价前，须对被评对象的本质有一个较深刻的理解。如果对被评对象理解得不深刻，本质抓得不正确，心理评价就会遇到困难。

（三）效应—本体法

从分析事物间的相互联系开始，抓住事物变化后产生的效应，由认识事物变化后所产生的效应来认识事物本体，这也是评价认识的一种很有价值的方法。这个方法在人们的日常生活中广泛运用。比如，在测量温度的时候，使用了温度计，在温度计上，人们了解了水银柱的变化。物理学告诉我们，物体的体积变化与物体的温度变化有密切的关系，温度的变化会引起物体体积的变化。根据这一关系，人们就可以通过观察物体体积的膨胀与收缩来推测温度的变化。这就是根据事物的效应来推测事物的变化。

在心理品质的评价中，从效应到本体的测量技术运用得十分广泛。比如，从一个人受群众的拥戴程度来评价他的个性与道德，从他为他人了解的程度来评价个体的乐群性，等等，就属于这一方法。

从事物的效应入手对事物本体进行评价，不仅可以用来对个体进行评价，也可以用来对社会生活中群体关系进行评价。对社会生活中群体关系进行评价的方法，通常是社会关系的网络分析法。社会关系的网络分析包含以下几个步骤。

1. 在一群体中进行相互关系的调查。在这一阶段，调查者给这一群体的每一成员一张纸条，并请每个人在纸条上写上他认为在这一群体中最值得他尊重、平时交往较多的 3—5 位其他成员的姓名。在群体规模较大的情况下，每人最多写下 5 位值得他尊重的就可以了。在群体规模较小的情况下，每人写下 3 人也就差不多了。当然，个别成员认为在这一群体中，值得他所尊重的人不到 3 位的情况下，本着实事求是的原则，请他如实地写下 2 位、1 位甚至什么人的名字也不写。

为了保证收集到的信息的真实性，调查者在这一阶段可以通过其他的途径对每个被调查者所填写的表进行核实、纠正。社会关系的网络分析后续阶段的所有分析，将全都建立在这一基础上。

2. 进行社会关系的统计分析。社会关系的统计分析见表 4-1。

表 4-1　社会关系的统计分析

	1	2	...	n
1	A_{11}	A_{12}	...	A_{1n}
2	A_{12}	A_{22}	...	A_{2n}
⋮	⋮			⋮
m	A_{m1}	A_{m2}	...	A_{mn}
A	$A(1)$	$A(2)$	...	$A(n)$

在表 4-1 中，表头 1 到 n 为这一群体成员的编号。当这一群体中编号为 i 的人认为编号为 j 的人最值得他尊重时，$A(ij)$ 取值为

1。否则取值为 0。比如，在这一群体中，编号为 2 的人认为编号为 1 的人最值得他尊重时，$A(21)$ 等于 1。如果编号为 1 的人没提到编号为 n 的人，$A(1n)$ 为 0。

在表 4-1 中，我们可以获得两种重要的信息：其一，关于群体中，每一个体威信水平的信息；其二，关于群体稳定性水平的信息。

定义：A 为个体威信指数，它由下式计算：

$$A(j)=\sum \mathrm{a}(ij)$$

显然 A 是群体中所有对某一成员信任的人的总数，因此，$A(j)$ 的大小反映了这一成员在群体中的威信水平。

在上一统计表中，除了个体威信的信息外，还可以获得有关群体稳定性的信息。在得到了 $A(j)$ 后，根据 $A(j)$ 值的大小，可以对群体中每个人的威信水平进行排队。如果一个群体有 K 个负责人，则 $A(j)$ 值最大的人得分为 K，第二名得分为 $K-1$，第三名为 $K-2$，第 K 名得分为 1，K 以下得分全为 0。

定义：W 为群体的稳定性指数，它由下式计算：

$$W=\frac{\sum \text{各个负责人的实际得分}}{K\ (K+1)/2}$$

不难看出，如果一个群体的 K 个负责人是由这个群体中最有威信的成员组成的话，那么，他们的得分之和：

$$K+(K-1)+(K-2)+\cdots+1=K\times(K+1)\div 2$$

在这种情况下，$W=1$，显然这个群体是最稳定的。在另一种极端的情况下，这个群体的所有负责人的威信指数在 K 名以下，他们的实际得分之和为 0，因而，W 为 0，显然这个群体是不稳定的。这一事实表明，在这个群体中，还存在一个“在野党”，这个在野党在群众中还享有一定的威信，实际的负责人同在野党的核心人物的任何矛盾都会导致这个群体的不稳定。当然在实际生活中，这两种极端的情况都是比较少的，更多的是处于两者之间的中间状态。

W 值的大小表明了一个群体相对这两种状态偏移的程度，因此，W 可以成为这一群体稳定性的标志。

3. 进行社会关系的网络分析。社会关系的网络分析是在第一步的基础上作如图 4-2 所示的网络关系分析：

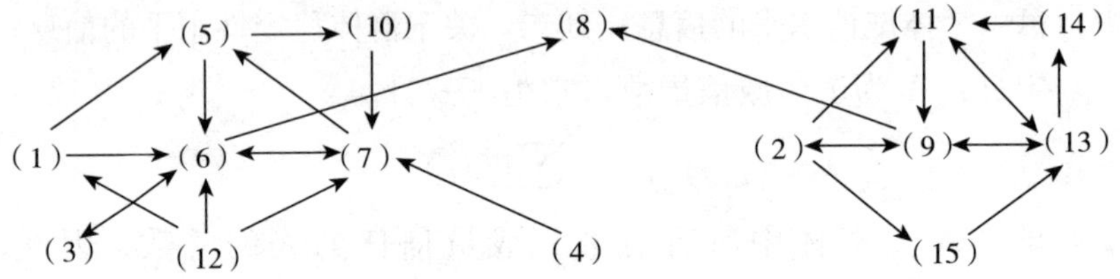

图 4-2　社会关系的网络分析

上图中括号内的数字是群体成员的编号，单箭头，如（5）⟶（10）表示编号为 5 的人信任编号为 10 的人，即在第一步的调查中，在 5 号的纸上提到了 10 号人物。双箭头表示这两者相互尊重和信任，即在他们的纸上，各自都提到了对方。

在图 4-2 中，可以获得如下三种信息：

（1）关于这一群体中非正式群体及其核心人物的信息；

（2）关于这一群体中关键信息交流人物的信息；

（3）关于这一群体中孤独人物的信息。

人的心理品质的评价是一项十分复杂的课题。它的难度不仅在于人的心理品质很难直接测量，同时还在于在这一评价与测量的过程中，它还会引起被评价者的各种心理反应，如被评价者有意无意地制造出一些假象，使得评价工作受到干扰。如何在评价与测量的过程中排除这些干扰的影响，这也是在对人的心理品质作出评价的过程中须解决的重要课题。

第五章
教师评价的原理

教师评价对提高学校教育的质量具有重要作用。当我们不断追求完善学校教育质量的时候，就不能忽视教师评价的潜在价值。然而，近年来国外有些学者通过仔细的研究认为：在理论上，教师评价具有帮助任何教师的作用，但在实践中，它事实上几乎没有起过任何作用。① 虽然，这些观点难免有过激之嫌，但是，我们不得不承认，当前教师评价的现状是很难令人满意的。看来，作为教育工作者，当我们试图通过教师评价促进教师的提高，从而促进教学质量提高的时候，首先需要改进教师评价本身。如何提高教师考核评价的科学性是目前亟待解决的一个问题。

① Stiggings，R. J.，et al.，*The Case for Commitment to Teacher Growth*，p. 30，1988.

第一节 教师评价概述

一、教师评价的概念

教师评价也叫“教师考评”。在英国，通常把对人事的评价称为“考评”（appraisal），而在美国等国则不作这种区分，一般笼统地称作“评价”（evaluation）。教师评价是对教师工作现实的或潜在的价值作出判断的活动，它的目的是促进教师的专业发展与提高教学效能。

英国学者怀斯（Wise，A. E.）等人对教师评价给出了“行政性评价”与“专业性评价”两种概念。①

作为行政性概念（bureaucratic conception）的教师评价是：

（1）学区以管理人员为基础去设计和操作一套教师评价的过程；

（2）这种评价假定存在一组与学科内容无关的教学技能，因此，它把评价建立在这种普遍化的与学科内容无关的教学行为准则基础上；

（3）它承认一组确定的学习成果，即任何学科的教学，在认知方面，其结果无非是增加学生知识的积累，提高学生的技能与能力的提高；

（4）与上述假定相联系，它不区别对待各科教师。

行政性的评价是高度标准化的，它是程序导向并通过检查表加以组织的。它以监控与日常活动相一致这一观念进行设计。

---

① Wise，A. E.，et al.，Teacher Evaluation and Teacher Professionalism，*Educational Leadership*，pp. 28-33，1988（4）.

作为专业性概念（professional conception）的教师评价是：

（1）学区让教师参与教师评价方案（包括程序与过程）的开发与运行；

（2）这种评价是在委托人导向的专业实践标准基础上进行的；

（3）它承认多重教学策略与学习成果；

（4）它依据不同的教学任务、教师发展的阶段与课程目标区别地对待教师。

专业性评价是为诊断实践导向的、分析性的。它以评定教学策略与决策的适当性这一观念来加以设计。

事实上，怀斯给出的教师评价这两个界定与传统的总结性评价和形成性评价的概念是相一致的。教师评价通常设计用来解决两个方面的问题。

第一，总结性评价。这一评价通常是用于作出有关教师聘任、提升及增薪这类人事决策的。在这一意义上，它用于教学效能的核定，它的特点是以管理人员为主导。

第二，形成性评价。这一评价的主要目的是促使教师的职业发展。在这一意义上，评价提供教师优缺点、长短处的信息，使学校能采取适当的措施帮助他们发展，这一评价的特点是以教师的专业发展为导向的。

有时这两类教师评价也被称为“控制性评价”与“教育性评价”。

控制性评价模式通常由管理人员到课堂中去听课，它忽视教师心理与生理的反应，孤立地研究教师的行为。在此基础上，他们作出教学效能的判断，使人们相信教育的经费并未被浪费。在实践中，并由此作出解雇、聘任与提升的决策。

与控制性评价不同，教育性评价模式研究教师的行为和他们对问题理解的关系。评价者在教师对自己的行为有充分自我意识的基础上，给予教师自我决策的机会。

应当说，教师评价的这两个方面都是很重要的，它们对一个单位的发展都能作出有意义的贡献。然而，根据不少研究人员的看法，这两类评价基本上是不同的。它们在所用于的决策方面、评价的机制方面以及它们对教师和单位的影响方面都不同。

目前，不少国家的评价实践使管理人员十分困惑。评价是件很费时的活动，搞得不好，它有可能使管理人员与教师都很紧张，因而，受到不少教师的批评。看来，以往的教师评价在改进教学方面的作用是很有限的。

教师也经常批评评价的程序。他们认为，评价的方法是不适当的；对他们评价的准则则过于一般化；听课活动既少又肤浅；评价的因素与教学活动又没有紧密的关系；主观性成分太多，更多地是基于被评人的个性因素而不是教学能力；其最终结果对他们改进教学活动并没有太大的帮助。

当前在许多国家，为什么教育工作者对教师评价现状的批评会如此严厉？简单地回顾一下教师评价的历史发展，可能对理解这一问题会有帮助。

本章首先从教师评价的历史发展的研究入手，看看能否总结出一些有用的经验。

二、教师评价的历史发展

教师评价并不是什么新的活动，一般地说，自学校产生的时候起就开始有教师评价的活动。然而，作为一种日常提高教师与学校教育管理的活动，它的历史并不长。

在美国，教师评价工作的发展大体可以分为三个阶段。

从 20 世纪 20 年代开始为第一阶段，当时的教师评价活动与当时占主导地位的进步主义教育运动有关。因此，当时评价的重点，在于分析被评教师的教学方法是否与杜威或詹姆士的教育哲学、教育心理学相一致。

美国教师评价的第二阶段从 20 世纪 50 年代初开始，它着重在判断教师是否具有从事优秀教学活动所要求的个性特征。

20 世纪 60 年代及其后为第三阶段，教师考评则把重点转向评价教师的一般教学行为，这种教学行为是在各种情景下都有效的。1976 年，美国的全国教育研究所（National Institute of Education，NIE）提出了一个方案，这一方案要求根据能力与表现来认定教师资格，而不仅是根据他在师范院校所受的学历教育，这就在客观上促进了美国教师考评活动的发展。在另一方面，近几十年来，学生的家长与社会纳税人对教学效能核定的要求也日益强烈，这都对教师考评活动的发展起到了促进的作用。

在 20 世纪 60 年代初期，当系统论的管理方法被引入美国国防系统以后，它很快地受到了美国工业界的重视，并被广泛地加以运用，这一潮流也影响了美国的教育管理。在这一背景下，目标评价很快地取代了传统的教师评价方式。①

在英国，相对地说系统的教师考评发展较晚。在 20 世纪 80 年代以前，英国对教师个体考评的对象只限于见习教师，通常是由学区的督学或顾问充当考评人，它的目的只是为作出关于这一见习教师的聘任或提升的决策提供信息。对非见习教师的评价则很少进行。当英国开放大学教育学院纳托尔（Nuttall，D.）和克利夫特（Clift，P.）等人在 1984 年 11 月接受莱芬赫尔姆基金会（Leverhulme Trust）的资助进行“学校或学院教师考评方案的本质、影

---

① Rebore，R. W.，*Personnel Administration in Education：A Management Approach*，p. 192，1991.

响及其效果”项目研究时发现，英国本土在这方面的研究数量很有限。①

英国在全国范围内对教师系统的考评活动是20世纪80年代才开始的。当然，就其历史发展来说，可以追溯到70年代整个社会对教育效能核定的需要。70年代初期，由于世界范围石油价格的提高，导致了英国经济的衰退。在公共社会资金缩减中，教育首当其冲。在英国，教育的支出是昂贵的，然而，它究竟做了什么，它对社会究竟起了什么作用，人们始终是一个有疑问的问题。人们怀疑，在任何意义上，当时的英国教育是否达到了它早期所具有的水平。正是在这一背景下，1974年英国教育与科学部（Department of Education and Science，DES）建立了一个教育成就评定机构（Assessment of Performance Unit，APU）。建立这一机构的目的，就在于督查学校教育的质量。英国教育与科学部赋予它的任务是调查两个问题：其一，当前英国的教育同以往一样，还是比以往好或比以往要差？其二，当前英国教育的情况究竟如何，它是否能满足社会的需要？按照特纳（Turner，G.）和克利夫特的观点来看，第一个问题是根本无法回答的，因为人们根本就没有以往英国教育的足够资料，即使存在这种资料的话，由于社会的变化，它同当前的教育也并不具备可比性。但在回答第二个问题中，教育成就评定机构确实做了大量的工作。

以后，在1977年，英国不少地区展开了一场“教育大辩论”，其结果被总结在英国教育与科学部这一年的绿皮书中。这一绿皮书强调了教育必须更好地满足社会福利增长的需要。在同一年，英国著名的泰勒委员会（Taylor Committee）提出了一个报告，这一报告强调：学校必须向家长报告它的教育效能。1980年和1981年，

---

① Turner，G. & Clift，P.，*Studies in Teacher Appraisal*，p. 1，1988.

英国分别通过了两个教育法案。前一个法案规定，学校须更多地向家长报告有关它的工作的情况；后一个法案则进一步要求学校须公布它在各种社区测验中的成绩。

从20世纪70年代初到80年代初这10年的变化表明，人们越来越怀疑学校的效率与效益，相信教师的懒惰与无能。

到1982年，在英格兰与威尔士将近三分之二的学区（Local Education Authority，LEA），开展了学校评价方案的研制活动。然而，在这时还没有一个方案涉及对教师个体的考评，甚至有许多方案认为，在对学校的评价中，对教师个体的考评根本是不需要的。然而，这种学校评价的活动，为在人们的观念中接受对教师个体常规性的系统考评提供了基础。英国开放大学的进一步研究表明：不涉及教师个体评价的方案，在提高教育质量上的作用是有限的。随着这些观点逐步地为人们所接受，1983年的英国教育与科学部的白皮书《教育质量》（*Teaching Quality*）① 开始提出了教师的工资、提升与他们工作成就之间的联系问题。1984年初，教师考评也成了英国教育与科学部所关心的一个重点问题。在这一基础上，全英有六个学区开展了教师考评的实验研究。此外，设在希列斯特大学的全国学校管理培训开发中心，被教育与科学部聘请为这六个实验方案的协调人，剑桥大学教育学院被聘为这六个方案的评价人。

此外，英国开放大学教育学院纳托尔和克利夫特等人，在1984年接受莱芬赫尔姆基金会的资助，开始了为期两年的“学校或学院教师考评方案的本质、影响及其效果”项目的研究。从此以后，教师考评在英国全国范围内成了一项日常性的、系统的工作。

---

① 以英国教育与科学国务大臣、威尔士事务大臣的名义发布。参见顾建民、董小燕译、石伟平校：《教学质量（1983）》，载瞿葆奎主编，金含芬选编：《教育学文集·英国教育改革》，人民教育出版社1993年版，第463—497页。

三、教师评价的历史经验与教训

（一）美、英两国教师评价的历史总结

从美、英两国教师评价的历史来看，教师评价的大规模的发展都是由社会对教学效能的核定所推动的。在这一情况下，教育行政部门只关心教育的效益，而把教师专业发展的需要置于脑后就不足为怪了。

在从人们对教师评价的批评来看，说到底，在西方，人们对教师评价的批评，集中地反映在总结性评价上；在对总结性评价的批评中，集中地反映在教师的评价上。总结性的教师评价成了当前人们批评重点中的重点。两国教师评价的实践表明，不注重教师专业发展的评价，注定是得不到教师欢迎的，在实践中也会受到教师的反对。这一教训是我们在制订教师评价方案时须认真吸取的。

（二）教师评价的两种不同理论假设

在任何评价系统之后，总是存在着一些理论假设。这些假设可能是内蕴的、并非明确表述的；也可能是外显的，为人们所充分地加以说明的。对这些假设加以明确的解释，不仅有利于这一评价系统更容易为被评人所理解，也可以使评价系统的编制者在设计评价方案时更理智，从而使最终形成的评价方案能与自己的初衷更相一致。

文献的分析表明，教学效能核定导向的评价蕴含的假设如下。

1. 学校教育的质量主要靠摒弃不称职的教师来得到保证。

2. 在可预见的时间内，这些不称职的教师很难把自己提高到预期的水平。

3. 教师主要是由外部压力而得到激励的，教学效能核定可以用作主要的措施，以刺激教师改进他们的教学、科研活动。

与教学效能核定导向的评价相对，专业发展导向的教师评价是基于下述假设之上的。

1. 对于教师来说，内部动机比外部压力具有更大的激励作用。根据这一假设，受过较高层次教育的人主要地是由自我激励的。外部压力可以迫使他们达到最低的标准，但很难使他们达到优良的水平。

2. 当教师获得足够的信息与有用的建议后，他们就有可能达到预期的水平。人们相信，受过较高程度教育的教师具有根据新情境的要求调节自己的能力。很多教师在教学、科研活动中未能取得成功，其原因主要在于他们未能得到足够的信息和可供选择的机会。

3. 作为专业工作者，教师对其本身的专业具有高度的热情。如果为其工作所必需的条件能得到充分满足的话，在他们中就会爆发出极大的创造力，以改进他们的教学、科研活动，提高他们教学、科研的水平。

（三）对教师评价活动的一些观察

为证实关于教师评价的这两种假设，1992 年，我们在华东地区的 22 所高等院校进行了调查。在这一调查中，648 名主要承担本科生教学任务的讲师分别受到学生及系主任与教研室主任的评价。

调查表明，在这 648 名讲师中，49 名计 7.6%被学生评为不称职的教师，39 名计 6%被他们的系主任与教研室主任评为不称职的教师，31 名计 4.8%被学生及他们的学术领导人共同评为不称职的教师，经有关的统计检验，其结果是可靠的。

根据这一结果，我们对这 31 名教师的教学工作量进行了调查，其结果表明，他们的教学工作量占全部 648 名教师的 3.2%。

调查结果使我们得出这样的结论：由于不称职教师的教学工作

量占全部教学工作量的比例很小，因此，他们对学校教学质量不具有很大的影响。绝大部分教师至少在最低水平上是称职的，于是教学效能核定导向的评价，仅对少部分不称职教师产生影响。

在这一调查中，我们还主要运用访谈的形式，对有关教师的心态进行了研究。通过访谈，我们得到了强烈的印象：对于大部分教师来说，由于在心理上对教学效能核定的反感，以及一旦通过考核后，他们就不再感到压力与动力，因此，对他们来说，教学效能核定很难使他们达到优秀的水平。当然，他们不否认，教学效能核定在促使他们达到最低标准方面具有一定的作用。

调查使我们相信，在特定的时期，把教师评价当作发现不称职教师的工具，这是合理的。它可以使学生免受不称职教师的耽误。尤其在目前，我国各级各类学校处在改革人事制度，实行聘任制，打破“大锅饭”过程中的时候，随着结构工资制度的推行以及学校内部管理制度的改革，人们对教师评价尤其是总结性的教师评价，产生了越来越浓厚的兴趣，这是可以理解的。在这种情况下，适当地开展教学效能核定导向的评价也是有用的。但是，如果我们评价的目的，主要在于改进学校教育教学质量，仅仅用这种只影响少数人的评价，可以预计，它对整个学校教育质量的提高帮助不大。如果，我们仅仅借助于这种评价的话，学校教育质量的提高将是一个漫长的过程。

与此同时，大量的研究也表明：对于教师来说，他们大多都有强烈的事业心，希望自己的工作能做得更好，因此帮助他们提高与发展，在大多数情况下比判定他们工作的等第报告更有意义。

如何在充分吸取西方多年教师评价经验与教训的基础上，研究与开发出一套我国教育工作者实际需要的教师评价方案，这是需要我们理论工作者与实际工作者当前共同努力加以解决的课题，也是本书试图为之努力的重要方面。

第二节　教师评价方案的基本要求与教师评价的策略

一、教师评价方案的基本要求

要提高教师评价的质量，首先要有一套科学的评价方案。一套好的教师评价方案应具备哪些特点呢？这是教师评价工作者一直在认真研究的问题。

美国学校管理协会（American Association of School Administration）副常务干事、领导成就学院（The Institute of Leadership Achievement）常务副院长雷德芬（Redfern，G. B.）在多年实践的基础上提出，一个好的人事评价方案须具有以下几个特点：①

1. 导致被评者与评价人更好的合作；

2. 促进各方成员的更好交流；

3. 重点在于鉴别何处需要改进、规划如何达成这种改进以及确定如何评价这一结果；

4. 促进被评者的成长与发展；

5. 强调评价者在评价艺术中的洞察力和技能；

6. 坚持开展评价活动的最低要求，是增加教学、学习和督导工作的效率的信念。

关于评价的目的，他认为，人们大多希望他们的工作更加有效，因此，促进他们的成长与发展，比只接到一份判定他们工作的等第报告更能接受。

英国开放大学教育学院教育评价与教学效能核定研究项目组主

---

① Redfern，G. B.，*Evaluating Teachers and Administrators*：*A Performance Approach*，1980.

任纳托尔则认为，一个好的评价方案应具有以下九个特点。①

1. 制度化的自我考评与建设性的自我考评，有助于促进考评的发展。

2. 有效的考评方案，不能同时用作形成性与总结性这两种不同的目的。

3. 一个好的评价方案须把考评结果与考评活动联系起来。

4. 被评人员参与考评的重要性受到注意，在某种层次上，它意味着他们参与任何一个方案的设计，而不只是把一个现成的方案强加给他们；在更深的层次上，它意味着如果出于可信性与可比性考虑，不把自我考评当作考评活动唯一因素的话，那么也要确保自我考评是整个活动中的一个重要组成部分。

5. 一个好的方案应给教师以某种自主权。

6. 各方对考评准则与考评过程的共识是至关重要的，这意味着各方对自己在评价过程中所起的作用有着清晰的理解。

7. 考评活动应聘请超过一个以上的观察者或考评人，以保证它的可靠性、有效性以及可信性，尤其当同行及上级主管参与时更应如此。

8. 工业界的研究表明，评价人把被评者某一方面的表现同他自己另一方面的表现进行比较，以揭示相对优缺点，这种等级评价量表很有价值。

9. 没有充分的培训，考评活动的质量是得不到保证的。培训工作不仅要讲授特殊的评价技能，如观察、访谈及咨询技能等，而且要讲授更一般的管理技能以及讨论价值观和各种假设。

博林顿（Bollington，R.）等人在总结英国教师考评实践的基

---

① Nuttall，D.，What can We Learn from Research on Teaching and Appraisal? in Dockerell，B.，et al.（eds.），*Appraising Appraisal*，1986.

础上，提出了一些原则：①

1. 在提出与运用考评方案时，需要有对过程和它的可信性的信心；

2. 考评方案的规划需要向各方人士进行咨询，并请他们参与；

3. 需要有一个不断提高的、建设性的与积极的考评方案；

4. 需要对评价人员提供充分的培训；

5. 不仅需要教师积极地参与考评过程的设计，而且需要他们参与准则与被评主要方面的讨论；

6. 考评过程需要是双向的，它既要考虑特定的学校的背景，又要同被评者个人的发展阶段相联系。

麦克格雷（McGreal，T. L.）在总结大量教师评价方案的基础上提出，一套可能促进教师成长与提高的评价系统，需要做到以下几条。②

1. 有足够数量教师参与的、清晰的评价准则，这套准则系统反映了学区在观察与讨论教学时，经常涉及的基本方面。任何有效评价的基本元素是一套明晰的、可观察的、适当的准则。制定一套外显的准则或界定教师的角色期望是学区的职责所在，也是教师有权要求的东西。

2. 这套系统在实践中真正运转时，能提供给教师越来越多的参与机会。

3. 提供获得多重信息的机会，以保证获得最全面的各种可能的教学画面。

---

① Bollington，R.，Hopkins，D. & West，M.，*An Introduction to Teacher Appraisal*，1990.

② McGreal，T. L.，Evaluation for Enhanncing Instruction：Linking Teacher Evaluation and Staff Development，in Stanley，S. J. & Popham，W. J.（eds.），*Teacher Evaluation*：*Six Prescriptions for Success*，p. 13，1988.

4. 允许并鼓励那种已被证明能促进专业发展的信息的反馈。

上述这些关于成功的教师评价方案特点的研究，对于探讨教师评价的策略是有很大帮助的。

二、关于教师专业发展导向评价策略的考虑

为提高学校教育的质量，根据观察，在教师评价中需要对教师专业发展导向的评价给予更多的关注。这种教师专业发展导向评价具有影响全部教师的作用，而不只是影响少数不称职、有问题的教师，因此，它可以使大部分的教师在某一方面或某些方面有一定程度的提高。

然而，为了保证这种评价的成功，需要精心设计一些必要的策略。

（一）自我控制与同行评议结合：关于评价机制的建议

根据内部动力比外部压力更为有用的假设，在教师评价中有必要引进“自我控制”与“同行评议”结合的机制，以取代教师只受其上级评价的形式。

教师的自我控制是一个过程，它是教师在自我激励的基础上自我评价与自我诊断，在发现问题的基础上自我调节的活动。

1. 自我激励。教师可以而且应当自我激励。学校要鼓励教师更新他们的知识，提高他们教学与科研的能力。诸如教师职务提升等奖励制度应当是成就导向的。这就是说，应当根据教师的成就而不是根据他们的资历对教师进行奖励。如同对学生一样，是奖励而不是惩罚对他们更有意义。

2. 自我评价。自我评价应当是教师评价中的一个重要组成部分。教师的自我评价不应当只是简单的自我评定等级，而更应当是自我诊断的活动。

3. 自我调整。自我调整是教师在自我评价的基础上自我调节的一种活动。在追踪学科新发现、满足学生新需要以及解决社会新问题方面，教师发现了自己存在的不足，并在此基础上确定了需要自己进一步努力的新方向，于是，他们不断地更新自己的知识，改进自己的教学，深化自己的科研，从而使自己迈上一个新台阶。

从自我激励开始，教师经历了自我诊断、自我调整，最终得到了自我提高。这一周而复始的活动就是教师自我发展的过程。这种活动的成功将增强教师的自信与自尊。而教师自信心的提高将在更大程度上增强教师自我发展的成功可能性。

因此，学校管理者要充分相信教师，要努力造就有利于教师自我控制的环境，鼓励教师的自我发展。当然，为了使教师能对自己有一个更正确的认识，作为教师自我控制的补充，学校也有必要引进教师同行评议的机制。在教师评价中，同行评议具有与教师自我控制一样的重要性。同行评议不仅在教师形成性的评价中，具有很大的作用，而且，它在学校中创造浓厚的学术氛围与专业发展的气氛，也有很大的潜在价值。

同行评议的假设是：在评定教师的学术水平与能力方面，同行处在最有利的地位。对课堂教学活动、教材与对教师的要求比较熟悉的评价者，最能对教师改进他们的教学工作提出具体的与实用的建议。

（二）与校园文化相兼容：关于评价过程的建议

一个成功的评价活动还须与校园文化相兼容。在谈到人事评价的时候，格林（Green，M.F.）等人提出了十二条建议，其中第一条就是人事评价须与校园文化相兼容。① 这条建议是很有道理

---

① Green，M.F.& McDade，S.A.，*Investing in Higher Education：A Handbook of Leadership Development*，American Council on Education，1991.

的。对教师评价来说，这一条尤为重要。

教师大多是接受过高等教育或中等专业教育的。他们有着自己特有的文化。如果评价活动不能与他们的文化相兼容，那么，他们就会在心理上排斥这一活动。

研究表明，教师是一群具有较高自尊心但又很容易被真理所说服的人。在编制评价方案的时候，要让教师参与整个的编制过程，使他们了解评价的意义以及评价方案的依据所在，要尽可能地使用外显的评价指标，并对其作出充分的解释。一旦当教师了解了评价方案的科学依据，他们在心理上就能接受这一方案，在以后的行动上，也就能积极地配合组织者开展评价工作。

但在某些校园中，教师在心理上不容易接受来自学生的否定性的意见。如果这一教师评价并非是教学效能核定导向的，而是旨在帮助教师改进工作的话，那么，在这种情况下，代替直接地使用学生评价的意见，学校及有关方面在听取了学生意见后，把学生的意见间接地转告给有关教师，这将使学生的意见更容易为教师所接受。

（三）一致性、全面性与简单性：关于评价技术的建议

在很多情况下，教师评价未能取得预期的成效，其主要原因往往在于技术上的失败。教师通常抱怨：领导者与同行的评价过于主观。由于一些评价并不是在了解课堂教学活动真实情况下作出的，从中教师能得到的帮助并不很多。此外，教师用于评价活动的时间也太多，相对于得到的帮助来说，似乎可以说是“得不偿失”。

为了克服这些缺点，可以提出以下几点关于评价技术的建议。

1. 一致性：关于评价信息收集活动的建议。所谓“一致性”这里又有若干方面的含义。

（1）在空间上一致。这是说，被评元素所处的空间，应与评价者所观察的空间相一致。这就是说，评价者只有亲身观察了在一特

定场合进行的教学活动，才能对它作出恰当的评价，而不能根据自己以往的印象加以泛化。根据这一观点，同行单凭过去的印象来评价教师当前的课堂教学活动是不恰当的，除非同行亲身观察过被评教师的课堂教学活动，了解这一教学活动是如何进行的。

（2）在时间上一致。这是说，一特定的评价活动所涵盖的时间，应与评价人观察的时间相一致。

（3）在知识上相一致。这是说，评价人所具有的知识，不应低于评价活动所需要的知识。在教师评价活动中，同行评议一直是其中的重要一环。但研究表明，课堂观察活动的可靠性与有用性取决于同行水平。这要求在教师评价中，有必要认真选择同行评价者。

2. 全面性：关于评价信息源设计的建议。所谓“全面性”这里也有若干方面的含义。

全面性首先意味着：在人事评价中须对这个人各个方面的工作尽可能进行全面的评价，不要遗漏某些方面。

全面性其次意味着：在对一个人某一方面作出评价时，须尽可能全面地收集影响这一方面各种因素的信息。

全面性最后还意味着：在对教师作出评价时须尽可能收集各类学生的全面信息。

评价信息的全面性保证了评价活动的可靠性。

3. 简单性：关于评价方法的建议。评价活动应尽可能地简单。大量的事实表明，最好的方法往往是最简单的方法。方法简单，愿意使用的人就多，这一评价方案价值才能得到体现。教师评价是一种需要花费教师不少时间的活动，系统越复杂，教师花费的时间越多，这一方案遭到教师反对的可能性就越大。这一事实是任何一位从事教师评价活动的人须考虑的。

第三节　教师评价的模式

教师评价的模式是以教师评价的准则为核心，把评价准则与评价途径结合起来的评价方法。在严格的意义上，本节所介绍的“评价模式”都还未对评价的程序加以规范，所以，一般地人们只是把它们称作评价“法”（approach），而没有称作“模式”（model）。然而，它们又不同于诸如“问卷调查”这样单一的方法，所以，本节在特定的意义上把它们称作模式。

一、教师职责评价模式

教师职责评价模式（duties-based approach）是由斯克里文提出来的。显然，这是一项基于教师职责的评价准则研究的成果。斯克里文希望他的这一方法既是实用的，又是有效的。同时，他承认在实用与有效这两个要求之间存在某种冲突。

教师职责评价把教师当作负责的专业工作者，他们在履行自己职责时也保留着相当的自主性。这一方法假定：教师承认教学效能核定和系统的专业发展的需要，而这两者都要有评价过程。教师同时也应期望和得到免除任意的、无效的、并非必须而有弊无利的、不公正或不能提供有用信息的评价活动的伤害。

为寻求这种有效的评价方法，斯克里文认为，需要回到根本的出发点，问一问下述两个问题：学校请教师来干什么？怎样才能判定这些工作是否已被充分地或很好地完成？

教师的职责当然是教给学生以适当的知识（包括认知、情感和动作技能方面的）。一讲到教师职责，人们马上就想到批改作业、更新教材、找家长谈话等。斯克里文认为，这些都是为履行教师的基本职责所须的次级职责。教师职责评价法可以是繁琐的、极为费时且有害的，也可以是程序性、投入可管理的且其结果仍然有效的。这就需要我们在教师的职责中区分出基本的职责。

根据斯克里文的研究，教师基本的专业职责包括下述九个方面。①

1. 对职责的了解（knowledge of duties）。包括对学区或地方政府各项法律、规定的了解，以及对特定学校的期望的了解。

2. 对学校及社区的了解（knowledge of school and community）。包括对学校、师生员工的特点、背景和思想观念以及周围环境的了解。

3. 对教材的了解（knowledge of subject matter）。这又包括两部分。其一为特殊技能领域内的知识。专业知识至少要保证他们对教学内容能适当地加以选择、进行备课和解释、能以适当的方法测出学生对这些知识的理解程度，要保证他们能准确地回答大部分的问题。在回答不了那些问题的场合，他们能知道从哪里可以很快地找到它的答案。

其二为诸如英语、学习技能、人际/专业意识、计算机研究等交叉学科的知识。当然，这种交叉学科的知识可以在不同层次、不同等级上提出要求。

4. 教学设计（instructional design）。根据斯克里文的研究，教学设计可以分成六个方面。

（1）教程设计。教师能根据当地对课程的要求、测验的要求，结合有关学生能力/学业成绩和可用资源的信息的了解，编制教程计划。

---

① Scriven, M., Evaluating Teachers as Professionals: The Duties-based Approach, in Stanley, S. J. & Popham, W. J. (eds.), *Teacher Evaluation: Six Prescriptions for Success*, 1988.

（2）教材的选择与更新。这与允许和要求教师在所提供的教材中选择或增加材料的程度有关。选择或更新以适应教程计划的教材应是新颖的、正确的、全面的，在可能的情况下也是精心加以设计的。

（3）教学资源的适当使用。教师能适当地使用教学资源，如图书馆、计算机、实验室和各种专业人员（如图书管理员、校内心理教师等）。

（4）教程与课堂教学评价。为了能够在关于教学内容、程度、途径及教学节奏方面对学生的需要和能力作出评价；为了能够获得关于课堂教学和教学成功程度的信息，教师在课内或课外都能运用讨论、个别谈话、观察、问卷调查和正式及非正式的测验去收集信息；以及为以后进一步的分析，系统地记录信息。

（5）特殊群体需要的知识。一些可能遇到的特殊群体需要的知识是非常重要的。这些特殊群体，包括非本族语的使用者、学习进度特快者与特慢者等。

（6）人力资源的使用。进一步的要求，还包括在适当的时候使用专业人才，如课程编制专家、音像专家等。

5. 学生学习信息的收集（gathering information about student learning）。教师的这一职责包括下述四个方面。

（1）测试技能。教师能编制、收集选择和管理适当的测验，以便给学生和任课教师（及管理部门）在有关学生进步情况方面提供信息基础。这种测验是广义而言的，它包括系统的观察、项目分析等。

（2）评分的知识（评分、分等、诊断）。教师应懂得综合和单项评分的区别与优缺点。懂得设计和使用评分的关键，掌握测验和再测的容量以及中间判断的差异，控制测验的焦虑效应，掌握如何找出严重的学习失误。

（3）评分的过程。在尽可能的程度上避免各种偏差，在论文式测验中更应如此。

（4）分数的分配。分数的分配应是一致的（相等的质量/等量的工作得到相同的等级）和适当的。

6. 学生学习信息的提供（providing information about student learning）。有关学生学习的信息应提供给学生、管理部门和学生家长三方面。

对学生，教师应提供在课上表现和各项测验的信息；对管理部门，教师应根据要求定期地提供学生情况的信息，能找出存在的问题行为，发现学校在设备和支持方面的缺陷，要求提供必要的帮助；对家长、监护人和适当的机构，教师须将、也只能将有关情况向有权了解的人进行沟通，使他们了解学生个体或各个班级学习进展的情况，教师应有从这些方面得到必要的支持的技能，以促进和帮助学生的学习。

7. 课堂技能（classroom skills）。课堂技能包括沟通的技能与课堂管理的技能两部分。其中课堂管理的技能，又包括在紧急情况下的管理和在正常情况下的管理方面。

8. 个性特征（personal characteristics）。个性特征包括敬业态度和专业提高两个方面。

9. 专业服务（service to the profession）。根据斯克里文的研究，专业服务有四个方面的内容：其一，专业问题的知识，这些知识主要指本专业性质、作用、历史和当前存在的问题的知识；其二，专业道德；其三，同事之间的互助和对新手的帮助；其四，为其他专业工作者所进行的项目，如为一些专业杂志进行工作，组织研究小组，安排学术讨论会等。

按照斯克里文的观点，在上述方面全都达到很高的水平是不现实的，因此，需要对每位教师规定一个最低水平和期望大部分教师能够达到的实际水平（substantial level）。

教师职责评价资料收集的途径，斯克里文认为可以有以下几种。

1. 判断。由被评教师、其他教师、学生、家长、有关领导人及教师培训部门有关人员进行判断。然而，斯克里文并不赞成教师之间跨学科的交叉评价（across-the-board evaluation），但他认为具有相同学科知识的教师对教学内容和评分标准的判断是很有用的。

2. 现成的资料。这包括学校的记录、学生出勤情况、成绩的分布、推荐材料、学生的作业、测验等。教师的记录包括课时计划，关于学生、班级或教材等材料。个人的记录包括原始的业务档案、表扬与批评信，要求转班或入学的申请以及评分的记录等。

3. 观察。这包括由学生、同行、管理人员的观察。其范围包括对他在课堂、教师办公室、各种会议中处理有关家长、同行、学生和各种问题的方式。

4. 测验的资料。这种测验是由他人组织进行的。比如，州范围的能力测验。

5. 教师自陈材料。包括自评和个人发展计划、实验和阅读的结果，选修的课程、评分的程序和教材选择的基础。

6. 其他材料。包括学生入学的申请和被接受的资料、奖学金获得情况的资料等。

教师职责评价主要是用于总结性教师评价的。斯克里文认为，这一评价对促进和帮助教师的提高与发展也有很大作用。

对斯克里文所发展的这一教师评价模式，美国阿肯色州小石城高级中学校长评论说："教学方式很重要，对评价来说，对教学方式作出概括当然是很有帮助的。然而，在使用任何人所作的概括时，人们都必须十分谨慎。"因此，他告诫人们在接受斯克里文的逻辑时，不能不仔细地分析特定的课堂中的真实情境。他认为，从实践的观点来看，斯克里文的教师职责评价法并不是一种评价方案，而是一份教师专业职责表。这份表制订得很出色，但它并没有包含一切。此外，教师职责评价法强调了评价的有效性，而不是测量的方便性。事实上，如个性特征等因素在实践中是很难测量的。①

二、教师认知发展评价模式

教师认知发展评价模式（cognitive development view）是由加利福尼亚州立大学科斯塔（Costa，A. L.）② 等人开发的评价方法。它以不可观察的教学技能（invisible skills of teaching）作为被评因素，这是一种反传统的新的评价方案设计的思路。科斯塔等人认为，就直接影响学生活动的教师工作来说，研究表明，在本质上教师的决策就在于选择能对学生学习产生积极影响的教学行为。正是在这个意义上，他们强调：教学就是思维（teaching is thinking）。如果教师的思维改进了，那么，教学活动和学生的成绩也就会得到提高。在较高认知水平上活动的教师导致较高的学生成就。在较高水平上活动的教师的特征，是他们具有将有关经验概念化的能力，能够依据对人类规范化的价值观念的信念而行动。他们在课上发生问题时选择新的活动、改变他们的教学策略、引发学生更理性的反应、给学生以更正面与积极的反馈，从而教出更合作、更积

---

① Stanley，S. J. & Popham，W. J. （eds.），*Teacher Evaluation*：*Six Prescriptions for Success*，p. 143，1988.

② Costa，A. L.，Evaluation of Teaching：The Cognitive Development View，in Stanley，S. J. & Popham，W. J. （eds.），*Teacher Evaluation*：*Six Prescriptions for Success*，p. 145，1988.

极参与各种活动、具有更高成就的学生。

他们把教师认知发展评价界定为：对教师自我修正能量的诊断和评定。所谓教师的自我修正能量，是教师意识到、参加于、投入到他们自己的教学认知过程并不断改进它的功能。这一认知过程发生在教学活动的之前、之中与之后，以及发生在社团和专业活动的背景之下。这里，科斯塔等人选择“能量”（capacity）这个词用来表示“有能力做”，其中包括那些教师目前尚未具备的能力。

根据科斯塔等人的研究，这些教师自我修正能量，可以从他们所提供的可观察的指标中得到判断，见表 5-1。

表 5-1　认知发展评价

教师姓名：　　　　评价者：　　　　日期：

学校：　　　　　　年级/学科：

认知属性 1. 规划（前活动阶段） 可观察的指标	经常	有时	从未
1. 课程与长期目标关系的表述			
2. 对由教学引起的学生学习的预测			
3. 对教学策略预设、描述与安排（内心预演），它包括： ——内容 ——时间顺序 ——分组/结构化 ——学习活动顺序 ——教师行为的组成 ——教材 ——其他			

续表

4. 对有关学生入学水平/前期学习/能力资料的鉴别			
5. 对教学内容理性把握程度的展示			
6. 对教学结果评定方法的期望			
认知属性 2. 教学（活动中阶段） 可观察的指标	经常	有时	从未
7. 对同时出现的多重活动、方式、目标、结果的处理			
8. 清晰且准确语言的使用			
9. 在压力下对冲动的克制			
10. 根据教学策略对进度的控制			
11. 对学生行为苗头的意识			
12. 根据学生行为苗头对教学策略的改变			
13. 课堂管理任务的程序化			
14. 移情的演示			
认知属性 3. 分析与评价（反应阶段） 可观察的指标	经常	有时	从未
15. 对课堂内学生行为的回忆			
16. 对课堂内教学行为的回忆			
17. 对预期的与实际的结果的比较			
18. 对预期的与实际的教学行为的比较			
19. 对教学目标已达到或未达到因果关系的分析			
20. 内部控制点的展示			
21. 对自己行动、规划、课堂教学目标的实现、教学策略、特殊行为的自评			

续表

认知属性 4. 应用（推广阶段） 可观察的指标	经常	有时	从未
22. 对采用其他教学策略可能产生的学习结果差异的预测与假设			
23. 基于从本课程分析中抽取出来的原理对未来课程的安排			
24. 对改变与实施新的行为和策略的信心			
25. 对未来的成功所需资源的鉴别			
26. 在学习与获得反馈方面对取得进一步的帮助的追求			
认知属性 5. 校内业缘关系 可观察的指标	经常	有时	从未
27. 教学讨论活动的参与			
28. 对学科组或学区学科组各种活动的参与，这些活动是为设计、实施和支持下列活动而进行的 · 专题讨论 · 业余教学的追踪 · 问题解决 · 课程编制 · 行为研究 · 其他			
29. 同行之间相互支持活动的参与 · 教学、合作教学和小组教学的演示 · 同事间的合作活动 · 监督 · 同行评论 · 对危机中同事的大力支持 · 其他			

续表

认知属性 6. 对专业的贡献 可观察的指标	经常	有时	从未
30. 领导活动的参与			
31. 对由教学引起的学生学习的预测			
32. 对教学策略预设、描述与安排（内心预演），它包括： ——内容 ——时间顺序 ——分组/结构化 ——学习活动顺序 ——教师行为的组成 ——教材 ——其他			
33. 对有关学生入学水平/前期学习/能力资料的鉴别			
34. 对教学内容理性把握程度的展示			
35. 对教学结果评定方法的期望			

科斯塔等人的认知发展评价模式提出了一种新的思路，因而，受到了学术界的欢迎。然而，进一步的研究表明，在科斯塔等提供的这份认知发展评价表中，大部分所谓“可观察的指标”事实上是不可观察的，因而，在实践中还会受到挑战。

三、教师活动评价模式

教师活动评价模式（performance approach）是由雷德芬提出的。在为美国学校管理协会九年的工作中，雷德芬进行了大量实践，在这一基础上，他所提出的教师评价模式在可行性方面见长。

关于评价的目的，他认为，人们大多都希望他们的工作更加有效，因此，促进他们的成长与发展比只接到一份判定他们工作的等第报告，是他们更能接受的目标。

教师活动评价模式共包含六个步骤。①

1. 建立职责准则。雷德芬认为，评价的第一步是确定工作的内容与范围。很明显，对于成功地完成评价过程来说，明晰地理解一件工作的职责是必要的。但由此并不能认为，当一个人走上某一工作岗位时，他对这一岗位的期望是什么就十分清楚。教师和管理人员需要清楚地理解他们自己的职责，对评价人员来说也同样是如此。

雷德芬认为，教师的职责可以分为下述七个方面。

教师职责准则

1　规划与组织

1.01 作出短期与长期的规划

1.02 校正个人的目标，使它与学校及学区的目标相一致

1.03 坚持规划中成长与发展的各项原则

1.04 对掌握各项技能作出时间顺序的安排

1.05 作出诊断与评定学生个体需要与进步的方案

1.06 对个体差异作出安排

1.07 促进学生参与规划工作

1.08 鼓励学生参与领导与决策

1.09 调整校园环境，以提供多样化的学习情境

1.10 根据日程安排与他人合作

① Redfern，G. B.，*Evaluating Teachers and Administrators：A Performance Approach*，1980.

1.11 有效地管理时间

1.12 精心组织各项活动

1.13 保持精确的记录

1.14 注意影响学生健康与安全的条件

1.15 组织有关工作，使后继的教师能以学生学习损失最小的方式发挥作用

1.16 其他

2 激励学生

2.01 通过积极的反馈、表扬与奖励以激励学生

2.02 对学生的需要、态度、理智与学习方式作出反应

2.03 开发各种对学生富有挑战性的学习活动

2.04 给学生提供各种以音乐、戏剧等文艺形式表达情感的机会

2.05 促进学生参与课堂讨论与活动

2.06 诱导学生中的同情心

2.07 帮助学生在社会和理智方面得到满足的经历

2.08 把学生在校内的成就与校外的生活联系起来

2.09 其他

3 与学生的关系

3.01 收集关于学生的相关信息，并为之保守秘密

3.02 表达对学生个体的关心

3.03 为学生个体及群体提供咨询

3.04 创造开放的氛围，使学生能表达他们的观点

3.05 帮助学生形成积极的自我概念

3.06 鼓励学生为他们自己确定现实的目标

3.07 对学生的生涯需要保持敏感

3.08 表达对有个人问题的或残疾或有心理障碍学生的关心

3.09 鼓励学生为更高的成就而奋斗

3.10 使学生能对班级作出有益的贡献

3.11 利用各种为学生服务的师生咨询资源

3.12 创造各种参加学生会议与学生一起讨论问题的机会

3.13 指导学生遵守民主的原则

3.14 在学生中创造正确的行为方式

3.15 在个体的范围内处理学生的行为问题

3.16 与学生保持良好的关系

3.17 及时排除各种可能导致学生变坏的因素，不要等已经出现了苗头再设法处理

3.18 在处理学生问题时，要一致与公平

3.19 在处理学生问题时，要表现出热情与理解

3.20 让同事与家长分担对学生的关心

3.21 其他

4 资源的使用

4.01 对可资利用的资源有明确的意识

4.02 充分利用多种类型的资源

4.03 充分利用校园环境（建筑与场地），以支持学生的活动

4.04 充分利用可资利用的资源，为学生个体的需要服务

4.05 在选择与利用各种资源时，充分利用专家的资源

4.06 有效地使用各种设备与材料

4.07 其他

5　教学技术

5.01 鼓励学生思考

5.02 使用多样化的教学技术

5.03 使用多种教学材料

5.04 为创造性的表现提供机会

5.05 帮助学生把他们的经验运用于日常生活

5.06 促进课堂讨论

5.07 鼓励学生个人兴趣和创造力的发展

5.08 使用适当的评价技术，以测量学生的进步

5.09 帮助学生评价他们自己的成长与发展

5.10 为学生提供发展领导品质的机会

5.11 使学生能分担课堂活动的工作

5.12 与学生个体及群体经常交流

5.13 在实施教学活动中体现机动性

5.14 在师生中创造相互尊重的气氛

5.15 帮助学生学会独立地工作及在群体中工作

5.16 提高群体的凝聚力

5.17 得心应手地使用反馈信息

5.18 掌握学生进步的情况

5.19 其他

6　专业成长与职责

6.01 参与学校各项政策与工作程序的制定与实施

6.02 与同事保持良好的关系

6.03 更新知识，跟踪专业的发展

6.04 善于运用各种在职培训的机会

6.05 参与校内与系统内的各种委员会

6.06 协助包括学生管理在内的各种课外活动

6.07 与本专业的同事交流各种学术观点、材料及方法

6.08 在评价教育方案的有效性方面，与同事交流看法

6.09 常向老教师、学科组负责人、部门负责人、顾问及专家咨询，改进教育—学习过程

6.10 善于运用各种机会，向家长及社区有关人士解释学校的教育方案

6.11 其他

7　与家长的关系

7.01 善于请家长帮助学校的活动

7.02 鼓励家长访问班级的学生

7.03 组织各种建设性的家长会议

7.04 善于向家长解释各种学习方案

7.05 重视与家长积极的接触

7.06 保守与学生家长关系的秘密

7.07 其他

2. 鉴别社会需要。社会需要由被评价人与评价者共同合作加以确定。在这里，需要并不是只指教育的薄弱环节，它也包括进一步加以巩固与扩大的领域。鉴别社会需要最有效的途径，是把它看作把工作提高到更高的水平而确定未来工作的重点。

在这一步骤中，如果只是非正式的口头交换意见，那就不需要什么正规的表格。当然以更严格的方式来进行的话，书面记录是有用的（见表 5-2）。

3. 确定目标与行动方案。一旦需要确定以后，评价就进入了确定目标与行动方案的阶段。按照活动目标评价法的观点来看，评

价需要涉及教师工作的各个方面，但更需要针对教师特别需要改进、提高和巩固的方面。所以这也就是活动目标评价法需要前两步作为基础的原因。

表 5-2 社会需要鉴别

被评人： 职务：

评价人： 职务：

学年： 日期：

职责准则	被评人	评价人	一致性
1. 规划与组织			
2. 激励学生			
3. 与学生的关系			
4. 资源的使用			
5. 教学技术			
6. 专业成长与职责			
7. 与家长的关系			
其他			

本阶段确定的目标可以是一般性的，也可以是行为化的。一般性的目标容易制定，但不容易观察和判断，实施较困难，且容易形成主观臆断。行为化目标的制定需要较高的技能，且较费时间，尤其在涉及情感目标时更是如此，但由于它的外显性使它容易观察和判断，较少主观成分。

无论是一般性的目标还是行为化的目标确定后，都需要仔细地安排达成目标的程序与时间进程，并周期性地进行检查。

4. 实施行动方案。当一个适当的计划被付诸实施后，评价者须确定在何时给予被评者以何种帮助。评价者同有关负责人之间的联系是十分重要的，当然，这并不意味着有关负责人就可以不关心被评人的日常活动。评价活动、有关负责人的检查活动与教师的活动，都应看作整个活动的一部分，而不是各自独立的。

5. 评价结果。评价活动集中于已达成的目标上，当然这并不排斥评价教师活动的额外成果。评价通过讨论的方式进行，它包括教师的自评和他人的评价。其结果，产生一个总结性的评价报告。

6. 讨论结果。讨论结果可能是整个评价过程中最重要的一步。评价讨论会的重点不应放在对问题的讨论上，恰恰相反，评价讨论会应集中地讨论哪些地方取得了成绩，并力求相互之间取得理解。这种讨论往往能产生进一步改进的思路。

上述三种评价模式从不同的侧面，探讨了教师评价的准则与方法。它们为人们进一步研究教师评价有关问题，提供了一个较高的起点。

第六章
教师评价的准则与方法

教师评价准则的研究是当前教师评价研究中难度最大的，因而也是最受关注的一个方面。教师评价的方法是否妥当，对评价活动能否取得成功也至关重要。本章从对教师评价准则研究方法的探讨开始，然后介绍与分析教师评价的方法。

第一节　教师评价的种类及其特点

目前教师评价主要有三种类型。

1. 成果评价。教师的教学成果就是学生的学习进展与行为变化。成果评价就是从他所教的学生学习进展与行为变化来对教师劳动价值作出判断。成果评价是判明教师工作有无价值以及价值大小最有权威的评价。目前它是学校用以决定教师职务晋升以及工资待遇的一种主要评价方法。

然而，由于教学成果的综合性与教师工作考核要求的个体性的矛盾，以及教学成果的迟效性与教学反馈信息要求的及时性的矛盾，使教师成果评价的运用在实践中受到了较大的限制。

所谓教学成果的综合性与教师工作考核要求的个体性的矛盾，指的是学生所掌握的知识、技能、能力以及表现的思想态度等品质是不易分解的；学生的学习结果，与学生在进入一门课程学习之前的知识、技能以及能力的准备有着密切的关系，与学生的兴趣、爱好以及勤奋程度等个性特征也有着重要的联系。因此，不对学生的起始水平进行分析，仅凭最后的结果对教师的工作作出评价是不恰当的。

此外，从实践来看，尤其是学生高层次的认知技能、能力的提高，往往是学校所有教学环节、教育活动综合的结果，人们很难对这种技能、能力进行分解，也很难辨认出某种技能、能力是哪门课的教学结果。

甚至，学生的学习进展与行为变化，与他们所处的社会环境也有着密切的联系。在实践中，人们发现了思想教育的奇怪等式：5+2=0，即学校一周5天进行的思想教育，到周末学生一回家就被社会上的不正之风刮得“一干二净”。在这种情况下，如果人们仅根据结果去评价学校的思想教育，显然是有失公正的。

另一方面，从教师评价的要求来看，需要对教师个体的劳动成果进行检验，需要在学生身上找出某一教师特定的劳动成果来。这一要求显然同教学成果综合性与不易分解性的特点有着一定的冲突。

所谓教学成果的迟效性与教学反馈信息要求的及时性的矛盾，指的是一方面教师教学的效果总是滞后于教学活动的；但在另一方面，从改进教学的要求来看，当教学存在问题时，人们总希望评价者能及时地发现教学过程的问题，使教师能及时地改进教学。这种教学成果滞后的特点使教师评价的形成性功能受到很大的限制，因而，引起人们对教师评价的不满。

2. 教学行为评价。教学成果是教师教学行为的客观化。因此，人们又把教师评价转向对教师教学行为的评价上，试图在建立优秀教师的教学行为模式的基础上，根据教师理想的教学行为来评价教师的工作。

教师教学行为的评价直接针对教师的教学工作，因此在帮助教师改进教学、提高教学质量方面具有比成果评价更大的实用性，于是，这种评价方式在实践中受到人们的重视。

然而，实践表明，找出教师理想的教学行为是一个十分困难的课题。正如本章第二节在教师评价准则的研究现状分析时要提到的，面对千变万化的教学情境，以及人们对教学规律与学生身心发展规律认识的局限，要找到一套适用于各种情况的理想教学行为是有很大困难的。

3. 素质评价。教师评价的另一条途径，是对教师的素质进行评价。教师专业要求教师具有一定的心理、能力、思想素质以及较高的知识水平。教师的素质评价在教师聘任过程中得到广泛的运用。

但是，素质评价要远比成果评价及行为评价困难。并且从实践来看，较高的素质只是指出了人具有取得较大成果的可能性，要在实践中把这一可能性转化为现实性，还有赖于被评人主观的努力和客观的条件。这些都是人们在广泛地运用素质评价时要解决的问题。

这里需要强调的是：在实践中，这三种评价具有互补性和互检性。这就是说，这三种评价是可以同时使用，并用以相互补充和相互检验的。

第二节　教师评价准则的研究

在任何评价活动中，人们不可避免地会遇到评价准则的问题。为此，人们请教教育专家，教育专家则根据他们对什么是有效教学的理解提出一系列的评价准则。然而，研究表明，教育专家对什么是有效教学的观念往往与教师本人的观念有很大差距，并且，在一些教育专家所认定有效的教学情境中，学生学习成绩往往并不理想。① 因而，如何科学地制定教师评价的准则，就成了教师评价中的一个重点问题。

一、教师评价准则研究的基本方法

从当前来看，教师评价准则的研究就其方法论而言，可以分为

---

① Coker, H., et al., How Valid are Expert Opinion about Effective Teaching? *Phi Delta Kappan*, pp. 131-149, October 1980.

五种类型。

（一）基于教育目标的准则研究

这种教师评价从教育的目标出发，把教学活动达到教育目标的程度当作评价教师工作的准则，预先确定的教育目标具有激励的作用，尤其当目标与反馈联系在一起的时候，更是如此。当反馈被用作评价、判断的基础时，目标本身就成了评价的准则。

事实上，这种教师评价的准则就是教学效果。与本节后面将介绍的基于教师教学效果的准则研究不同，后者是从教学效果变化来研究教学过程的研究设计。基于教育目标的准则研究，则把教学效果本身当作评价的准则。

正如在上一节中所分析的，由于教学效果本身的特性，仅据教学效果来判断教师的工作，在很多情况下有可能产生较大的偏差，因而在实践中常常受到教师们的反对。

（二）以心理学为基础的准则研究

以心理学为基础去研究教师评价的准则，当然是一种可行的方式。有不少教育心理学家对此作了大量的研究。在教学过程中涉及的心理学概念与原则通常有注意、记忆、迁移、强化、期望与信息处理等。

从心理学的角度去引出教师评价的准则，意味着教师将根据其运用“已被证实的心理原理”的程度而受到评价。然而，这一方法也受到了不少人的批评，尤其是那些将教学看成是一种艺术的人的批评。他们认为“教无定法”，在世界上从来没有一成不变的好的教学方法，因此，把课堂教学框死在“已被证实的心理原理”的范围内，无疑是一种作茧自缚的做法，是不可取的。更何况那些所谓的“已被证实的心理原理”，到目前为止，只是在临床与实验室的条件下得到过证实，它们并没有在课堂中得到检验。因此，就对学校教育这一点来说，它们还称不上“已被证实的心理原理”。

（三）基于教师经验的准则研究

这是一种以那些具有丰富教学经验的教师的意见为基础而设计评价准则的研究方法。相对于以心理学原理为基础的准则研究来说，这种研究通常被称为“以教育学为基础的准则研究”。

美国芝加哥市立大学曾对30名具有影响的教师进行调查，试图从中总结出好教师的基本特征。调查的结果如下。①

1. 所有的教师都能精心地组织与规划他们的课程，对学生有较高的目标与期望，每一节课都认真地加以设计：

（1）课开始时有简单的介绍；

（2）课结束时有简短的小结；

（3）课中有紧凑的逻辑顺序。

2. 所有的教师都强调了对学生表达肯定态度的重要性：

（1）大部分教师都把他们的第一节课用以师生间相互熟悉，相互交流个人的经历；

（2）他们一般很快就记住了学生的姓名，并用姓名称呼学生。

3. 他们十分重视鼓励学生积极参与课堂活动：

（1）他们在课堂中不断地提问，促使学生更积极地投入教学活动；

（2）他们十分注意观察学生对活动的参与，以获取这堂课是否有效及是否需要改进的信息。

4. 除此之外，他们十分强调为学生提供经常性的反馈信息，以鼓励学生学习中的每一点进步：

（1）他们常通过评论试卷或论文的方式为学生提供反馈意见；

（2）他们要求学生一有问题，课后就去找他讨论；

---

① Guskey，T. R.，et al.，*The Characteristics of Very Effective Community Colleges Teachers*，*Community College Journal*，1982.

(3) 书面评语通常也用以表扬学生的每一点进步，以及指出需要进一步注意的问题。

从实践来看，这种基于教师经验的评价准则研究，其结果最容易得到教师的理解，但它也存在一些问题。这些问题是：这种研究往往得到的是一大堆非常具体的教学行为的描述。因此有人批评说，据此去评价教师的工作，就有可能把教师引导到只注重教学的细节方面，而忽视教学中更重要的问题。

（四）基于教师职责的准则研究

从教学过程要求教师履行的职责分析入手，也是研究教师评价准则的一种可行的方法。然而，教师职责这一看似十分简单的题目，一旦具体化时就引起了不同人的不同理解。一种在这一群人中被认为是当然的教师职责，在另一群人中则被认为是完全不必要的或完全行不通的。因此，有些研究工作者要求“回到根本去”，从教学过程要求教师完成什么上来，重新研究哪些是教师须履行的职责。斯克里文的教师职责评价是这一研究的典型，上一章已经作了介绍。

基于教师职责的评价准则研究，正是出于上述考虑而提出的一种研究思路。然而，就像从教学效果出发去研究什么是好的教师行为一样，从教学过程的要求出发去研究教师职责也有不少的困难。迄今为止，研究工作者还未能找到一种为大家普遍接受的教师职责。

以心理学为基础的准则研究，基于教师经验的评价准则研究和基于教师职责的准则研究，都是属于教学行为评价范畴内的准则研究，它们从不同的方面研究了什么是好的教学行为的问题。

（五）基于教师教学效果的准则研究

这种评价准则的研究利用过程—成果的研究设计，它试图在观察的基础上建立教师教学过程与学生学习结果之间的关系。在这一方面，美国学者作了大量的研究。根据普维尔（Powell，M.）等人的报告，到1984年，美国至少在这方面进行了3 041项研究。①

基于教师教学效果的准则研究，包括如下几个方面的变量。

1. 先期条件变量。它包括教师的性别、经历、所属的社会阶层、所受教育与培训的情况、个性特征等。

2. 过程变量。它包括教师的教学行为与学生的学习行为。

3. 背景变量。它包括学生年龄、能力、价值观、个性、学生家庭所属的社会阶层等与学生有关的因素；学科的特点；学校规模；可用的建筑与设备；学校对学科发展的策略、种族、入学时高分学生的比例等与学校有关的因素；以及学校所在社区的特点等。

4. 成果变量。它包括长期的与短期的，认知的与情感的各个方面。

教师的教学效果体现为学生的学习结果，在实践中，它以学生考试成绩的提高为主要指标。

然而，研究结果表明，有效的教学方式依教学内容的不同而不同，随学生年级的变化而变化，建立教学过程与学习结果之间确定的关系又相当困难。并且，在逻辑上以及在实践中，人们也遇到了很多测量学习成绩的困难。

从上述的五种教师评价的准则研究来看，每种研究设计都有独特的长处，并且在多年研究的基础上，不少理论工作者与实际工作者也取得了一定的成绩。但是，每种方法也都有一些不容易解决的问题。就从所取得的成果来看，离人们普遍地接受，还有一段不小的距离。看来，教师评价准则的研究，还需要人们在前人的基础上

① Powell，M. & Beard，J. W.，*Teacher Effectiveness*：*An Anotated Bibliography and Guide to Research*，p. 2，1984.

作长期的努力。

当然，在实践中，研究工作者并不是一定要拘泥于一种途径，把两种或多种评价准则的研究结合起来，可能是教师评价准则研究的一种更好的方法，这就要人们付出更多的努力。

二、教师评价的准则

根据我国中小学教师评价的实验研究，在这五种方法中，基于教师经验的研究方法不仅是教师最能理解与接受，而且也是在评价技术上最简单的方法。当然，在基于教师经验研究教师评价准则时，评价组织者要注意抓住影响教学质量的关键因素，而不要把人们的精力引向一些细枝末节的问题。

根据从教师那里调查得到的结果表明：下述几个方面是一个好教师所必备的。

1. 与学生形成良好的关系，并有使这一关系与教学任务联系起来的能力：

(1) 教师与学生有良好的沟通关系；

(2) 了解每一学生的经历与特长，以及这些经历与特长对学习的影响；

(3) 能敏锐地感受学生个人的特殊需要，并能据以调整教学工作。

2. 激励学生积极参与教学活动的能力：

(1) 善于鼓励学生在各种场合发表自己的意见；

(2) 能容纳不同意见；

(3) 能经常性地为学生提供反馈信息，以鼓励他们学习中的每一点进步；

(4) 善于组织学生参与课堂上的讨论等各种活动。

3. 明确地表达自己思想的能力：

（1）思维清晰，逻辑性强；

（2）语言深入浅出，形象生动。

4. 最大程度地利用有关资源的能力：

（1）能有效地利用各种现代化的教学设备；

（2）能有效地利用各种信息资源，及时了解本学科当前的发展；

（3）能有效地利用人际关系的资源，帮助学生开展社会调研等各项活动。

5. 适应新情况的自我判断能力：

（1）能根据教学工作的变化，及时地发现自己的不足，调整自己的知识结构与能力结构；

（2）能根据学校课程改革的需要，调整自己的教学重点；

（3）能从学生学习的进展中，发现自己教学中需要改进的地方，并能迅速地达成自身的目标。

这一教师评价的准则，对教师根据反馈信息改进自己的工作有一定作用，积累起来的资料也可用于教师的总结性评价。但直接用于总结性教师评价的准则系统，还需要进一步研究。

第三节　教师评价的方法

研究结果表明，有多种途径可用于教师评价：自我评价、家长评价、学生评教、同行评议、书面材料的收集与观察以及教学成果等等。在实践中还没有任何一种方法，已被证明对总结性的判断来说，已达到必要的信度的要求。然而，多渠道地收集信息，有助于提高评价的信度。

一、教师自评

教师自评是教师评价中一个重要的方面，这不仅因为它是收集必要的信息的一个途径，而且因为它也是教师自我诊断的一个重要方面。在一定意义上，甚至可以说，教师自我评价的过程就是教师自我激励与自我提高的过程。

然而，麦克尼尔（McNeil，J.）等人的研究表明，需要为教师的自评提供必要的训练。没有经过训练的教师，在观看教学录像时，只注意根据个人的态度、声调、仪表以及教学辅助工具的运用来进行自评，往往不能对自己的教学行为作出深入的分析。①

由于这一问题在教师评价中的重要性，本章将在下一节专门探讨教师自评的机制，以及如何提高教师自评科学性的问题。

二、学生评教

在教师评价中，学生评教自 20 世纪 70 年代以来一直为世界许多国家所重视。阿里莫里（Aleamoli，L. M.）提出如下观点。②

1. 学生是教学过程的主体。他们对教学目标是否达成、师生关系是否良好，都有较深刻的了解；对学习环境的描述与界定也较客观。

2. 学生直接受到教师教学效能因素的影响，他们的观察比其

---

① McNeil，J.，et al.，*The Assessment of Teacher Competence*，1973.

② Aleamoli，L. M.，Student Rating of Instruction，in Millman，J.（ed.），*Handbook of Teacher Education*，1981.

他突然出现的评价人员更为细致周全。

3. 学生参与评教有利于师生沟通，从而有助于提高教学水平。

4. 学生评教的结果可作为其他学生选课的参考。

基于上述考虑，他强调学生参与评教是值得鼓励的。事实上与教师评价的其他方法相比，学生评教不仅比较方便，而且在统计的意义上具有较大的稳定性。研究也表明，学生评价这一方法既花费不大且有相当的信度，它的信度范围通常在 0.8—0.9；在学生对教师评价与学生成绩之间相关系数较高的情况下，它的信度系数可望更高。①

英国在 1987—1989 年进行的学校教师考评试验性研究（The School Teacher Appraisal Pilot Study），也得出同样的结论。研究报告指出，把学生的意见当作教师考评的资料来源存在着矛盾。教师及其负责人对此一直持保留的态度，但是，无论是研究还是实践的结果都表明：当把学生的评价范围限制在仅描述教学活动时，这些资料具有相当高的效度。②

在这多种资料的收集途径中，学生对课堂教学的评价是最有力的材料。但是，教师评价的实践表明，教师一般对此都感到不舒服，他们大多对学生能准确地评判教师活动的能力缺乏信心。③ 因此，如何使教师克服这类心理障碍，就成了学生评教结果能被有效地接受和最大程度地发挥其作用的关键。

---

① Darling-Hammond，L.，et al.，Teacher Evaluation in the Organizational Context：A Review of the Literature，*Review of Educational Research*，p. 307，1983.

② Bollington，R.，Hopkins，D. & West，M.，*An Introduction to Teacher Appraisal*，p. 22，1990.

③ McGreal，T. L.，Evaluation for Enhanncing Instruction：Linking Teacher Evaluation and Staff Development，in Stanley，S. J.，et al.（eds.），*Teacher Evaluation：Six Prescriptions for Success*，1988.

三、同行评议

同行评议不仅在形成性评价中有很大的潜在价值，而且对在教师中创造一种专业发展的气氛也有重要意义。使用同行评议这一方法的基本观点，是在评价教师能力方面同行具有较大的发言权。同样，评价者对课堂教学、教材以及对教师的要求都比较熟悉，这使他们的建议，对教师的提高及工作的改进都能提出有价值的建议。

为提高同行评议的质量，在学校中建立经常性的听课与观摩制度是有利的。它有助于教师之间的取长补短，共同提高。同时，它也有助于大大地降低同行评议中的主观臆测成分。

四、观察与会谈

现场观察在教师评价中一直占有重要的位置，因为它具有相当的可靠性。但研究表明，课堂观察的可靠性与有用性，直接地依赖于观察者在观察之前所掌握的信息量与信息的类型。此外，观察相对来说，花费的时间较多。上述两种情况表明，在使用这些方法的时候，需要对评价者进行适当的训练。

在观察基础上的会谈，尤其是用于帮助教师发展的诊断性会谈，可以用来发现存在的问题，以及问题的症结所在。它的优点是可就有关问题进行较为深入的讨论。然而，这一方法也有它本身的缺点：会谈中得到的意见，在很大程度上依赖于会谈者的能力与技能，以及被评教师在多大程度上有与会谈者讨论他们自己的活动的意愿。

第四节　教师的自我评价

一、教师自评概述

“我是一个怎么样的人?”很多人认为这是个很傻的问题。“我还不知道自己是个什么样的人?”其实，现实生活表明真正能准确地了解自己的人也许并不很多。“人贵有自知之明”，这就是说有自知之明的人是难能可贵的。了解自己，即自我认识是个体自我调整的必要环节。对教师来说，只有知道了自己哪些地方还比较薄弱，才能克服自身的短处，有的放矢地加强自我学习、自我提高与自我修养，更好地发挥自身的特长。

自知者明，就说明了自我认识的重要性。自我评价是自我认识的基本手段。科学地进行自评，可以使我们每个教师对自己认识得更清楚一点，更准确一点，更实际一点。

二、自我评价的机制

人总是在不断地判断自己的。那么，主体（群体与个体）是如何了解自己，实现自我评价的？主要有以下三种方式。

1. 根据别人对自己的评价来评价自己。自我评价往往是以别人对自己的评价作为参照系的。例如，一个教师经常受到他人或上级的表扬，由此他就会获得自信心，在自我判断中多持肯定的态度；相反，如果他在工作中经常受到批评，长此以往，他就会缺乏信心，从而也看不到自己的长处。他人评价是自我评价的一面镜子。处在一定的社会关系中的群体和个体，总是从他人对自己的评价中，看到自己的形象，这种形象便构成了自我评价的基础。正因为如此，现代心理学家和管理学家都强调了及时提供肯定性的反馈信息，即“强化”，在形成人的预期行为中的作用。

根据这一原理，在青年教师的培养中，为了增加他们对教学工作的信心，每个教育管理工作者在帮助他们成长的时候，应当多肯定他们的长处和优点，在发现他们每一点成绩的时候，不要吝惜你的赞语。一个经常受到批评的教师容易形成挫折感，缺乏自信心，甚至形成一种“情境性焦虑”。所谓“情境性焦虑”，是指某人在特定场合下才出现的焦虑。在某些时候，教师讲课失败了，校长对他进行了过度的批评，从而使他形成一种错误的认识，以为自己缺乏讲课才能，以致今后一上讲台，心理上就有紧张感，这种紧张感又使他更容易失败。这种恶性循环，最终导致他在课堂上的失败定势。

2. 通过与他人的对比来评价自己。主体的自我评价还通过与自己地位、条件相类似的个体与群体进行比较而获得。自我评价并不是孤立进行的，人们常常把自己与相似的个人或群体加以比较，然后作出自我评价。人来到世间，并没有带着镜子，所以他最初只能以别人来反映自己。例如，假设我们把教师数理水平分四个等级，即精通、熟练、一般和较差。一个教师的实际数理水平比较高，但在其学校中，大多数人在这方面的水平比他更高的话，那么，他就有可能把自己的数理水平评价为一般；而如果在另一学校，一个教师的数理水平一般，但他周围人的数理水平都比他差，那么他就很可能将自己的水平定为熟练甚至精通。

3. 通过自我分析来实现自我评价。主体的自我评价，常常是根据他人对自己的评价或以别人为参照系来估价自己。但与此同时，主体也对自己的行为表现进行着自我分析。因此，自我评价不仅仅是对他人评价的反映，而且是在了解别人对自己的评价以及在与他人类比的基础上，结合自我观察、自我分析来完成的。自我分析是实现自我评价不可缺少的一环。

通过自我分析来实现自我评价是一个复杂的过程。评价作为一种价值判断的活动，总是以一定的价值尺度为基础的。自我分析就是把自身的行动及其结果，与一定的价值尺度比较的过程。这种价值尺度对于每一社会成员来说，又有“外在的价值尺度”与“内在的价值尺度”之分。

所谓外在的价值尺度，主要是为社会各界大多数人所认可的价值标准。人们生活在社会中，社会公认的成功标准和道德标准，无时不在制约和影响着我们的判断。在现代社会中，这种社会公认的成功标准，往往是个体的经济地位和社会地位（如学位、职称、职位及社会知名度等）。社会公认的道德标准，往往是对个体的人格要求。一般地说，在西方，这种外在的价值尺度对个体自我判断的影响较小，但对中国知识分子，则有较大的影响。当然，随着时代的变迁，它对年轻教师的影响也会越来越小。这里需要强调的是：这种外在的价值尺度并不一定是已形成明文的东西，在大多数的情况下，这种外在的价值尺度只是为社会所公认的某些看法，这些看法事实上是一种无形的判断准则和标准。

所谓内在的价值尺度，主要是自身的发展目标和愿望等。自评者内在的价值尺度是在一定的社会历史文化背景中形成的。一个民族在其历史发展的过程中形成了文化传统，这种文化传统把不同的社会心理注入到其成员的心理结构中，并积淀为深层的心理基础和内在信念。在这种信念基础上形成的成败感和得失观，是他们自我评定的准绳和准则。

所谓自我分析，就是把自身的行为及其结果，同这些外在的和内在的价值尺度进行比较的过程，在这一比较的基础上，就形成了人们的自我判断，得到自我评价的结果。

三、自评机制与自评误差

从上述三种自评的方式来看，它们的理性程度是不一样的。在外界评价结果的基础上形成自我评价，是一种理性程度最低的自我评价，它还没有直接把握住评价活动要把握的价值尺度。当然，这并不是说，它完全没有把握住评价的价值尺度。在这种评价的过程中，自评者以别人把握的价值尺度为中介，以别人的评价作为对自己评价的依据。在这一过程中常常会造成很多误差。

误差之一：外界的评价未必全都正确。如果外界的评价发生偏差，被评价者对有偏差的外部评价又不能正确识别，在这种情况下，自我认识的准确性就打了个问号。

误差之二：本人接收到的信息也未必正确。在教师评价中，人们经常可以看到这种情况：出于对教师的礼貌和他们工作的尊敬，很多学生当着他们的面总是说这一课上得如何好，其实情况并不如此。然而，在接收这一错误信息的基础上，有些教师形成了特别良好的自我感觉。当校长或教研组组长婉转地把学生的真实意见告诉他时，他还说他的学生对他的教学工作评价如何如何高，总以为领导对他个人有偏见。

误差之三：外界评价的价值尺度未必正确。对一个人来说是好的，对另一人来说，则可能是不好的；对一个人来说是成功的结果，对另一人来说，则可能被认为是失败的结果。其原因就在于每个人对于什么是成功、什么是失败的看法并不一样。因此，根据外界评价的结果来调整自己的教学行为，还须考虑他人的价值观念和自己的价值观念是否一致。在我国中小学教育中，这一现象表现得特别突出，学生、家长甚至学校管理人员，就是根据教师所教的这门课的学生考试成绩来评价教师的教学的，至于学生能力的提高、个性的完善，人们考虑得并不很多。对于一个致力于培养学生能力、完善学生个性的教师来说，就有可能被这种外界的评价引入某种误区。

通过与他人的对比来评价自己，就其理性水平来说处在中间。从评价学的观点来看，与他人进行对比，就是评价者为自己建立一种测量的常模。常模即群体在某一方面的成绩分布。类比的对象不同，作为参照系的常模不同，评价结果就不同。此外，现代社会包含着多种因素，社会的价值也包含多个方面，如何在多方面比较的基础上形成综合的评价结论，这也是一个十分复杂的问题。在自评实践中，你有你的长处，我有我的长处；这方面你比我强，那方面我比你强。各自都强调自己长处的一方面，自己强的一方面，这是形成同行之间“相互不服气”的一个重要原因。

通过自我分析来实现自我评价，是一种理性程度较高的评价。当然，这只是就其评价依赖于价值尺度的直接性程度而言的。不同的人在自评过程中，把握这种价值尺度的自觉程度并不一样。在自我评价中，自我分析水平低，就表现为对评价尺度自觉地加以把握的程度低。不能自觉地把握评价的价值尺度，往往就可能把似是而非的东西当作正确的东西，或者把次要的因素当作主要的因素，甚至把相互矛盾的东西放在一起，从而影响了评价的科学性。

在教师自我评价中，这种价值尺度的矛盾，最突出的是外在价值尺度与内在价值尺度的矛盾。在大多数情况下，社会的外在价值尺度通过社会影响和学校规范的作用，可以内化为人们的内在价值尺度。然而，这种内化是一个过程。这一过程时间的长短，与我们宣传和教育的深度与广度有关。

为了分析上的方便，上面讨论了教师自我评价的三种途径。在实践中，人们在自评的过程中，这三种途径往往是同时起作用的。理性水平较高的评价方式，常常包含理性水平较低的评价方式。比如，在以自我分析为基础的评价中，自评者往往会把其结果与他人对自己的评价结果进行比较，以确认或证实自己的结论。

四、自我评价误差的控制

教师自评过程会产生一些特定的心理现象，导致一定的误差。这就产生了一个新的问题：如何对这些给评价活动带来消极影响的特定心理进行调控，以保证评价结果的客观准确性？

从教师来说，在根据别人的意见进行自我评价时要注意以下几点。第一，要分析所接收到的他人评价信息的准确性和全面性。在听到肯定性评价时，要注意判断他人是出于礼貌，出于对你的尊重，还是对你恰如其分的评价。第二，要正确对待别人对自己的评价，既不要盲目接受，又不要拒不理睬，要实事求是地吸收别人对自己评价中的合理成分。第三，要判断他人评价的价值尺度。比如，别人根据平均分的高低来评价你的水平，而你从事的是能力培养与人格完善的试验，在这种情况下，你大可不必为他人的意见所左右。

在同他人进行对比时，要比较对象的水平，即注意正确地选取常模。同时要注意自己与别人类比的可比性，不滥比。即使可类比，也要注意自己与类比对象的类同点，真正把类比当作启发自我评价的手段。

此外，无论是根据别人的意见进行自我评价，还是在同他人进行对比的基础上进行自我评价，都要注意对自己采用全面、发展、联系的观点，力求客观。要学会把别人的评价、与别人类比和自我分析统一起来，进行综合比较分析。这里既有技术方法的问题，又有思想方法的问题。同时，评价组织者要做好工作，既要及时地为被评教师提供各种信息，又要帮助他们掌握必要的方法。

在自我分析的过程中，教师要学会把握评价的价值尺度，以排除各种相互矛盾的观点，善于抓住主要问题与主要因素。同时，为了避免学校的目标与教师所追求的目标的冲突，要通过各种宣传和教育的手段，把学校的评价尺度转化为教师自身的需要，即要把教师外在的评价尺度转化为他们内在的追求，成为他们评价的内在尺度。

第五节　教师评价的误差心理

教师评价的误差心理是教育评价心理中的一个重要问题。它研究评价人在评价过程中产生评价误差的心理原因，以及被评价人在自评过程中产生误差的心理因素，等等。由于上一节已经讨论了自评误差的控制，因此本节只讨论评价人的评价误差及其调控问题。

一、知觉心理和评价误差

（一）知觉和知觉定势

评价是一种认识过程。人对客观世界的认识是从感觉开始的，人在对外界事物个别属性感觉的基础上，产生了对这些事物各个部分和属性的整体反映，这种反映就是知觉。知觉是对事物各种属性、各个部分及其相互关系的综合的、整体的反映。心理学的研究表明，在人认识客观世界的过程中，知觉受人心理活动各种特点的制约。一个人的认知、兴趣和情绪等都会直接影响人的知觉过程，从而也影响人的认识过程。人在以往的活动过程中所形成的心理准备，影响着后继的心理活动的趋势，这种现象在心理学中称作心理定势。人在知觉过程中，由于认知、兴趣和情绪等方面形成了一种知觉准备，这种知觉准备影响着后继的知觉过程，这种现象就是知觉定势。

（二）知觉定势和评价误差

知觉准备在人对客观世界的认识中起着重要的作用。它使人们能够在不同的背景中，把具有一定变化的同一事物确定为同一事物。然而，也要看到，知觉定势往往也是人在观察过程中产生误差的重要原因之一。歌德说过："我们见到的，只是我们知道的。"① 这就是对知觉定势现象的一种很好的描述。在这个意义上，可以说，人的观察有时也会欺骗自己。在教育评价中，这种知觉定势所造成的效应主要有哪些方面呢？

研究表明，由知觉定势所形成的评价误差有下述几种情况。

1. 晕轮效应。晕轮效应也称社会刻板印象作用。它的表现是：人们常把好的特点归结为好人的特点，坏的特点归结为坏人的特点。在对人认识的肤浅阶段，晕轮效应是常会出现的。

从本质上来说，晕轮效应就是把得到的某个人的信息，按一定的方式分类，然后按事前形成的类别处理其他的信息。这个早已存在的"成见"，妨碍着人们知觉客体的真正特点和表现。

晕轮效应可能会给评价带来两方面的偏差。第一，所谓"以差概好"的"扫帚星效应"，即因为根据某些事例，对被评价者某一方面得出了较差的印象以后，会把其他弱点也加到他身上，而且对他的优点，也会作出不信任的解释或不恰当的归因分析。例如，有的评价者认为某教师"没有什么学术成就和独到的见解"，所以，即使这位教师教学质量很高，评价者也可能会反应不强烈，评价不

① 转引自［美］贝弗里奇著，陈捷译：《科学发现的艺术》，科学出版社 1979 年版，第 103 页。

很高。第二，所谓“以好概差”的“遮掩效应”，即因为对被评价者的某一方面产生好感，而把这种好印象泛化到其他方面去，忽略其缺点，或者认为其缺点无关紧要。

2. 逻辑误差。逻辑误差是在对两个没有必然联系的属性进行评价时，由于对其中某一属性肯定的评价而产生的对另一属性肯定的评价。逻辑误差与晕轮效应不同。晕轮效应是评价人由对某人总体肯定或否定的评价所产生的对被评人某一属性肯定或否定的评价；逻辑误差则是评价人对被评人某一属性肯定或否定的评价所产生的对另一属性肯定或否定的评价。在教师评价中，逻辑误差最典型的是被评者学术水平高，评价人理所当然地认为其教学水平也高。事实上这两者有一定的联系，但并没有必然的联系。在理论上，评价人也知道这两种属性在逻辑上没有必然的关系，但在实际的评价活动中，由于对前一种属性进行评价时所形成的心理准备，影响了对后一种属性的评价，因此，它也是知觉定势的一种反映。

3. 情绪效应。不少批阅试卷的教师都有这样的体验：当心情不愉快时，往往“笔下无情”，扣分相对多一点；而心情喜悦时，则常常“笔下留情”，扣分相对少一点。这一事实说明一个道理：人们对事物的知觉受到情绪的很大影响。这种现象用心理学的名词来说就是情绪效应。

情绪在知觉中的作用在于：它提供一种定势去感知被评对象好的、积极的方面，或坏的、消极的方面。对此，美国心理学家克雷奇等人曾经有过一段描述：“如果我们是在美好的心境中开始一天的话——有着定势去知觉每一件事情的最好的方面——我们几乎必然地在我们遇到的任何情景下都能发现和看到一线光明。”①

---

①［美］克雷奇等著，周先庚等译：《心理学纲要》（下册），文化教育出版社1981年版，第82页。

情绪效应在教师评价中很可能造成情绪误差。当评价者处于情绪低潮时，往往会注意分散、反应迟钝、效率下降。这时，评价中的误差就会增加。反之，评价者在评价过程中心情特别愉快时，也可能会对被评价者特别宽容，评价也可能相应提高。在这情况下，评价的客观性就难保证。总之，评价中情绪效应造成的情绪误差是应该充分估计的。

4. 投射效应。人们有一种倾向，往往假设他人与自己是相同的，特别在他人某方面的特点与自己相似时，这种倾向就更加强烈。心理学上把这种将自己的特性归属到他人身上的现象称为投射效应。

投射效应实质上也是一种心理定势的表现，它以评价人自己的心理特征作为认识他人的准备，作为认识他人的标准。由于评价人往往把自己的某种品质、性格、爱好投射到甚至可以说是强加到被评价者身上，以自己为标准去衡量被评价者，从而使评价的客观性打了折扣，最终使评价结果产生误差。这种类型的误差，一般称为相似误差。

（三）频因、首因、近因与定势效应

心理定势的方向和强度与多种因素有关，其中某种特征出现的次数和次序是影响心理定势的重要因素。被评价的某些属性反复地出现在评价人的面前时，无疑它就强化了评价人对这一属性的认识。然而，在不同属性交替地出现在评价人面前时，评价人印象最深刻的是哪一属性呢？心理学研究的结果表明，这既与这一属性出现的频率有关（频因），也与这一属性出现的次序有关。

美国心理学家琼斯等人做过一个实验。实验过程如下。① 让同

① 转引自江铭主编：《高校师资管理的理论与方法》，华东师范大学出版社1992年版，第228页。

组被试观察两个学生解答多道复杂的选择题。这两个解题的学生与实验者是合作者。实验之前，实验者让每一学生只答对 15 题，并且规定一个学生多半答对前半部分，另一个学生多半答对后半部分。当两个学生做完后，实验者要求观察做题的被试，评价这两个学生哪一个更聪明一些，并要求被试估计这两个学生各做对了多少题。实验的结果是：多数被试认为那个主要答对前半部分的学生更聪明些，另一位学生不如他聪明；被试估计前者答对的题目数平均为 20.6 题，另一个学生则为 12.5 题。实际上两个学生都答对 15 题。这一结果说明，被试对第一个学生开始做对不少题和另一个开始做错不少题这一瞬间印象较深，这种较深的印象，客观上影响了对人的评价。这种最先获得的信息对认识的影响，在心理学上称为“首因效应”。在现实生活中类似的例子很多，人们常说的“先入为主”就是首因效应的最好描述。

生活中还存在另一类现象：最后留下的信息常常给人以强烈的印象，并在相当程度上决定着人们的认识。这就是心理学上的“近因效应”。那么这是否与上面所讲的首因效应相矛盾呢？实际上并不矛盾。首因效应与近因效应在认识中起作用，都有条件制约。在认识中，当信息资料较少时，首因效应起主要作用；如果信息资料较多的话，则近因效应起主要作用。心理学家洛钦斯所做的实验证明了这一点。① 他设计了一个实验，在这一实验中，他用两段话来描写一个学生的生活片断。第一段是把这个学生描写成一个热情并外向的人；第二段则相反，把他描写成冷漠而内向的人，然后把这两段文字念给两组被试听。第一组被试从头到尾听完故事，第二组被试则先听完第一段后，再听一些历史故事等无关的东西，然后再

---

① 转引自江铭主编：《高校师资管理的理论与方法》，华东师范大学出版社 1992 年版，第 229 页。

听第二段。最后让两组被试评价故事中所描绘的那一学生是个怎样的人。结果，第一组大部分认为这个学生是友好而外向的；第二组大部分被试认为这个学生是孤独、内向的。这一结果表明，信息的组合方式对人的认识有一定的影响。第一组反映了认识中的首因效应，第二组则反映了认识中的近因效应。一般来说，在人的认识过程中，首因效应和近因效应是同时存在的。这种现象在日常生活中也屡见不鲜，比如，人们也较重视开场戏和压轴戏，等等。这种评价对象进入主评者知觉领域的先后顺序，影响整体印象和评价的心理现象，有时也称次序效应。

正因为认识中存在着首因效应和近因效应，所以在评价过程中，最先和最后出现的信息将会影响评价，从而影响到评价结果的真实性、准确性。对这种由信息出现的次序而造成的误差，要引起评价人足够的重视。

二、群体效应和评价误差

人生活在群体之中，因此，他不可能不受到群体的感染和影响，不可能不受到人际交往的影响，这种影响对评价活动产生着重要的作用。人际关系对评价的影响可以分为两种类型：其一是评价人出于某种动机，有意识地提高或降低评价结果；其二是评价人在无意识的情况下，受着某种群体作用而产生的评价误差。本节不研究由于评价人的思想品质的原因而造成的评价失真。

评价人在无意识的情况下，受着某种群体作用而产生的评价误差，主要有以下几种。

1. 从众效应。在社会心理学中从众效应有时也叫作顺从行为。它指个体顺从群体行为的一种趋势。安徒生的童话《皇帝的新衣》，对这种从众行为作了生动的描述。

认清从众效应的存在，对于尽可能地避免评价中的偏差，具有重要的意义。在评价中，人们经常可以发现从众效应在“作怪”。例如，对某一教师进行评价，当多数人对这一教师持同一意见时，少数人即使有异议，但出于各种原因，或认为多数人意见总是比较正确，从而改变自己的观点，接受了大多数人的观点，这种现象在教师评价中是常见的。我们把它称作“从众误差”。

2. 威望效应。一位心理学教授做过这样一个实验。① 一天，他陪同一位客人走进教室，向学生介绍：这是国际著名的“化学博士”。然后，“化学博士”对学生说，他发明了一种气体，有一种浓烈的瓦斯味，现在想让在座的学生帮忙测量一下：人们是否很容易就能觉察它的存在。说完，他打开了试剂瓶塞子放出气体。学生们纷纷举手说闻到了瓦斯气味。实际上，试剂瓶装的只是无色无味的水，连“化学博士”都是假的。这只是心理学家设计的一个实验。上述实验反映了，人们很容易相信那些有威望的人，有威望者的态度对他人观点的形成，具有相当大的影响。这一心理现象可用威望效应来概括。

威望效应在教师评价中所形成的后果是：同行评价往往变成了少数较有威信的个别领导或权威的评价。它使得大部分同行教师失去了他们应有的作用。这一情况是值得注意的。

3. 肯定效应。肯定效应的心理学基础是人所固有的同情心。美国心理学家西尔斯做过一个实验。②在这一实验中，他请一些专家对部分教师及其所教课程进行评价。评价所用的指标是相似的。然而，评价结果表明，96％的教师得到了肯定的评价，而其中74％的教师得到的评价高于对他所教课程的评价。这一事实表明，

---

① ② 转引自江铭主编：《高校师资管理的理论与方法》，华东师范大学出版社1992年版，第231页。

在对课程等非人格方面进行评价时，人们的客观性高一点；当评价的对象涉及人和人格因素时，评价人的同情心就会在里面起着作用，肯定性的评价就会多一些。

肯定效应会给评价带来一定的消极后果。评价者对人格化的对象进行肯定的评价时，有一种愉快的体验。因此，在教师评价中，人们往往听到的是称赞，或者在总体肯定的基础上否定个别的地方，而否定多于肯定的则不多见。在这种肯定的效应的作用下，人格化的被评价对象的不足之处或者被“淡化”，或者完全被肯定性结论所挤掉，这样就使评价的客观性和准确性打了折扣，这种误差属于一种“宽大误差”。

4. 关系效应。关系效应是性格和才能相近的人，在相互爱惜的基础上产生的，这种现象在生活中颇为多见。在评价过程中，关系效应可以产生两个方面的误差：当评价者认为被评价者属于“自己人”时，会有一种同病相怜的心理，这时评价结论就会偏高；而当被评价者被认为不是“自己人”时，评价者的心理相容性较差，评价结论就会偏低。这种误差可以概括为“亲疏误差”。这里所说的亲疏误差，是由于人与人之间心理相容或相悖而无意识产生的误差。由于利益关系的原因，同行相轻，或者关系好的评价高一点，关系差的评价低一点，这属于评价者有意识的行为了。

5. 趋中效应。我们常常可能注意到这样的事实：在评价事物时，往往有避免使用极值的倾向。用一个心理学的名词来表达这类心理现象，就叫作趋中效应。

趋中效应在教育评价中，有一定的消极作用。在这种趋中效应的支配下，评价者常常对特好的不给满分，特差的不给零分，给被评价者的分数向中间集中，掩盖了特好与特差之间的明显差别。由趋中效应造成的误差，可称为“集中误差”。

三、评价误差的调控

评价过程中评价者会产生一些特定的心理现象，这些心理现象对评价结果会产生消极的影响。这就产生了一个新的问题：如何对这些给评价活动带来消极影响的特定心理进行调控，以保证评价结果的客观准确性？

从评价活动组织者角度考虑，对评价人员的调控，一般要做好以下几个方面的工作。

（一）选拔

选择评价人员时，要充分重视对选拔对象的质量要求。就评价人员个人而言，这种要求表现为评价人员应具备与评价工作相符的素质。这种素质包括评价者应具备的经验、知识、能力、心理和品德等。前面在谈到教师评价的原理时，提出的一致性原则对此已作了论述。

（二）培训

教师评价是一项专业性很强的活动，它要求评价人员须具备两方面的经验和知识。其一，相应学科的知识和在这方面教学、科研的经验。比如，对物理学专业教师的评价，对物理学的精湛的造诣是评价人员所必需的。其二，则是教育评价方面的知识，包括评价心理学的知识。

首因效应、近因效应、趋中效应、从众效应等都属于一种自然的心理反应，尽管从某种意义上它们的发生是不可避免的，但它们的发生、发展、消失是有规律的。这就要求学一点心理学知识，尽可能去把握它们，或者力求减少它们对教师评价工作的消极影响。比如，首因效应和近因效应在教师评价中必然会出现，但只要明白它们对教师评价工作可能造成的消极影响，并采取相应的措施，如反复分析评价资料，进行整体综合评价等，就可能减少首因效应和近因效应所造成的偏差。正是从这个意义上讲，评价者不必人人都是心理学家，但须人人掌握一点心理学知识。

教育培训在普及评价知识方面还是有很大作用的。当然评价培训还可包括跟评价有关的政策、文件的学习，品德纪律教育等。

（三）评价过程的管理

教师评价过程的管理又有很多方面的工作可做。其一，采取各种措施以保证信息收集的全面性。评价中某些心理现象以及相应误差的发生，与信息量不足有着一定的关系。比如，晕轮效应的发生，跟评价者搜集到的关于被评教师的信息偏重某一方面，从而对某一方面有非常清晰明显的知觉和印象，并影响到对评价对象其他方面的知觉和印象大有关系。因此，要克服偏差务必打好信息这一工作基础。

其二，在有条件的情况下，采用背靠背的评价以减少威望效应的影响，充分发挥每一同行教师的作用。

其三，多种评价方法同时使用。评价方法具有互补的性质。多种评价方法的同时使用，有益于提高评价的质量，克服评价过程的各种误差。

其四，在评价持续时间较长的情况下，可适当安排一些其他的活动，以调节评价人员的身心，克服疲劳，从而保证评价活动的质量。

此外，对评价人员来说，要努力运用辩证的观点研究评价对象。在教育评价中如果以孤立、静止、片面、表面的观点去分析有关被评教师的信息，必定会发生偏差。比如，与定势效应相联系的往往是人们看不到有关被评者信息之间的各种复杂、动态的联系，出现简单化、模块化的倾向。因此，教育评价中，正确的世界观、方法论指导是必不可少的。

教师评价的过程是一个理性的过程。评价者如果不能很好控制和调节自己的情绪，必定会干扰评价工作的正常进行。造成情绪失控和失调的原因相当复杂。比如，每当一个人身心处于疲劳状态时，就会造成心理压抑，就很难正确地把握评判标准。再比如，由于评价者与被评者存在一种关系，使评价者对被评者产生一种心理上的亲近感，如果评价者不能很好摆脱这种情感的左右，就会陷入人为的误区。因此，对于评价人而言，要控制和调节好情绪，须找到造成情绪失调、失控的原因，并且予以妥善解决。

第七章
课程方案评价

“课程评价”评价什么？这似乎是个毫无意义的问题。课程评价当然是对课程的评价。然而，实践表明，这个回答过于笼统，不足以解决实践中的问题。

从我国中小学课程管理体制来看，教育行政部门管理着课程计划和各门课程（学科）的教学大纲（或课程标准）以及教材编写。中小学在教育行政部门规定的课程计划、各门课程（学科）教学大纲的指导下，组织学科的教学队伍，创设教学条件，开展教学工作。近年来，随着我国中小学课程改革的深入，“选修课”与“活动课”进入中小学，这就使学校增加了确定开设的选修课程，自编相应教材的任务。由于两个主体在课程管理方面承担的任务不同，因而在课程评价中关心的侧重点也不完全相同。根据实践的需要，本书分两章对课程评价的主要问题进行讨论。本章先研究课程方案（包括课程计划、教学大纲与教材）的评价，下一章探讨学校的教学工作评价。

第一节　课程方案评价概述

一、课程方案的概念

广义的课程是指各级各类学校为实现一定的教育目标而选择和组织的课内、课外教育内容体系的总和。狭义的课程是教学科目（简称学科）的同义语。由于课程是各级各类学校培养人才的内容，因而它受到各国政府的关注与重视。各国政府总是力求通过直接或间接的方式，对学校的课程施加影响。

20 世纪 90 年代以来，针对当代社会发展的需要和澳大利亚中小学教育的现状，澳大利亚联邦政府在宪法没有赋予其管理教育权限的情况下，以协调各州教育厅的方式，使大家接受"澳大利亚中小学共同与一致认可的教育目标"，并规定了由六门学科组成的小学"重点学习领域"和七门学科组成的中学"重点学习领域"。

1997 年 2 月 4 日，美国总统克林顿在其连任的施政报告中，号召为 21 世纪的美国教育而努力，同时，他提出了提高美国教育质量的十条举措，其中第一条就是建立严格的国家课程标准。

在我国，国家对学校课程的影响是通过政府制订课程方案的方式进行的。课程方案包括课程计划、教学大纲以及相应的教材。因此，课程方案的评价一般认为可以包含课程计划的评价、教学大纲的评价与教材的评价。在实践中，也有人认为，课程方案只包括课程计划与教学大纲，教材编写不属于课程方案的范畴。本书把课程计划的评价、教学大纲的评价以及教材的评价都归为课程方案的评价。

二、课程方案评价的主要内容

课程方案的评价包括课程计划的评价、学科教学大纲的评价以及教材的评价。

课程计划是对学校教育的培养目标、课程的指导思想、课程设置与课程结构、课程管理方式等方面的规定，是学校须遵照执行的文件。

为推动我国高中课程的改革，国家教委在 1996 年印发了《全日制普通高级中学课程计划（试验）》。这一计划在阐述了该计划编制的指导思想后，对培养目标、课程设置（包括课程结构、课程安排和课程设置的说明）、考试和考查，以及课程管理作了规定。

课程计划的评价就是对课程编制的指导思想、培养目标、课程设置以及相关问题的评价，它是完善课程计划的一项工作。

教学大纲，也有称作课程标准的。它规定了一门教学科目的教学目标、教学内容、教学方法的原则建议以及与该门学科相应的考试、考查方法。教学大纲的评价就是对一门学科的教学目标、教学内容、教学方法等方面的恰当性作出判断。

在我国，由于统编教材的长期广泛采用，教材编写的科学性问题也受到了人们极大的关注。从理论上来说，教材是教学大纲的具体化，因此，对教材的评价，核心是教材与教学大纲的一致性以及它的科学性与可读性。

三、课程方案编制的过程及其评价的主要步骤

（一）课程改革与课程方案编制的过程

不同的教育思想，导致不同的课程理论与课程编制模式。当

前，在课程理论的研究中，各种课程理论层出不穷。从研究课程方案评价步骤的角度来说，美国学者布雷德利（Bradley，L. H.）课程改革与编制过程模式（innovation and development process model）值得注意。这一模式特别强调了课程的变革，它与我国当前课程改革的思路比较吻合，操作性较强，因而值得借鉴。它包括下述步骤。

第一步：对存在问题及改进可能性的核实。根据布雷德利的观点，核实现存的问题可以有多种方法，但其关键在于对这些问题，要在管理人员、教育委员会、教师与社区这四部分人中取得一致意见。此外，在这一步还需要对改进课程的可能性进行判断。需要改进与可能改进并不总是相一致的。

第二步：观念的选择。说到底，这一步就是选择课程改革的价值取向问题。

第三步：理论基础的确定。在实践中有些人往往轻视理论的作用，按照布雷德利的观点，这是一种错误的做法。理论为实践提供了指南，它使人们对改革的步骤与过程变得更加清楚。如果只是从实践到实践的话，很可能仅是为改革而改革，其结果很难导致课程的改进。

第四步：基于理论的方案的确定。在编制课程的情况下，这一步又包括确定预期的变革与提供必要的在职培训两项工作。

第五步：现场测试。在接受一个方案的时候，现场测试是研究这一方案是否适合特定的现实环境。在编制方案的时候，现场测试在地区范围内进行，使这一过程能够控制，能够与理论假设进行比较，并进行修订。

第六步：实施。这是最需要人们关注的一步。在很多情况下，一旦当一个新方案在实践中得到实现，人们就失去了对它的兴趣，其结果导致课程改革未能得到预期效果，“为山九仞，功亏一篑”。

在方案实施过程中，人们要不断发现问题，改进方案，以期提高质量。

第七步：评价。评价不是同新方案自己进行比较，而是同以前的方案进行比较，以发现新方案还存在的问题与可进一步改进的地方。

第八步：关于预期变革的决策。在新方案取得成功的时候，人们可推广这一方案；在新方案失败的情况下，则需要毫不迟疑地将它抛弃。在这两种情况之间，则需要不断修改，以进一步加以完善。

图 7-1 展示了布雷德利的这一模式。①

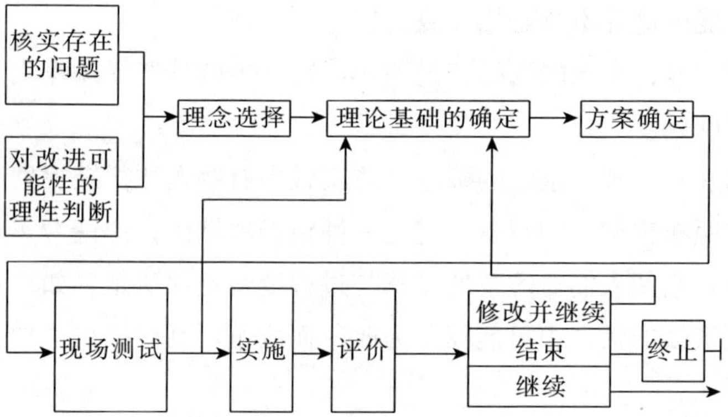

图 7-1　布雷德利课程与编制过程模式

（二）课程方案评价的步骤

事实上，在布雷德利课程改革与编制模式中，其第七步“评价”是在课程改革实施后的总结性评价，它为后续的课程决策提供反馈信息，这一步是重要的。然而，评价，尤其是为课程改革本身服务的形成性评价应当贯穿于整个过程的每一步，评价在课程改革

① Bradley，L. H.，*Curriculum Leadership and Devolopment Handbook*，pp. 133-137，1985.

的每一步都有重要作用。在布雷德利课程改革与编制模式中，前 4 步是课程方案编制的问题，后 4 步是课程方案试验与实施的问题。

与布雷德利课程改革与编制过程模式各阶段相配合的课程方案编制、试验与实施评价的步骤大体可以有以下步骤。

1. 现行课程方案的诊断性评价和改革可能性的预评价。导致人们对现行课程方案不满的原因可能是多样的，有时在一些表层原因之后还存在深层原因，诊断性评价就是对这些深层问题的诊断。缺乏对深层原因的诊断是许多课程改革未能取得实效的重要根源。改革可能性的预测是对现存问题在多大可能程度上能得到解决的预测，如果改革的时机未成熟，条件不许可，这样的改革就需要暂缓进行。

2. 观念与理论基础的评价。课程改革是否是建立在现代的教育观念与科学的理论基础之上，这往往是课程改革能否取得成功的关键。观念与理论基础的评价，主要是判断其是否与一定社会的教育价值观相一致，是否与现代教育观念相一致，是否与社会以及受教育者对教育的客观需要相一致，观念与理论基础之间是否相一致。

在我国，课程理念的选择，具体地就表现在课程改革指导思想的确定，因而，这一评价就是对课程改革指导思想及其理论基础的评价。在实践中人们常说，指导思想错了，课程改革就不可能取得成功。这就说明了这一评价的重要性。

在方案编制这两个阶段进行的评价，主要是价值调查。价值调查是确定一次课程改革的价值导向与价值意义。如前所述，价值反映了客体满足主体需要的程度。因此，价值调查也就是调查与判断人们对原有的课程有什么不满意，人们希望学校课程能做什么。这些问题为课程的改革确定了基本的价值导向。

在科学主义的评价模式中，由此形成了课程改革的目标，这一目标就成为评价后续活动的基础。

然而，在“自然探究”等评价模式看来，人的价值并非是收敛的，把人的价值收敛于某一或某些目标是做不到的，也是有害的。于是，它们要求广泛地收集各种人的价值资料，作为课程编制与评价的基础。

在方案实施后的评价，就是判断新的课程是否满足了人们预定的目标，或者是否满足了人们的价值需要，从而决定这一课程方案是否值得推广，以及调查人们是否还有新的需要，这一课程方案还需要作哪些新的修改。

这种周而复始的过程，就是评价为课程改革服务的全过程。现代课程评价认为，在课程发展的全过程，评价应当提供全方位的服务，应当成为课程编制与发展过程的一个有机的组成部分。

3. 课程计划的评价。课程计划的评价，包括课程目标与课程理念相关性的判断、课程目标一致性的判断与学科对课程目标支持程度的判断。

课程目标与课程理念的相关性，是保证课程价值得以实现的首要因素。“课程目标不矛盾是评价课程有效性的中心问题”。根据美国的一项研究，由州教育厅制定的课程目标经常被下面实施课程的学区所忽视，或被严重歪曲。① 因此，人们要特别关注在课程管理的各个层次上，课程目标的一致性。自 1988 年始，上海市提出了以素质为重心，兼顾社会发展、学科体系与学生身心的三角形课程理论，必修课、选修课和活动课三板块的课程结构以及德育类、知识类、工具类和技艺类四个学群的课程体系。它是教育行政部门在广泛咨询的基础上形成的方案。这一改革的目标具有广泛的指导

① 江山野主编译：《简明国际教育百科全书·课程》，教育科学出版社 1995 年版。

性，然而，实践表明，有时它仅仅是停留在纸面上的名义目标。教育史的研究表明，不少以政府名义进行的课程改革，其结果与政府的意愿相去甚远。

学科对课程目标的支持程度，是课程目标得以实现的关键因素，因而也是在方案评价中的重要问题。选择的学科及其教材能否满足人们的价值需要，它们的组织是否最为有效，这都是人们在这一阶段所关心的问题。这种学科、教材及其组织有效性的判断，评价者不仅需要在技术层面上认真加以考虑，同时也要在社会文化与心理的层面上进行分析与评价。

4. 课程改革试验与实施的评价。在方案试验与实施中，科学主义要求不断调查与发现实际活动对目标的偏离，以帮助人们更好地实现预定的目标。然而，在自然主义的评价模式中，这是一个不断地发现人们新的需要，不断地调整评价人对学科、教材及其组织有效性的认识的过程，也是帮助学习者更好地实现自身价值的过程。

多尔（Doll，R.C.）提出了对课程改革试验进行评价的具体步骤。①

（1）将课程方案的目的具体化。

（2）选择评价研究的学生样本。

（3）对样本学生进行“测量”，以确定学生有关特征的状态。因为学生特征进入了评价设计，所以它被称为“输入变量”。

（4）在样本学生中实施课程方案。因为，为评价的目的，在方案中人们设计了多种备择途径，所以部分样本学生将受到特殊的“处理”。

（5）测定各种备择方法的效果。由于这一监控是与方案的实施

---

① Doll，R.C.，*Curriculum Improvement*，p.253，1989.

同步进行的，所以，这一评价也称为形成性评价。在这一处理过程结束以后也要进行评价，那时的评价叫总结性评价。

（6）评论结果或“输出”，得到结论。

（7）作出关于课程方案的决策。

四、课程方案评价的基本模式

在西方，教材的选择往往是学校与教师自己的事，所以他们对课程的研究主要集中在对课程方案的研究上，相应地对课程评价的研究也主要集中在课程方案的评价上。近几十年来，许多国家的教育工作者对课程方案评价研究产生了极大的兴趣，在实践中也开发了各种评价的模式。这些模式包括本书第三章所介绍的泰勒模式、CIPP 模式与目的游离模式。在这里，本节重点介绍目前西方广泛运用的一些其他模式。

（一）梅特费赛尔模式

梅特费赛尔模式是由美国学者在 20 世纪 60 年代后期提出的一种模式。这一模式在泰勒模式基础上加以补充与完善，本质上仍然是一种目标评价的模式，然而，它更强调了课程评价的持续性与课程的全面整体效果。

梅特费赛尔模式包括以下八个步骤：①

1. 使教育团体的全部成员（包括教师、管理人员、学生与普通公民）直接与间接地参与课程编制与评价活动；

2. 提出宽泛的教育目的与具体目标的范例，并对结果按一般到具体的等级顺序加以排列；

3. 将上述具体目标转换成适用于教学方案实施的目标；

① 朱雪文：《西方课程评价模式述评》，载《教育管理论坛》1994 年第 5 期。

4. 设计标准测量必需的方法，使个体能借此判断方案的有效性，得出相应的结论；

5. 用测验、事例以及其他适当的方式，对课程方案实施的整体效果进行持续性的定期观察；

6. 用适当的统计方法收集、分析资料；

7. 根据反映课程哲学思想的特定标准与价值观念解释资料；

8. 根据有关信息，提出建议，进一步实施或修改课程方案。

从梅特费赛尔模式的上述步骤来看，这一模式是以目标为中心的，但是它强调了全体成员的参与、目标的宽泛性与对课程效果的持续观察，这就使它在泰勒模式的基础上有了进步。

（二）CSE 评价模式

CSE 评价模式是一种与 CIPP 最为接近的评价模式。CSE 即美国洛杉矶加利福尼亚大学评价研究中心（Center for Study of Evaluation）的简称。自 20 世纪 60 年代后期以来，这一研究中心在研究、实践和推广这一模式上倾注了大量的心血，由此，这一模式就以 CSE 模式的名称广为流行。

如图 7-2 所示，CSE 评价包括四个步骤：

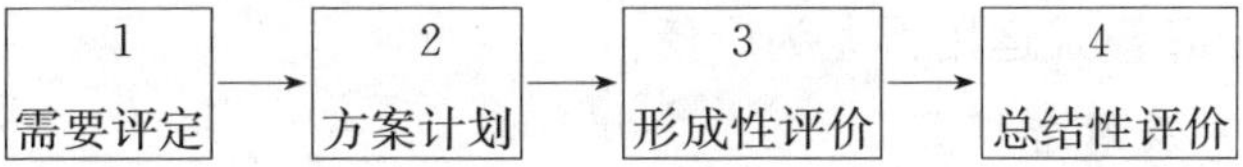

图 7-2　CSE 评价模型的阶段

（1）需要评定。所谓需要评定就是调查人们有何种需要。对教育评价来说，需要评定就是评定人们需要教育完成什么任务，它的核心问题是确定教育的目标。

（2）方案计划。CSE 评价的第二步是选择方案。这一步的核心，是对各种备择方案在达到目标方面成功的可能性作出评价，它包括对教学内容与教育目标的一致性方面的分析以及设备、资金和人员配置方面情况的研究。

(3) 形成性评价。CSE 评价的这一步的重点，在于发现教育过程的成功和不足之处，在于修正教学活动中某些偏离预期目标的地方，从而保证教育目标的实现。

(4) 总结性评价。CSE 的总结性评价是对教育质量的全面调查和判断。

在有些场合，CSE 评价还把方案计划这一步骤，分解为方案选择与方案修订两个步骤。这时 CSE 评价就是由五步骤组成的评价。

CSE 评价是一综合性的评价，它有以下几个特点。

第一，这是一种旨在为教育改革提供服务的评价模式。

第二，在这一评价中，评价的形成性功能与总结性功能得到了有机的统一。

第三，这是一种动态的评价，评价活动贯穿于教育改革的全部过程。它从教育目标的确立开始，到教育质量的全面检查为止，在教育改革的各个阶段，根据教育改革的需要为教师和管理人员提供评价服务。

实践证明：CSE 评价是一种较为实用的评价模式。在课程评价中，CSE 模式运用得尤为广泛。

（三）反对者模式

反对者模式（adversary model）是欧文斯（Owens，T.）等人在 20 世纪 70 年代中叶提出的。它是一种为了揭示方案正、反两方面长短得失，而采取准法律过程评委会审议形式的评价模式。反对者模式十分重视听取关于教育方案和教育活动的争议意见，尤其是反对者的意见，这对各方面的情况能得到充分的反映提供保证。一般地说，这一评价的基本特点是它充分反映了各类人员“多元的”价值认识，是依靠人们直觉与经验的评价。

反对者模式的另一种形式是由沃尔夫（Wolf，R.）在 1973 年提出的司法模式。印第安纳大学曾用它来评价师范教育课程，据说收到了较好效果。沃尔夫的司法模式由下述四个阶段组成。

(1) 争论的提出。这一阶段主要是确认需要加以评价的问题。

(2) 争论的选择。这一阶段主要是从需要加以评价的问题中，选择最重要的问题。

(3) 辩论的准备。由两组评价人员准备对各自的观点进行辩论，并为之收集信息。

(4) 听证。听证人员听取双方的辩论。

赞成这一模式的人认为，反对者模式有助于决策者获得较为广泛的信息和各方面的意见，有助于克服各种偏见，澄清各种潜在的冲突意见。不赞成这一模式的人认为，这种评价的结果有时易为辩论的技巧所左右，而且进行这种模式的评价费用很高。

(四) 应答模式

应答模式（responsive model）是由斯塔克（Stake，R. E.）首先提出，再由他人进一步发展而形成的。斯塔克认为，要使评价结果能真正产生效用，评价人要关心活动的决策者与实施者所关心的问题。因此，他建议把问题作为评价的先行组织者。同时，他强调评价须从关心这一活动的所有人的需要出发，通过信息反馈，使活动结果能满足大多数人的需要。具体地说，应答评价是通过评价者与同教育活动有关的各种人员接触，了解他们的愿望，然后把它同实际活动进行比较，对教育决策或方案作出修改，对大多数人的愿望作出应答，以使教育能满足各种人的需要。与泰勒模式相比，应答模式强调了“多元现实性”和价值观念的发散性。和斯克里文的观点一样，斯塔克认为，评价经验的内在价值比评价难以捉摸的收益有时更有意义。在方法上，它注重与科学主义相对的自然主义方法，强调了非正式的观察、交往、描述性的定性分析方法。

（五）消费者导向模式

消费者导向模式（consumer-oriented evaluation）是由斯克里文提出的。这里的“消费者”可以是教育活动的参与者或受教育者。斯克里文出生于澳大利亚，在墨尔本大学获应用数学及符号逻辑学文学硕士学位，以后在牛津大学获科学哲学博士。根据斯克里文的观点，评价是对事物的价值和优缺点所作的系统判断，而非只测量事物或决定目标是否达成。依照斯克里文的观点，评价者不应接受制定者提供的目标，而是要判断所达成的目标是否对消费者的利益有贡献。评价者须从消费者的观点来确认真正的成果，以及这一成果的价值。

这一评价模式与泰勒模式、CIPP 模式的最大区别就在于：它作出评价结论的依据不是方案制订者的目标，而是活动参与者的意图。西方的评论家认为，这是一种较为民主的评价模式。

（六）自然探究模式

我国台湾有些学者认为，自然探究模式（natural inquiry model）是课程评价的“新典范”。它是建立在现象学、解释学、日常语言分析以及符号互动论基础之上的评价模式。

自然探究模式认为人所生活的世界，是由人、事、时、地、物不断交织变化而成的世界，它构成了“意义之网”。格巴（Guba, E.）等人将这一观点归纳成了以下五点假设。

1. 社会实体是多元的，因此只有站在不同的角度，采用不同的方法，才能真实地把握实体的性质；实体间又是相互关联的，因此只有运用“扩散的”“开放的”的方法，才能整体地把握它们的联系。

2. 研究的主体与客体是交互影响的，两者的关系随时间与空间的变化而变化，因此，人们对它的解释也不能是固定的或稳定的。

3. 知识是个案化的结果。自然探究并不把研究的目的放在探讨普遍化的规律上，它不关心哪种假设为真，哪种假设为假，它只关心这些假设是否适合解决特定的问题。这就是说，它并不试图去证明事物间普遍的因果关系是否存在，而只是关注某个因素是否有助于解决当前的问题。

4. 同时性的构建。在日常生活中很多事情是由多种因素共同促成的，因此，在很多情况下，试图找出何者为因，何者为果是十分困难的。在自然探究模式看来，在很多情况下，事物是互为因果的。

5. 价值牵连。自然探究模式认为，任何研究都是与价值选择有关的，即使在实证的研究中也在所难免。

作为一种评价模式，自然探究具有以下 14 个特点。

1. 自然情境的研究，即不以人为的方式来介入，谋求研究情境的自然性。

2. 以人为研究工具。由于研究的主体与客体是交互影响的，因此以主体来解释现象是必要的。

3. 重视隐约的知识。实证研究重视的是理性的论证，然而自然探究认为，诸如“直觉”“感受”也是有价值的。

4. 采取质的研究方法。

5. 目的性取样。这就是说，研究样本的选取根据研究目的而转移。

6. 以归纳法处理有关资料。

7. 据实理论的研究取向，即从事实中获取理论，而不是由理论演绎假设，再由实验加以证实。

8. 逐步形成的研究设计。科学主义要求研究设计须在研究之前完成，自然探究与此不同。它要求研究设计随研究工作的展开而逐步形成。

9. 暂时性的研究结果。即研究结果的真实性是暂时的。试图将研究结果普遍加以推广并不是明智的做法。

10. 个案式的深度分析。

11. 个案性的解释。由于其结果并不需要普遍推广，因此，其研究结果的解释也是以个案方式进行的。

12. 暂时性的推论与应用。

13. 由“焦点”决定研究领域，研究工作随“焦点”的转移而不断拓宽。

14. 非约定俗成的效标。这就是说，对一研究结果的判断，其标准并不需要取得一致的见解。

在评价资料收集上，自然探究广泛地采用了人类学的相互作用与非相互作用的资料收集法，这也是它的一个重要特点。

此外，在西方现代教育评价理论中，还有医疗评价模式（medical model of evaulation）、费用-效果分析模式（cost-effectiveness analysis）、分析软件包模式（analysis package）、EPIC 模式（evaluative programs for innovative curriculum）、CEMREL 模式（central midwestern regional educational laboratiry）① 以及爱特金森模式（Atkinson's Model）等。

第二节　课程计划的评价与优化

如前所述，课程计划在我国是国家对学校教育的培养目标、课程的指导思想、课程设置与课程结构、课程管理方式等方面的规

---

① CEMREL 是取“central midwestern regional educational laboratory”的第一单词的前两字母与后续 4 单词的第一字母而成的。

定，课程设置通常是课程计划的一个最主要的组成部分。课程计划包括的方面虽然很多，但是，这些众多的方面在课程计划中的地位并不相等，其中占核心地位的是培养目标，占主要地位的是课程设置。上节已经对课程方案的指导思想等方面的评价作了探讨，本节从课程与培养目标的交互影响入手，给出一种定性与定量结合的课程设置评价与优化的方法。

一、课程计划的结构与交互影响分析的基本思想

从教育学的观点来看，培养目标是课程计划的灵魂，它决定了课程计划的其他方面，各级各类学校教育的各种活动从根本上说都是为了实现这一目标的。

课程体系就是为实现一定的培养目标而组织的。没有一定的课程作为支持和保证，一定的培养目标就难以实现。换句话说，一定的课程须以一定的培养目标为依据。

所谓课程体系的交互影响分析，就是通过分析课程与目标的交互作用关系，以确定课程对目标支持程度的信息，获得优化课程体系的依据，以及通过计算支持目标的课程的多少和程度，以确定培养目标可能实现的程度。

二、交互影响分析的基本步骤

课程体系的交互影响分析法包括下述六个步骤。

1. 确定学校的培养目标。这一目标确定了学校教育工作者的努力方向，也提供了评价课程体系的全部依据，因而，要严肃认真地做好培养目标的调查、分析与设计工作。

2. 将总目标分解成 n 个子目标：$O(1)$，$O(2)$，…，$O(n)$。

目标的分解要严格按照目标自身的逻辑关系有序地分层次进行。在一般情况下，子目标控制在25—30个较为适宜。

3. 确定各子目标的优先顺序，并给出 n 个子目标的权重：$W(1)$，$W(2)$，…，$W(n)$。子目标优先顺序确定的方法，主要有特尔菲技术、层次分析法等。这里需要注意的是，在课程体系的交互分析中，确定子目标优先顺序须遵循以下三条原则。

（1）充分考虑子目标自身的重要性。这是确定子目标相对优先顺序的基本依据。

（2）充分考虑子目标之间的相容性。这里所谓“子目标之间的相容性”，指的是有些子目标就其自身的价值来说可能并不高，但从教育过程的观点来看，缺少这些子目标，目标系统就不完备，或者更准确地说，有些较重要的子目标的实现，是以较不重要的子目标的实现为前提的，如果在目标系统中，由于某些较不重要的子目标得不到充分的实现，而使另一些较重要的子目标的实现受到较大程度的影响，则称这个目标系统是不相容的。

（3）充分考虑课程对实现目标的有效性。有些培养目标自身虽然很重要，但没有过得硬的课程能够保证它的实现，这时，我们就不能把这些目标定得过高。

4. 进行课程与目标交互效应的分析。这一分析可用表7-1的形式进行。

表7-1　课程与目标交互效应分析表

	$O(1)$	$O(2)$	$O(3)$	. . .	$O(n)$	D
	$W(1)$	$W(2)$	$W(3)$	. . .	$W(n)$	
$C(1)$	$a(11)$	$a(12)$	$a(13)$	. . .	$a(1n)$	d(1)
$C(2)$	$a(21)$	$a(22)$	$a(23)$	. . .	$a(2n)$	d(2)

续表

	O(1)	O(2)	O(3)	. . .	O(n)	D
	W(1)	W(2)	W(3)	. . .	W(n)	
⋮	⋮	⋮			⋮	⋮
C(m)	a(m1)	a(m2)	a(m3)	. . .	a(mn)	d(m)

在表 7-1 中，行表头 $O(1)$，$O(2)$，…，$O(n)$ 为 n 个子目标，$W(1)$，$W(2)$，…，$W(n)$ 为各子目标相应的权重；列表头为 M 门备择课程：$c(1)$，$c(2)$，…，$c(\mathrm{m})$。在这一阶段，备择课程不妨选得广一点。表中矩阵元 $a(ij)$ 是第 i 门课与第 j 个目标的交互作用元，它由课程对目标的支持程度决定。在这一分析中，把课程对目标的支持程度分成了四个等级，并设定了四个符号：

□称为对目标有关键支持作用。这就是说，培养目标的实现对其有直接的依赖作用。

△称为对目标有重要的支持作用。这就是说，培养目标的实现在一定程度上依赖着这些课程。

○称为对目标有一般的支持作用。这就是说，它们对培养目标的实现也起某种作用，在特定的条件下有时也起重要作用。

空格（space）称为与目标无关。这就是说，它仅以很小的概率对培养目标的实现起支持作用。

为了能对结果进行定量分析，对上述符号我们分别赋值：

□＝4

△＝2

○=1

空格=0

对每门课程与每个子目标的关系进行深入的分析，然后将结果填入表 7-1 中，就得到了课程—目标交互作用矩阵。矩阵的每一行表示一门课程对哪些目标起支持作用，支持的程度有多大，这一信息对于评价与优化课程体系来说是极为有用的。因此，设定：

$d(i)$ 为第 i 门课的直接关联指数。它表明第 i 门课程对目标系统的直接贡献。

$$d(i)=\sum a(ij)\times w(j)$$

式中 $w(j)$ 为权重；$a(ij)$ 为课程—目标交互作用矩阵的矩阵元，它的值由上述 4 个等级决定。

5. 作课程与课程交互效应分析。研究使我们认识到，根据直接关联指数下结论，理由是不充分的。事实上，在学校教育中，有些课程虽然对培养目标的实现没有直接的作用，但它们通过支持其他课程对目标的实现有着不可缺少的间接作用。因此，还需要进一步分析课程与课程的交互效应。所谓“课程与课程的交互效应”，是指学习一门课程对学习另一门课程的积极影响。这种影响或作用，我们也将其分为四级，符号和赋值与课程-目标交互效应矩阵元相同。

表 7-2 课程与课程交互效应分析表

	$C(1)$	$C(2)$	$C(3)$	...	$C(m)$	T
	$D(1)$	$D(2)$	$D(3)$	...	$D(m)$	
$C(1)$	$b(11)$	$b(12)$	$b(13)$	...	$b(1m)$	$t(1)$
$C(2)$						$t(2)$

续表

	$C(1)$	$C(2)$	$C(3)$	$\cdots$	$C(m)$	T
	$D(1)$	$D(2)$	$D(3)$	$\cdots$	$D(m)$	
$C(3)$						$t(3)$
$\vdots$	$\vdots$				$\vdots$	$\vdots$
$C(m)$	$b(m1)$	$b(m2)$	$b(m3)$	$\cdots$	$b(mm)$	$t(m)$

表 7-2 行表头与列表头所列 $c(1)$，$c(2)$，…，$c(m)$ 均为课程名称，$d(j)$ 为相应的课程的直接关联指数，矩阵元 $b(ij)$ 表明第 i 门课对第 j 门课的支持程度，一般由专家咨询法决定。

如同上一步分析每门课程对目标的直接贡献一样，在这一步，可以进一步分析每门课程对目标的总贡献。设定：

$t(i)$ 为第 i 门课程的总关联指数。

$$t(i)=\sum b(ij)\times d(j)$$

该指数是课程对目标全部贡献的度量，t 值的大小表明课程对目标全部贡献的大小，它既包括课程对目标的直接贡献，又包括课程对目标的间接贡献（即它通过支持其他课程而对目标系统作出的那部分贡献）。

这里需要指出的是，课程与课程交互效应矩阵和课程与目标交互效应矩阵相比有两点不同：其一，课程与课程交互效应矩阵是 $M\times M$ 方阵，而课程与目标交互效应矩阵一般不是方阵；其二，课程与课程交互效应矩阵的对角线元素，即 $b(ii)$，($i=1, 2, \cdots, M$)，均为□，它表明每门课程对自身起关键支持作用，而在课程与目标交互效应矩阵中，任一元素都要由课程与目标的相互作用决定，它们之间没有什么特殊的关系。

6. 课程体系的优化和结果分析。课程体系的优化和结果分析是本方法的最后一个步骤，在这一步中，将获得三种信息：(1) 为了实现预定的培养目标，在有限的时间内开设哪些课程最合适；(2) 在已确定的课程体系下，每个目标可能实现的程度有多大；(3) 在所有的课程确定后，以何种顺序开设最合理。

在上述三种信息中，第一种信息由综合 t 值和 d 值获得。这里需要分四种情况加以讨论。

1. t 值与 d 值均较大。前面已经谈到 $t(i)$ 与 $d(i)$ 分别表明第 i 门课程的总贡献与直接贡献。t 值与 d 值均较大，表明该课程对目标系统的贡献大，这类课程应该在课程计划中优先考虑，并对它们的开设予以保证。

2. t 值与 d 值均较小。t 值与 d 值均较小，表明这些课程对培养目标的贡献小，因此，它们是应该摈弃的。这里需要说明的是，在课程计划中，摈弃这些课程并不是说它们本身无价值，而只是说，它对实现特定的培养目标贡献比较小，因而它不适合这一为实现特定培养目标而组织的教学过程。

3. t 值较大而 d 值较小。对于那些 t 值较大，而 d 值较小的课程，要加以保护。因为这些课程一般是基础性的课程。

4. t 值较小而 d 值较大。对于 t 值较小，d 值较大的课程需要慎重对待。经验表明，t 值小、d 值大的课程在一次分析中一般不会很多，这是因为 d 值较大，外加对角线元素 $b(ii)$ 取值为 4，$d(i)\times b(ii)$ 乘积就较大，这就使得它在 t 值的计算上占了优势。由此可知，d 值大，t 值一般不会太小。然而，一旦出现这种情况，就须具体分析这门课程直接支持了哪些目标，这些目标可能实现的程度有多大（由 p 值可实现性指数反映，后面即将讨论）。如果这门课程直接支持的目标中有一个以上的目标 p 值较小，则这门课程需要保留，否则这些目标实现的可能性将进一步削弱；反之，不存在这种情况，则可以取消该门课程，因为它不会对目标的实现带来太大的影响。

通过上述工作，可以在一定的学习时间限制下，对备择课程作出科学的选择，从而确定一个较为合理的课程体系。

第二种信息是关于子目标可能实现程度的信息，这种信息由计算各个子目标可实现性指数 p 求得。p 值的计算包括下列步骤。

1. 在课程—目标交互效应矩阵的 M 门备择课程中，剔除总关联指数 t 和直接关联指数 d 均较小的 K 门课程，由余下的 $L=M-K$ 门课程组成新的课程—目标交互效应矩阵。

2. 设定 $p(j)$ 为第 J 个目标的可实现性指数，它表明在这一课程体系下该目标可能实现的程度。

$$p(j)=\sum a(ij)$$

逐个求得 n 个子目标的可实现性指数，并按其数值的大小由高到低加以排列。称前三分之一的目标为高指数目标，称后三分之一的目标为低指数目标，由此获得的这一信息有以下两个用途：用途之一，用以决定 t 值小、d 值大的课程的取舍；用途之二，判断子目标可能实现的程度。对于指数特别低的目标，处理无非有两种方法：若这些目标删去，对人才的质量无重大影响的话，就删去这些目标；若这些目标删去，对人才质量有重大影响，则须考虑用课程以外的其他途径来保证它的实现（见表 7-3）。

表 7-3　课程与目标交互效应分析表

	$O(1)$	$O(2)$	. . .	$O(n)$
$C(1)$	$a(11)$	$a(12)$	. . .	$a(1n)$
$C(2)$				

续表

	O(1)	O(2)	...	O(n)
⋮	⋮			⋮
C(l)	a(l1)	a(l2)	...	a(ln)
P	p(1)	p(2)	...	p(n)

第三种信息是用以决定课程开设先后顺序的信息，它由课程的依赖指数值 r 决定。

在课程与课程交互作用矩阵中，剔除 K 门 t 值与 d 值均小的课程和 G 门主要是支持高指数目标、t 值小而 d 值较大的课程，重新构造课程与课程交互效应矩阵。

注意，在表 7-4 中的课程已不是备择课程，而是已准备付诸实施的课程。表中的矩阵元从每一行来看，它表明：一门课程对其他

表 7-4　课程与课程交互效应分析表

	C(1)	C(2)	...	C(h)
C(1)	b(11)	b(12)	...	b(1h)
C(2)				
⋮	⋮			⋮
C(h)	b(h1)	b(h2)	...	b(hh)
R	r(1)	r(2)	...	r(h)

课程的支持和支持程度。而从每一列来看，它表明：一门课程对其他课程的依赖和依赖程度。因此，设定：

$r(j)$ 为第 j 门课程的依赖指数。

$$r(j)=\sum b(ij)$$

将 h 门课程的依赖指数从小到大进行排列，就得到了课程开设的合理的前后顺序。

三、应用举例

为了说明如何应用这一方法，下面给出一个简单的例子。

在表7-5和表7-6中，$O(1)$ 至 $O(5)$ 为某校的培养目标，目标下的数值为相应的权重，$c(1)$ 至 $c(7)$ 为备择课程。两表中的矩阵元由专家确定，请计算 $d(i)$、$t(i)$ 在教学时间中只允许开设六门课程的情况下，请决定剔除的一门课程，并对六门课程的开设顺序提出建议。

表7-5　课程与目标交互效应矩阵

	$O(1)$	$O(2)$	$O(3)$	$O(4)$	$O(5)$	D
W	0.2	0.3	0.2	0.2	0.1	
$C(1)$	□	△			○	
$C(2)$	○	○		○		
$C(3)$		○		○	○	
$C(4)$	○	○		△		
$C(5)$			□			
$C(6)$	□					
$C(7)$	○	○		□	△	
P	$p(1)$	$p(2)$	$p(3)$	$p(4)$	$p(5)$	

表 7-6　课程与课程交互效应矩阵

	C(1)	C(2)	C(3)	C(4)	C(5)	C(6)	C(7)	T
C(1)	□		○	○				
C(2)	△	□		○				
C(3)		○	□				□	
C(4)				□			□	
C(5)			○		□			
C(6)			○			□		
C(7)	△		○		○		□	
R	r(1)	r(2)	r(3)	r(4)	r(5)	r(6)	r(7)	

解 1. 由 $d(i)=\sum w(j)\times a(ij)$，求得各门课程的直接关联指数：

$d(1)=0.2\times4+0.3\times2+0.2\times0+0.2\times0+0.1\times1=1.5$

$d(2)=0.7$

$d(3)=0.6$

$d(4)=0.9$

$d(5)=0.8$

$d(6)=0.8$

$d(7)=1.5$

2. 由 $t(i)=\sum d(j)\times b(ij)$，求得各门课程总关联指数：

$t(1)=1.5\times4+0.7\times0+0.6\times1+0.9\times1+0.8\times0+0.8\times0+1.5\times0=7.5$

$t(2)=6.7$

$t(3)=9.1$

$t(4)=9.6$

$t(5)=3.8$

$t(6)=3.8$

$t(7)=10.4$

3. 分析。由上述数据可知，在上述七门课程中，t 值最小的为 $c(5)$、$c(6)$。但相应的 d 值并非最小，然而由于不存在 t 值、d 值均小的课程，所以应考虑从中剔除一门。由于这两门课程的 t 值、d 值均相等，因而必须结合目标可实现指数考虑。

4. 由 $p(j)=\sum d(ij)$，求得各目标可实现指数：

$p(1)=4+1+1+4+1=11$

$p(2)=6$

$p(3)=4$

$p(4)=8$

$p(5)=4$

由于 $c(5)$ 支持 $O(3)$，其可实现性指数仅为 4，而 $c(6)$ 支持 $O(1)$，其可实现性指数为 11。剔除 $c(5)$ 的话，$O(3)$ 将无法实现，因而只能剔除 $c(6)$。

5. 在表 7-6 中剔除 $c(6)$ 后计算，求得各种课程的依赖指数。

$r(1)=4+2+2=8$

$r(2)=5$

$r(3)=8$

$r(4)=6$

$r(5)=5$

$r(7)=12$

由此可得一个合理的开课顺序：

$$\left.\begin{matrix}c(2)\\ \\ c(5)\end{matrix}\right\rangle \longrightarrow c(4) \longrightarrow c(3) \longrightarrow c(1) \longrightarrow c(7)$$

第三节 教学大纲与教材的评价

一、教学大纲与教材概述

教学大纲是规范一门学科教学的指导性文件。它是联系课程计划与教学（主要是课堂教学）的中间桥梁。“教学大纲使得有目的的学习的组织与结构能在教师之间及师生之间进行交流。”① 它一般包括一门学科的教学目标、主要内容、教学之间相互影响的模式与方法，以及学生学习结果的考查与考核等。

教材是根据教学大纲的规定，把一定学科的内容按逻辑关系与学生的学习规律加以组织的教学媒体。在以往，教材仅是以书本的形式出现的。随着现代教学手段的发展，声像教材的出现，使得教材的种类有了很大的发展。

教学的实践表明，教学大纲与教材作为直接指导学科教学的文件与材料，比课程计划对学校的教学有更大的影响。为了不断提高教学质量与地区的一定特点，在“一纲多本”的思想指导下，上海市在第一轮中小学课程与教材改革中编写了“S版”与“H版”两套教材并进行了试验。

二、教学大纲的评价

教学大纲的评价是教育评价中的一个新领域。“到目前为止，

① 江山野主编译：《简明国际教育百科全书·课程》，教育科学出版社1991年版，第122页。

对教学大纲还没有多少系统的评价”①，这确实是当前教育评价的现状。因此，要拿出一套成熟的教学大纲的评价体系在目前是困难的。这里就教学大纲规定的学科教学目标与学科内容的评价试作探讨。

（一）学科教学目标的评价

教学大纲规定的学科教学目标的评价主要关注以下问题。

1. 与课程计划的一致性。学科教学目标是为课程计划规定的培养目标服务的，因此，它不能违背课程计划的目标。

在实践中容易被人们忽视的问题是，课程计划所规定的培养目标是否充分地为学科教学目标所涵盖，这就是说，如果人们把各门学科的教学目标集中起来，那么它们应当是覆盖课程计划的所有目标的。在实践中，教学大纲是由各门学科的专家分别编制的。各门学科的专家从各自的学科领域出发，他们分别制定的各门学科教学目标在总体上却未必能覆盖课程计划规定目标的所有内容。在这种情况下，课程计划的有些目标就有可能在教学过程中得不到保证。

2. 学科内容实现目标的可能性。教学目标要通过具体的内容得到反映，有时，教学大纲的教学目标表述部分，写进了课程计划所要求的目标，但这些目标与学科内容是脱节的。如果这样，那么这些目标在教学中就没有得到落实。

3. 与学生身心发展程度的衔接性。教学大纲所规定的目标必须充分考虑特定年龄阶段学生发展的实际水平。如果脱离学生的实际水平，学科的教学目标是虚设的。

---

① 江山野主编译：《简明国际教育百科全书·课程》，教育科学出版社 1991 年版，第 125 页。

（二）学科内容的评价

对学科内容的评价，多尔曾提出七条指标。①

1. 作为学科内容的有效性与意义（validity and significance）。有效用与有意义是内容选择的基本准则。多尔认为，应当依据这一准则把一些无用和无意义的内容剔除出去。

2. 内容的博览与深学之间的平衡性。学生需要有较宽的知识面。然而，与此同时，他们也需要对一些内容深入地学习。这种深入的学习可能与他们个人的需要有关。课程设计者需要解决的一个重要问题，就是在广度与深度之间做出适当的平衡。

3. 满足学生需要与兴趣的适当性（appropriateness）。辨明学生偶然的兴趣不难，辨明学生长期的兴趣与需要则有相当的难度。多尔认为，教师作为学生需要诊断者的成功程度，依赖于在先前生活中的经验与在辨认学生需要过程中使用的准则。

4. 内容重点部分的时效性（durability or lasting quality）。在诸如物理、化学这样的领域内，学科内容变化得如此之快，以至要预测它们存在的时效似乎是不可能的。然而，多尔认为：一般地说，知识内容与学科的主要观点及概念联系越紧密，它存在期较长的机会也就越大。

5. 事实和其他次要内容与主要观点和概念的关联性。这是与时效性有关的准则。多尔强调：应当有意识地摈弃一些与主要观点不相关的内容。

6. 内容的可学性（learnablity）。显然没有人会尝试去教学生学不会的知识，然而，多尔认为，美国教育的一大失败就在于试图把相同的基本内容交给几乎所有人的所有孩子。

7. 由其他学科领域迁移过来的可能性。跨越学科界线内容的

---

① Doll，R.C.，*Curriculum Improvement*，pp.147-148，1989.

教学有助于强化学生的学习。

这些指标可以作为评价学科内容的参考。

三、教材的评价

国内学者对教材评价已作了不少研究。上海市在进行课程与教材改革的同时，对教材评价提出了一套较为完整的方案。这一方案包括三个方面的 13 条指标。这些指标是：

教材的教育性；

教材的科学性；

教材的基础性；

教材的适切性；

教材的先进性；

教材的精选性；

（以上是关于内容方面评价的指标）

文字、插图的规范性；

文字、插图的可读性；

（以上是关于文字、插图评价的指标）

形成学生基础品德的有效性；

形成学生基础学力的有效性；

健康发展学生个性的有效性；

减轻学生课业负担的有效性；

促进课堂教学改革的有效性。

（以上是关于实施效果评价的指标）①

---

① 孙元清主编：《高中课程结构和教学管理的研究与试验》，上海科技教育出版社 1995 年版，第 88 页。

除这一指标体系外，人民教育出版社、课程教材研究所在“全日制普通高级中学课程计划（试验）项目教材评价”的课题研究中，也开发了一套用于评价教材的方案。这一方案于 1997 年起试行。

第八章
教学工作评价

教学评价在中小学通常可以有两个层面的理解：一是包括学校教学管理在内的教学工作评价；二是教师教学（主要是课堂教学）的评价。由于它们对学校的教育、教学质量有着至关重要的影响，这类评价活动受到了教育工作者越来越多的关注。在一般情况下，教师课堂教学评价可以成为学校教学工作评价的一部分。本章将它们放在一起讨论。

第一节 教学工作评价概述

一、教学工作评价的意义

在不断提高学校教学质量的过程中，学校教学工作的评价是对学校在提高教学质量方面的努力的全面诊断与检查。学校教学工作的评价既可以是学校办学水平评价的一个重要组成部分，也可以是学校对自身教学工作的检查与诊断。其意义主要有以下几个方面。

（一）教学工作评价是引导学校端正办学方向的必要手段

教学是学校教育的基本途径。学校办学思想是否端正，在教学工作中体现得最为充分。教学工作的评价包括对学校管理人员在内的教学思想的评价，因此，它在帮助学校端正办学思想方面有重要意义。

（二）教学工作评价是促进全体教职员工关心教学的有效方法

学校教学质量的提高，依赖于学校全体教职员工的共同努力。然而，在有些学校，不少人以为教学是教师的事，教学质量的高低只与教师有关。持有这一观点的人，无疑是忽视了一个基本的事实：学校教学质量还和学校包括教学条件创设在内的各项工作有关。因而教学质量的提高不只是教师的事。学校教学工作的评价，主要不是对任课教师教学效果的检验，而是对学校在提高教学质量方面努力的全面诊断与检查。因此，它对促进学校全体工作人员关心教学、服务教学，努力为提高教学质量有重要帮助。

（三）教学工作评价是帮助学校发现问题改进工作的重要途径

在我国开展学校教学工作评价的重要目的之一，是帮助学校诊断在教学工作方面存在的问题，判断教学工作的现状，以便更有针对性地改进教学。

这里需要强调的是：在学校教学工作评价中，一般也要涉及对任课教师教学效果的评判，但由这一评判得到的信息，主要是为分析学校教学工作中的问题，尤其是为学校分析有关学科教学梯队建设中的问题提供基础的。这是学校教学工作评价与教师课堂教学评价的一个重要区别。

二、教学工作评价的基本范围

教学工作评价的范围与教学工作的范围有关。在我国重点中学校长中的调查表明，校长在抓教学工作时，几乎毫无例外地认为首先要抓好教学思想建设、教学管理制度建设、教研组的建设，其中包括教学论的研究，以及教学条件的配备等。而对高校管理人员的调查表明，教学大纲、教材与教学参考资料等方面的建设也很重要。这一调查结果是很有意义的，它表明了中学与高校在教学工作方面的相同点与不同点。

所谓教学思想的建设，就是要求教师充分理解教学大纲的要求，坚持全面发展的素质教育，正确处理好教书与育人的关系，知识与能力的关系，注意因材施教，面向全体学生。

所谓教学管理制度的建设，就是以明文规定的形式，明确学校有关人员在涉及与教学有关问题时必须遵循的行为规范。它包括学校学籍管理制度、主要领导干部的听课与检查制度、教研组的集体备课制度以及有关的奖惩制度等。

所谓教研组的建设，就是教学梯队的建设，它包括教师的配备、梯队结构的合理化，以及教师的培养与提高。教学论的研究是提高教师水平的重要途径；教学条件对不同的学科有不同的要求，理科的重点是实验条件，文科包括图书资料、语音设备，体育则要求有标准的跑道、体操房等。

高等学校进行的是专业教育，它与中学不一样，各门课程的教学大纲依学校的类别、专业的不同而不同，有没有高质量的教学大纲对课程质量影响重大，同时教材与教学参考资料的问题在高等学校也显得较为突出，因此，这是教学工作评价中必须评估的重要内容。

根据这一结果，可以得到如图 8-1 和 8-2 所示的分别适用于中小学与高等学校教学工作评价的主要因素与流程。

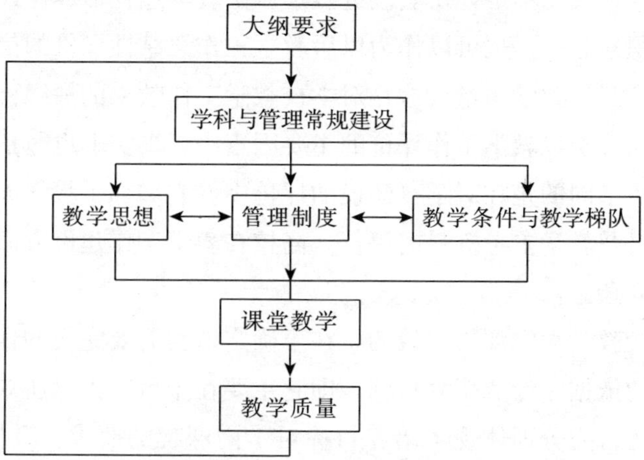

图 8-1　中小学教学工作评价主要因素与流程

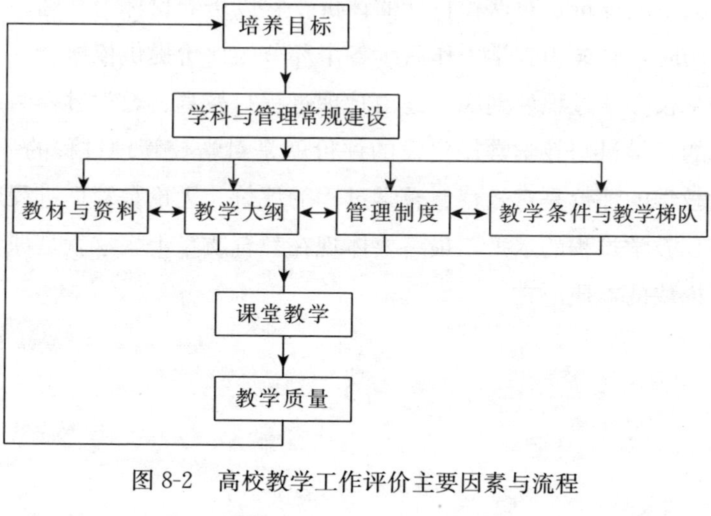

图 8-2　高校教学工作评价主要因素与流程

在中小学教学工作评价的主要因素中包括三个模块。第一，学科与管理常规建设。它以国家对每门学科的具体要求为依据，对教学思想、管理制度与相应课程的教师梯队以及教学条件的配备作出判断。第二，课堂教学。这是对教学过程的评价，这种评价可以是形成性的评价，它要求教师在教学过程中充分运用评价这一手段，发现问题，找到不足，切实改进教学。由教学过程形成性评价得到的资料积累起来，也可以作为以后教学工作总结性评价的信息来源之一。第三，教学质量。这是对学校教学工作效果的最终检验。

在高等学校教学工作评价的主要因素中，事实上也包括了三个模块，所不同的是在对学科建设的评价中，它增加了教学大纲的评价与教材及教学参考资料的评价。高校在教学工作建设方面比中小学更加复杂。

高校教学大纲评价的目的，在于确定课程需要完成的任务。大纲评价的依据是专业培养目标，即它主要在于审查大纲所规定的教学内容是否充分地体现了培养目标对本门课程的要求。具体地说，这门课程是否提供了必要的知识，是否有助于学生特殊能力的发展。大纲的评价是对课程目标的评价，它以培养目标为基础、为依据，同时，它又为教学工作后续各个环节的评价提供依据。

学校办学过程说到底，是由管理过程与教育、教学过程两方面组成的，学科与教学常规建设的评价就是对学校管理过程的评价，课堂教学的评价是对教育、教学过程的评价。无论是管理过程还是教育、教学过程的水平，最终要体现在教育质量上，这就是课程评价三模块的本质所在。

第二节　教学工作评价的指标与量表

教学工作评价的指标由其评价的范围所确定，评价量表则根据指标的需要而变化。

一、教学工作评价的指标

中小学教学工作评价的指标体系，要比高等学校教学工作评价的指标体系简单些，但是只要确定了它的基本内容，在中小学教学工作评价指标体系的基础上适当增加必要的内容，就能较容易地得到高等学校评价的指标体系。因此，本节只对中小学评价的指标体系进行一些讨论。

中小学教学工作评价的指标体系，可由三部分组成。

1. 学科与管理常规建设的评价指标。这部分的指标主要为四项：教学思想建设、教学管理制度建设、教学梯队建设与教学条件建设。

这四项指标的内涵如下。

(1) 教学思想建设。这一项包括充分理解教学大纲的要求，坚持全面发展的素质教育；注意因材施教，面向全体学生。

(2) 教学管理制度建设。这一项包括教学管理制度的健全程度与制度的执行情况。

(3) 教学梯队建设。这一项包括任课教师的数量与结构、教师培养与提高、教学研究制度与效果。

(4) 教学条件建设。这一项包括实验条件或教辅设备、课外活动基地。

2. 课堂教学的评价指标。这部分的指标主要为五项：教学目标、教学内容、教学过程、教学方法与学生学业成绩考核。

3. 教学质量的评价指标。这部分的指标主要为五项：学生的学习兴趣、基础知识、能力发展、思想认识水平以及一技之长。

图 8-3 展示了课程评价的指标体系：

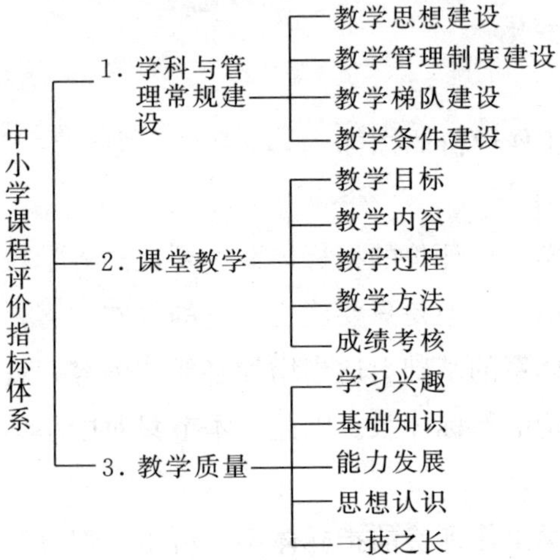

图 8-3　课程评价指标体系

二、教学工作评价的量表

（一）评价量表概述

量表是对客体进行评价的尺度，是测量与评价活动据以进行的标准物，离开了一定的量表和尺度，测量活动以及评价活动是无法进行的。比如，离开了砝码或其他衡定重量标准的物体，人们就无法测量重量；离开了米尺或其他计量长度标准的器具，人们就无法测量长度。美国学者荷尔顿（Holton，G.）在谈到物理测量的尺度时说过："大体来说，几乎每项在实验室内作出的测量，在某种意义上，都是可观察事物和它们全体同行所接受的若干闻名的标准两者之间的比较。科学中许多成功和飞速发展都依赖这些简单的真理，因为显然在这种情况下，研究人员的精力不至于经常耗费在对定义和程序规则进行无结果的争辩上。”① 事实上，在教育测量和评价中，人们往往不能取得统一的意见，缺乏这种一致公认的尺度可能是一个重要的原因。因此，为了使评价的结果更为可靠，就要对评价尺度进行更深入的研究。

关于量表，斯蒂文斯（Stevens，S. S.）的研究工作是有名的。1946 年，在题为《论测量量表》（On the Theory of Scale of Measurement）一文中，斯蒂文斯依据量表本身所具有的属性，对量表作了区分，提出量表可分为名义的、位次的、间距的、比率的四种类型。由于斯蒂文斯的分类抓住了各类量表的本质，因而它问世后，不久就被心理学界和教育学界广泛接受，产生了重要影响，以至我们今天进一步研究量表时，不能不对斯蒂文斯的分类先作一番研究。

1. 名义量表（nominal scale）。这是一种最低水平的量表，然而却是在目前心理与教育测量学中运用最广泛的量表。它与分类有紧密的联系。在这一水平上，被测变量只能加以定性的描述。比如，在客观式测量中选择题，就是采用了这种变量描述法。对于每一题而言，其可供选择的答案虽多，但考生的答案只按对或错加以区分。

2. 位次量表（ordinal scale）。用反映事物相对关系，即顺序关系的数值，来表示的量表称作位次量表。比如，按学生的身高，确定第一名、第二名、第三名等。这种量表的数值按次序统计是可能的，但不能进行加减运算。

---

①［美］荷尔顿著，张大为译：《物理科学的概念和理论导论》上卷，人民教育出版社 1983 年版，第 264 页。

3. 间距量表（interval scale）。在这种量表上，单位间的距离是确定的，但变量不具有 0 点，因此，用间距量表表示的数值，可以作加减运算，但不表示倍数关系。

4. 比率量表（ratio scale）。测量中最高水平的量表，具有等距、等质的性质，且具有 0 点，因此，可作加减乘除运算，它在物理学中被广泛运用。

斯蒂文斯对量表的这一分类，启迪了人们的思维，对实际的测量活动是很有意义的。但是，由于局限于当时数学的发展，斯蒂文斯提出的这四种量表，还未能把测量人的行为与心理品质的另一类重要量表区分出来，因此，它在事实上就很难解释教育测量中的许多事实。比如，在论文式测量中，“分”如何确定？显然，人们给一篇作文打分，并不是按名义量表所提供的尺度进行评定的，也不是按其他三种量表进行测量的。为了把这种测量的量表包括进去，有必要再引进一种模糊量表（fuzzy scale）。

模糊量表事实上一直被人们广泛地运用着。虽然，在美国数学家扎德（Zadeh，L. A.）1965 年提出模糊数学以前，人们并没有自觉地意识到它是在对变量进行模糊描述。认识这类变量的描述法，对于认识论文式测验和行为评定中的打分方法很有意义。学习和心理变量的模糊关系描述法是分类描述的推广。在变量的分类描述中，被测变量按“非此即彼”的原则进行分类。但在现实生活中，存在许多并不具有非此即彼性质的现象，这些现象往往存在着许多亦此亦彼的过渡状态。比如，描述学生的学习动机，就不能按不是好就是坏这种简单的方法进行。通常人们在用自然语言描述动机的时候，常说某人的动机很明确、明确、不太明确、不明确或很不明确。这就说明了这种变量本身就包含着若干模糊性，明确地按要么全有、要么全无进行描述是有困难的。用模糊数学来描述变量，是根据现象存在亦此亦彼的中间过渡状态的事实，确定变量属于一定状态的程度。比如，教学态度就是一个边界不确定的模糊概念。在描述一位教师的教学态度时，可以根据他的现实表现，认定他的教学态度比较好，这就是确定了这一教师教学态度好的程度；然后，再用一数值来表示这一程度，这一过程就是对变量的模糊描述，本质上是确定变量属某一状态的程度。

关于量表，这里还有必要进一步指出，实际进行的测量活动是可以按上述五种量表进行分类的。但是，这种分类只有相对的意义。第一，随着人们对事物属性认识的深入，测量工具的完善，对一事物属性的描述，人们可以从使用低水平的量表进而使用高水平的量表。第二，有时，某些复杂的测量活动，可根据阶段的不同，使用两种以上的量表。比如，在一班学生中测定患近视眼的学生人数，以便了解学生视力变化的情况。可以首先是通过视力检查，测定每一学生是否是近视眼，这是按名义量表进行测量。然后，逐个累积以确定患近视眼学生的总人数，这就又按比率量表进行了测量。恐怕没有人会否认患近视眼的学生总数具有可加性和可除性。看不到测量活动的这一特性，有时就会模糊对实际进行的测量活动的认识。

上述各种量表有一个特性，一般地说，量表级别越低，人们越容易运用。分类是简单的活动，所以，名义量表在实践中运用得最为广泛。正因为这个原因，目前在教育评价中，当人们涉及对一些具有模糊特性的事物作评判时，常常用等级量表的形式对其进行评价。在本质上，这是将模糊量表还原成多类别的名义量表，它为人们对具有模糊属性的事物进行评价带来了便利。下面，对教育评价中人们常用的几种等级量表先作些介绍，然后，再提供一份教学工作评价的等级量表，以供参考。

（二）评价量表的设计

在教育评价中，常用的等级量表主要有以下几种类型。

1. 形容词量表。这是一种用形容词来描述等级的量表。比如，对教学态度，可用很认真、认真、不认真、很不认真规定教师教学态度的四个等级。在问卷调查表中，形容词量表的一般形式为：

评价等级	很认真	认真	不认真	很不认真
教学态度				

形容词量表的特点是比较直观，它用人们的日常语言来描述评价等级，因此，比较明确，也比较简便。它的缺点是不易进行定量处理。

2. 数字式量表。这是用数字来描述等级的量表。比如，对教学态度，可以用 4、3、2、1 来表示教师教学态度的四个等级。在调查问卷中，数字式量表的一般形式为：

评价等级	4	3	2	1
教学态度				

严格地说，在数字式量表中，每一个数字只表示一个等级，即 1 表示最低等级，2 表示高于 1 而低于 3 的等级，4 表示最高等级。这些数字是不能进行加减乘除四则运算的，其原因在于等级 2 和等级 1 之间的差距并不一定等于等级 3 和等级 2 之间的差距，即它们之间的级差并不一定相等。但在实际中，人们常常忽视这个因素，往往把这些级差当作近似相等的，因而把这些数字看作给被评对象打的分数，从而对它们直接地进行数学运算。这就带来了数字式量表的一个优点：容易进行定量处理。当然，数字式量表也有缺点，它的缺点是每一等级的定义不明确。比如，怎样的教学态度才能列入第 3 等级，这对评价人员来说很难掌握。因而在实践中，往往会由于评价尺度理解上的差异，掌握宽严不一样，而造成较大误差的

情况。

3. 形容词—数字式量表。为了避免上述两种量表固有的缺点，近年来在实践中，人们又创造了一种形容词—数字式量表。这是一种把形容词和数字式两种量表结合在一起的量表，它用数字来确定等级，又用形容词来描述等级。形容词—数字式量表的一般形式如下：

评价等级	很认真 4	认真 3	不认真 2	很不认真 1
教学态度				

显然，形容词—数字式量表既保存了形容词量表级别容易掌握，直观的优点，又保存了数字式量表便于定量处理的长处。

4. 形容词—内涵界定式量表。为了避免上述量表固有的缺点，近些年来在实践中，人们创造了一种形容词—内涵界定式量表。这种量表用形容词确定等级，又用具体的界定来描述等级。它的优点是等级间的区别明显，因而目前它在评价中被运用得较为广泛。下面就是一个以学生学习风气为例的形容词—内涵界定式量表。

评价等级	很好	较好	一般	较差
学生学习风气	学生精神状态好，无交头接耳现象	大多数学生精神状态好，基本无交头接耳现象	大多数学生精神状态一般，可发现一定数量的交头接耳现象	学生精神状态较差，交头接耳现象严重

在形容词—内涵界定式量表设计的过程中，有一个问题需要注意：所谓内涵界定是用描述性的语言来规定各等级的等第的，因此，要使其中运用的描述性语言，确实能起到区分等级的作用。这种能使各个等级明确加以区分的语言，被称为关键词。比如，在上一例中，交头接耳现象在“很好”这一等级中的“无”，“较好”等级中的“基本无”，“一般”等级中的“可发现一定数量”，以及“较差”等级中的“现象严重”就是其中的关键词。它们把各个等级区分了开来。比如，所谓“无”就是完全没有；所谓“基本无”一般指至少在95%以上的人群中没有；所谓“可发现一定数量”指有5%—20%的人；所谓“现象严重”通常指20%以上。在形容词—内涵界定式量表中如果少了这些词，或未能理解这些词，这一量表的优点就无法得到发挥，这是需要特别强调的。

目前，形容词—内涵界定式量表是教育评价中运用得最多的一种量表。下面，运用这种量表对教学工作评价中的三类指标，给出内涵界定。

（三）教学工作评价的量表

表8-1、表8-2、表8-3分别给出了学科与管理常规、课堂教学、课堂教学质量的评价指标等级与界定。

表8-1　学科与管理常规评价指标等级与界定

评价指标	很好	较好	一般	较差
教学思想——理解大纲，坚持全面发展	教学思想端正，坚持学生的全面发展，不随意增加学生负担，注重	能坚持学生全面发展，基本上能按大纲要求进行教学，也能注意教学的教育性	基本上能注意学生的全面发展，有一定程度额外加重学生负担的情况	只重考试成绩，常用题海战术，随意增加学生负担

续表

评价指标	很好	较好	一般	较差
	教学的教育性			
教学思想——因材施教，面向全体学生	能根据学生情况因材施教，各类学生都能得到较充分的发展	面向全体学生，较少因材施教措施	只注重学习尖子生与有困难的学生，对大部分学生缺少因材施教措施	厌恶学习有困难的学生，只注重学习尖子生
教学管理制度——制度与执行	制度健全，并在实践中认真贯彻	主要制度已建立，并能努力在实践中执行	主要制度还未完全建立，已建立的制度执行的力度不够	主要制度还未建立，已建立的制度形同虚设
教学梯队——教师的数量与结构	数量充分，学历达标，结构合理	数量充分，学历达标率在90%左右，结构基本合理	数量不足，或学历达标率低，结构不够合理	严重缺乏，已影响正常教学
教学梯队——教师培养与提高	有教师培养与提高规划，并得到较好实施，效果明显	有教师培养与提高规划，并基本落实，有一定效果	有教师培养与提高规划，但未能按规划实施，教师培养与提高呈随机状态	教师培养与提高无规划，措施基本呈自发状态

续表

评价指标	很好	较好	一般	较差
教学梯队——教研制度及其效果	制度健全，规划具体，教研活动蔚然成风，效果显著	有制度和规划，并基本得到落实，有一定成果	教研活动呈随机状态，教师个人有一定研究成果	无制度与活动，基本上无教研成果
教学条件——实验与教学设施	设施齐全，能充分满足教学需要	设施满足率在 90% 左右，基本上能满足教学需要	设施不足，已在一定程度上影响教学活动	设施严重缺乏，已明显影响教学活动
教学条件——课外活动基地	有固定基地，能满足学生的需要	有活动基地，但不固定，基本上能满足学生的需要	活动场所大多临时安排，师生感到不便	无课外活动和活动基地

表 8-2　课堂教学评价指标等级与界定

评价指标	很好	较好	一般	较差
课堂教学——教学目标	符合大纲要求与学生特点，并能体现于教学过程	基本上符合大纲要求与学生特点，在一定程度上能体现于教学过程	反映大纲要求，考虑学生特点不够（或教学目标在教学活动中基本上没有得到明确的反映）	教学目标不明（或与教学活动关系不明）

续表

评价指标	很好	较好	一般	较差
课堂教学——教学内容	无科学性方面的错误	偶有科学性方面错误，但能及时纠正	有一定的科学性方面的错误，能较及时或事后纠正	常有科学性方面错误（或有一定科学性方面错误，且很少纠正）
课堂教学——教学环节	环节多样，学生学得生动，能力得到均衡发展	环节基本能适应各种能力发展需要	环节不常变化，部分学生主要精力在于应付作业	环节单一，学生只能应付书面作业
课堂教学——教学方法	课堂讲授逻辑性强，易于学生接受与理解，并具有很强的启发性，能促进积极思考，举一反三	课堂讲授逻辑性较强，大部分情况下，学生能顺利接受与理解，教学有一定启发性，大部分学生思维经常处在活跃状态	课堂讲授逻辑性一般，学生理解较费力，启发性较弱，有一定数量的学生被动听讲	课堂讲授逻辑混乱，学生难于接受与理解，教学无启发性，大部分学生只能教师讲什么就记什么
课堂教学——考试、考核	试卷设计科学，从内容到形式都能反映教学大纲要求，各类教学目标都能得到反映	试卷设计能较好地反映教学大纲要求，但部分教学目标未能很好得到反映	试卷设计有偏离大纲的情况（或基本上未能测量学生知识掌握以外的能力）	试卷设计随意性较大，与大纲脱节

表 8-3　课堂教学质量评价指标等级与界定

评价指标	很好	较好	一般	较差
课堂教学质量——学习兴趣	绝大部分学生对本学科产生了浓厚的兴趣	有一定数量的学生对本学科产生较浓的兴趣	大多数学生对本学科感到无所谓	大多数学生对本学科有厌恶情绪
课堂教学质量——基础知识	80%的学生在学科考试中达到优良水平，其余学生达到及格以上	60%以上的学生达到优良水平，其余达到及格以上	半数学生达到优良水平，有少数学生未及格	不及格学生数量较多
课堂教学质量——能力培养	学生在教学大纲规定的能力发展方面，有明显提高	大部分学生在教学大纲规定的能力方面，有一定提高	大部分学生在教学大纲规定的能力方面，有不同程度的提高	学生在能力提高方面，无明显进展
课堂教学质量——思想认识	学生精神状态好，无交头接耳现象	大多数学生精神状态好，基本无交头接耳现象	大多数学生精神状态一般，可发现一定数量的交头接耳的现象	学生精神状态较差，交头接耳现象严重
课堂教学质量——特长发展	有较多学生在本学科方面具有明显特长	有一定数量的学生在本学科方面形成一定特长	有些学生在本学科方面具有特长	学生在本学科方面无明显特长

第三节　时间效益分析

上面介绍了对学校教学工作评价的方法，然而，在对学校教学绩效进行全面评价时，有一些特殊的方法可为人们提供一些特殊的信息。下面介绍的“时间效益分析法”，在对学生群体成绩分析的基础上，可以得到关于学校教学质量和效益的信息。

一、时间效益分析的基本思路

教育是一种目标导向的活动。教育的时间，指的是个体或群体在达到预定目标过程中所花费的时间。不同的教学方法和教学手段，使得学生在达到预定的教育目标的过程中所花费的时间不一样。在达到预定的教育目标的过程中，教育质量高，学生花费的时间就少，反之，则花费的时间就多。

设有两个岗位培训班，学生的起点差不多，其教学目标是掌握岗位的基本要求。甲班经过一个学期的培训后，有 50%的人达到了培训目标所规定的各项要求；乙班则只有 40%达到了目标。这两个班的教学质量不一样，使得学生在达到预定培训目标方面所花费的时间不一样。事实上，不难计算这两个班在达到预定目标方面所需要的期望时间。就甲班来说，在第一个学期，100%的学生参加了培训，所花的时间为 1.00×1（学期）。在第二个学期，余下的 50%的学生参加了培训，所花的时间为 0.50×1（学期）。在第三个学期，余下 50%中的 50%的学生参加了培训，所花的时间为 0.50×0.50×1（学期）。由此，可以推算出需要参加以后各个学期学习的人数，从而可以推算出参加这个班学习的学生达到预定目标的期望时间：

t(甲)$=1.00\times1$(学期)$+0.50\times1$(学期)$+0.50\times0.50\times1$(学期)$+\cdots+(0.50)^{n-1}\times1$(学期)

由级数：$1+a+a^2+a^3+\cdots+a^n=(1+a^{n+1})\div(1-a)$

当 n 很大，$a<1$ 的情况下，上述关系式可进一步简化为：

$1+a+a^2+a^3+\cdots+a^n=1\div(1-a)$

由此，

t(甲)$=1\div(1-0.5)=2$(学期)

同理求得：

t(乙)$=1\div(1-0.6)=2.5$(学期)

请注意，式中 0.6 是乙班经培训后未通过人的比例。

当然，这种求算期望时间方法还过于简单，只是一种基本思路。从实用的角度来看，教育时间效益的分析还需要解决以下几个问题。

1. 学生考试的成绩不仅与教育质量有关，而且与学生的起点水平有关，而学生的起点是各不一样的。

2. 经过一个学期的培训后，虽然有一部分学生未能达到预定的培训目标，但他们的专业水平都有了程度不同的提高，因此，经第二学期的培训后，可望有比第一学期比例更多的学生达到预定目标。因而，笼统地计算全部学生在达到预定目标方面的时间会产生很大的误差。

因此，还需要有更精细的分析。教育的时间效益的精细的分析是基于两次测验基础上的，即“前测与后测设计”（pre-post test design）基础上的。它通过仔细地分析学生两次测验在不同成绩等级间的变化，来求算各组不同起点学生在达到教育目标方面的期望时间。

在教育的时间效益的分析中，把一个集体（一个班级或一个年级）中获得优、良、中、及格以及不及格各种等级的学生人数占总人数的比例作为状态向量，并用 $S(t)$ 来表示：

$$S(t)=[x_1(t)x_2(t)x_3(t)x_4(t)x_5(t)]$$

比如，经一次考试，一个班级 50 名学生获得优等的有 9 人，良等的 18 人，中等的 15 人，及格的 6 人，不及格的 2 人，那么，状态向量就可写成：

$$S(0)=[9/50 \quad 18/50 \quad 15/50 \quad 6/50 \quad 2/50]$$

$$=[0.18 \quad 0.36 \quad 0.30 \quad 0.12 \quad 0.04]$$

t 表示时刻，这里只取 0，1，2，…，n 等整数值。

学生在进入某门学科初期时的状态向量，一般称为初始向量，用 $S(0)$。教育的时间效益分析法还需要了解在下一次考试中，上述各个等级的学生变化的情况。拿上面的例子来说，原来获得中等的 15 名学生，在第二次考试中上升到优等的有 3 名，上升到良等的有 6 名，保持中等的有 6 名，成绩下降的为零。由此，就得到了这 15 名学生在两次考试中成绩的转移情况，写成向量的形式就是：

$$(3/15 \quad 6/15 \quad 6/15 \quad 0/15 \quad 0/15)$$

由同样的方法可以求得其余同学的转移向量。

把各类学生的转移向量合并起来，就形成了如下所示的转移矩阵：

$$\begin{bmatrix} a_{11} & a_{12} & a_{13}\cdots a_{15} \\ a_{21} & a_{22} & a_{23}\cdots a_{25} \\ a_{31} & a_{32} & a_{33}\cdots a_{35} \\ a_{41} & a_{42} & a_{43}\cdots a_{45} \\ a_{51} & a_{52} & a_{53}\cdots a_{55} \end{bmatrix}$$

如果达到优等是学校教育的目标，$t(2)$、$t(3)$、$t(4)$、$t(5)$，分别为原为良、中、及格和不及格等级的学生达到目标的期望时间，则：

$$t(2)=1+a_{22}t(2)+a_{23}t(3)+a_{24}t(4)+a_{25}t(5)$$

式中，1 为全部原先处在良好等级的学生所用去的一个单位的教学时间（比如一个学期）。在一个单位的教学时间之后，有 a_{25} 的学生继续留在良好这一等级上，因此，这部分学生还要花 $a_{22}\times t(2)$ 的时间才能达到最高等级。同样的道理，可以用 $a_{23}\times t(3)$、$a_{24}\times t(4)$、$a_{25}\times t(5)$，来分别表示原来处在良好等级后下降到中、及格和不及格等级的学生达到最高等级的时间。这样，原处在良好等级的学生达到最高等级的时间，则可用上式来表示，即原处于良好等级的学生达到最高等级的时间，是已用去的单位教学时间，加上第二次测验后各部分学生达到最高等级的时间之和。

同理，对其他等级的学生：

$$t(3)=1+a_{32}t(2)+a_{33}t(3)+a_{34}t(4)+a_{35}t(5)$$

$$t(4)=1+a_{42}t(2)+a_{43}t(3)+a_{44}t(4)+a_{45}t(5)$$

$$t(5)=1+a_{52}t(2)+a_{53}t(3)+a_{54}t(4)+a_{55}t(5)$$

这组方程的解，给出了各个等级的学生达到预定目标的期望时间。

在特殊的情况下，如果前测和后测用同一张试卷（国际教育成就评价协分，IEA，两次国际数学测验就用这个方法），或试题的难度保持在同一水平上的话，那么，可以假设：

$$a_{ij}=0，当 j>i 时$$

则上述方程可以进一步简化：

$$t(2)=1+a_{22}t(2)$$

$$t(3)=1+a_{32}t(2)+a_{33}t(3)$$

$$t(4)=1+a_{42}t(2)+a_{43}t(3)+a_{44}t(4)$$

$$t(5)=1+a_{52}t(2)+a_{53}t(3)+a_{54}t(4)+a_{55}t(5)$$

当然在实践中，由于测量误差，在转移矩阵中存在：$a_{ij}\neq 0$，当 $j>i$ 时

可以预言，相比于矩阵的其他元素，这些元素很小，可近似地

当作 0。

上述求算期望时间的方法是最简单的方法，然而，用这种方法求解虽然简单，却丢失了很多有用的信息。对于懂得矩阵运算的人来说，运用求解逆矩阵的方法，可以得到很多额外的收获。

上述方程组可以进一步写成矩阵形式：

$$T=A\times T+T(\text{单位})=A\times T+I$$

式中 A 为反映学生在各等级之间变动的转移矩阵，I 为单位矩阵，由此，不难求得：

$$T=[I-A]^{-1}$$

这就是学生在各等级逗留的时间矩阵。对于这一矩阵提供的其他信息，本文的后续部分将进行进一步的讨论。

二、时间效益分析的基本程序与方法

为方便使用，这里简单介绍教育时间效益分析的基本步骤。

1. 确定学生分数的等级。这又包括两个相关的问题：（1）根据实际需要，准备分几个等级；（2）每一等级的分数定在哪里。根据学生的成绩进行分类有两种方法：一为传统的习惯分类法，即 90—100 分为优、80—89 分为良、70—79 分为中、60—69 分为及格以及 60 分以下为不及格；二为多元分析的聚类分析法，运用这一方法进行分类科学性更高，得到的结果可能更有价值。

2. 作学生转移情况表。这一分析的第二步是作学生转移情况表。这一表包括四列：第一列为学生编号；第二列为学生在第一次考试中的等级；第三列为学生在第二次考试中的等级；第四列为学生的转移情况。

学生编号	成绩一	成绩二	转移情况 ij
1	D	B	42
2	C	B	32
3	B	A	21
⋮	⋮	⋮	⋮
⋮	⋮	⋮	⋮
⋮	⋮	⋮	⋮
n	C	A	31

表中 ij 的 i 为学生在第一次测验中的等级。比如，A、B、C、D 中的 D 为第 4 等，i 取值即为 4。j 为第二次测验的等级，B 为第 2 等，所以表中第一位学生的转移情况即为 42。

3. 列出学生群体变化的转移矩阵。转移矩阵的矩阵元由下式决定：

$$a(ij)=\frac{\text{转移情况表中 } ij \text{ 的频数}}{\sum \text{转移情况表中 } ij \text{ 的频数}}$$

式中 $\sum$ 为对 i 求和。在实用中，由于 $a(ij)$ 中 $i=1$ 以及 $j=1$ 的元素表示已达到目标的学生人数比例，所以它和期望时间的计算不再有关。因此，我们只要求得下列矩阵即可：

$$\begin{bmatrix} a_{22} & a_{23} & \cdots & a_{25} \\ a_{32} & a_{33} & \cdots & a_{35} \\ a_{42} & a_{43} & \cdots & a_{45} \\ a_{52} & a_{53} & \cdots & a_{55} \end{bmatrix}$$

4. 计算矩阵 $B=I-A$。如果矩阵为 A，那么矩阵 B 则为：

$$\begin{bmatrix} 1-a_{22} & -a_{23} & \cdots & -a_{25} \\ -a_{32} & 1-a_{33} & \cdots & -a_{35} \\ -a_{42} & -a_{43} & \cdots & -a_{45} \\ -a_{52} & -a_{53} & \cdots & 1-a_{55} \end{bmatrix}$$

5. 计算 B 矩阵的逆矩阵。

6. 求出每一等级的学生达到目标的期望时间。

三、时间效益分析的用途

前面已经谈到，从学生转移情况矩阵和逗留时间矩阵中，可以获得很多信息，下面略述这些信息的用途。

1. 用于估计各类学生达到预定目标的期望时间，从而为评价教学质量提供一种定量分析的指标。

比如，我们得到了如下所示的频数矩阵：

$$\begin{bmatrix} 5 & 0 & 0 & 0 & 0 \\ 5 & 10 & 0 & 0 & 0 \\ 5 & 10 & 5 & 0 & 0 \\ 0 & 10 & 10 & 10 & 0 \\ 0 & 5 & 10 & 10 & 5 \end{bmatrix}$$

那么，其转移矩阵就可写成：

$$A=\begin{bmatrix} 0.67 & 0 & 0 & 0 \\ 0.50 & 0.25 & 0 & 0 \\ 0.33 & 0.33 & 0.33 & 0 \\ 0.17 & 0.33 & 0.33 & 0.17 \end{bmatrix}$$

$$I-A=\begin{bmatrix} 0.33 & 0 & 0 & 0 \\ -0.50 & 0.75 & 0 & 0 \\ -0.33 & -0.33 & 0.67 & 0 \\ -0.17 & -0.33 & -0.33 & 0.83 \end{bmatrix}$$

这一矩阵的逆矩阵为：

$$\begin{bmatrix} 3 & 0 & 0 & 0 \\ 2 & 1.33 & 0 & 0 \\ 2.5 & 0.67 & 1.5 & 0 \\ 2.4 & 0.8 & 0.6 & 1.2 \end{bmatrix}$$

由此，求得：

$$t(2)=3$$

$$t(3)=2+1.33=3.33$$

$$t(4)=2.5+0.67+1.5=4.67$$

$$t(5)=2.4+0.8+0.6+1.2=5$$

这里，是把最高等级当作教育的预期目标。然而，在实践中，教师和教育管理者更多是把学生通过特定学科当作最基本的教育目标。这类信息很容易在时间逗留矩阵找到。在上述矩阵中，第五等级向第四等级迁移的期望时间，就是不及格的学生通过本门学科的期望时间。同样，如果我们把中等以上水平作为预定目标，则

$$t(4)=1.5$$

$$t(5)=0.6+1.2=1.8$$

是原为第五和第四等级的学生达到预定目标的期望时间。

2. 获得不同学生对同一教学方案反应的信息，为有针对性地改进教学提供依据。为说明这一问题，这里需要引入“级峰”的概念。级峰（a level boom）是一种在无降级的等级系统（a hierarchical system with no demotion）中常见的现象。无降级的等级系统在社会生活中常常可以看到。比如，在目前我国高校教师职务中有助教、讲师、副教授和教授几个等级。随着学术水平的提高和教学经验的增加，教师职务等级不断上升，降级使用的情况并不多见，因此，这就可看作一无降级的等级系统。又如，学生的知识在不断增加，能力在不断提高，在前测和后测都采用难度相等的试题的情况下，学生的等级下降的比率可近似地当作零，因此，这也是一种无降级

的等级系统。在无降级的等级系统，往往存在着一个等级，这一等级上的成员很难往上迁移，而下一等级的成员不断地涌向这一等级，从而在这一等级上出现了一个高峰。这一高峰称为“级峰”。

在逗留时间矩阵中，这一级峰则体现为各个等级的学生在这一等级上逗留的时间特别长。

在上面的例子中看到：原处于第二等级的学生，达到第一等级期望时间为 3 个单元；原处于第三等级的学生，达到第一等级期望时间为 2 个单元；原处于第四等级的学生，达到第一等级期望时间为 2.5 个单元；原处于第五等级的学生，达到第一等级期望时间为 2.4 个单元。这一时间远大于学生停留在其他等级的时间。可以预言，随着时间的推移，学生停留在这一等级的人数将远大于其他等级，在这一等级上将出现一个级峰。

级峰可以看作一个特殊的指标。这一指标表明：达到这一等级的学生往前进步遇到较大的困难。这一困难可能是由于特定的学科内容所决定的，也可能是教学不适合于这部分学生所造成的。在教学过程中，如果能有效地提高这部分学生学习效果的话，那么，学生在达到教育目标方面预期时间就能大大降低。

在上述例子中，如果通过教学改革，原处在第二等级的学生上升到第一等级的比例能得到提高的话，比如，原处在第二等级的 15 名学生有 10 名而不是 5 名上升到第一等级的话，那么，学生迁移的频数矩阵就为：

$$\begin{bmatrix} 5 & 0 & 0 & 0 & 0 \\ 10 & 5 & 0 & 0 & 0 \\ 5 & 10 & 5 & 0 & 0 \\ 0 & 10 & 10 & 10 & 0 \\ 0 & 5 & 10 & 10 & 5 \end{bmatrix}$$

相应地，其转移矩阵就为：

$$[A]=\begin{bmatrix} 0.67 & 0 & 0 & 0 \\ 0.50 & 0.25 & 0 & 0 \\ 0.33 & 0.33 & 0.33 & 0 \\ 0.17 & 0.33 & 0.33 & 0.17 \end{bmatrix}$$

$$[B]=[I-A]\begin{bmatrix} 0.33 & 0 & 0 & 0 \\ -0.50 & 0.75 & 0 & 0 \\ -0.33 & -0.33 & 0.67 & 0 \\ -0.17 & -0.33 & -0.33 & 0.83 \end{bmatrix}$$

这一矩阵的逆矩阵为：

$$[B]^{-1}\begin{bmatrix} 0.5 & 0 & 0 & 0 \\ 1 & 1.33 & 0 & 0 \\ 1.25 & 0.67 & 1.5 & 0 \\ 1.2 & 0.8 & 0.6 & 1.2 \end{bmatrix}$$

从这一矩阵中，我们可以看到，由于从第二等级到第一等级转移的时间有了较大的降低，因而，使得其他各等级到达第一等级的时间都有了较大的降低。

3. 预测学生未来的变化。根据上面的讨论，不难看出：如果 $S(0)$ 为学生最初的等级分布，$S(1)$ 为经一教学单元后学生的等级分布，则它们存在下列关系：

$$S(1)=S(0)\times A$$

如果教学质量较为稳定的话，根据这一关系，我们可以进一步预测，经另一教学单元，学生等级分布则为：

$$S(2)=S(1)\times A$$

四、显著性检验

在运用教育的时间效益分析法对两门课程进行评价时，当计算结果表明这两组学生等级转移矩阵（或达到目标的期望时间）存在差异时，还有必要对这一差异的显著性水平进行检验，以判明这一差异是随机误差还是确实由于教学质量的不同引起的。

在统计学中，有很多方法可用于多元素的显著性检验。比如，皮尔逊 χ^2 检验、对数一致性比率（log-likelihood ratio procedures）等。一般认为，对数一致性比率是一种较好的方法。对数一致性比率检验的统计量为：

$$2I=2\times\sum\text{Ln}[x(o)/x(e)]$$

式中 $x(o)$ 为观察值，$x(e)$ 为理论值。

设有两矩阵代表了两组不同学生的变化，在这个基础上求得他们在达到教育目标方面不同的期望时间。现在的问题是：这一差异究竟是由于测量误差引起的，还是确实因教学质量不同而引起的。

假定，这两组学生的转移矩阵分别为：

$$\begin{bmatrix} 0.16 & 0 & 0 & 0 \\ 0.48 & 0.04 & 0 & 0 \\ 0.50 & 0.06 & 0.13 & 0 \\ 0.38 & 0.06 & 0.38 & 0.06 \end{bmatrix}$$

和

$$\begin{bmatrix} 0.34 & 0.07 & 0 & 0 \\ 0.43 & 0.11 & 0.06 & 0.03 \\ 0.46 & 0.36 & 0.09 & 0 \\ 0.18 & 0.27 & 0.18 & 0.27 \end{bmatrix}$$

由此可以求得他们达到教育目标的期望时间：

$$\begin{bmatrix} 1.19 & 0 & 0 & 0 \\ 0.59 & 1.04 & 0 & 0 \\ 0.74 & 0.07 & 1.15 & 0 \\ 0.82 & 0.10 & 0.47 & 1.07 \end{bmatrix}$$

和

$$
\begin{bmatrix}
1.60 & 0.14 & 0.01 & 0 \\
0.89 & 1.24 & 0.10 & 0.04 \\
1.25 & 0.56 & 1.24 & 0.01 \\
0.96 & 0.58 & 0.30 & 1.37
\end{bmatrix}
$$

这两组学生达到预期目标的期望时间，以单位教学时间计算，第一组为：

1.19　由第二等级到第一等级；

1.63　由第三等级到第一等级；

1.96　由第四等级到第一等级；

2.46　由第五等级到第一等级。

第二组为：

1.75　由第二等级到第一等级；

2.27　由第三等级到第一等级；

3.06　由第四等级到第一等级；

3.21　由第五等级到第一等级。

其零假设为：这两组学生是来自同一样本，这就是说，这两组学生在达到预期目标上期望时间的差异，是由随机观察的误差引起的。下面，用对数一致性比率来进行检验。在本例中，这一多元表为 1×4 的表：

X（观察 1）：	1.19	1.63	1.96	2.46
X（观察 2）：	1.75	2.27	3.06	3.21
X（理论值）：	1.47	1.95	2.51	2.84

上表中，理论值为 X（观察 1）乘第一组人数，加 X（观察 2）乘第二组人数，除以两组学生的总人数。

由计算求得：

$2I=2\times[43\times1.19\times\mathrm{Ln}(1.19/1.47)+35\times1.63\times\mathrm{Ln}(1.63/$

1.95)+16×1.96×Ln(1.96/2.51)+13×2.46×Ln(2.46/2.84)+41×1.75×Ln(1.75/1.47)+35×2.27×Ln(2.27/1.95)+22×3.06×Ln(3.06/2.51)+11×3.21×Ln(3.21/2.84)]=13.84

这一统计量的临界值为 9.49（$df=4$，$\alpha=0.05$）。由计算求得的观察值大于这一临界值，因此，不能认为这两组成绩来自同一样本，这就是说，这一差异确实是由于教学质量不同引起的。

五、一个实例

笔者曾运用教育时间效益分析法对美国、泰国、新西兰和加拿大四国在第二次国际数学测验中的成绩进行过分析，得到了一些很有价值的结果。由于篇幅的原因，这里，我们仅以莱纳、派伦和卜朗普（Reinen，Pilon & Plomp）在博茨瓦纳大学（University of Botswana）进行的计算机辅助数学教学为例，来探讨教育时间效益分析法的运用。

为研究在数学教学中计算机辅助教学的作用，莱纳、派伦和卜朗普等将所涉及的 256 名学生随机地分成了两组。第一组为实验组（127 名学生），第二组为控制组（129 名学生）。在课程尚未开始之前，他们对全部学生进行了一次测验。在进行了四周的正常教学之后，他们用第一次测验的试卷，进行了第二次测验。统计分析表明，这两组学生的成绩没有显著的差异。随后，他们开始了计算机辅助教学的实验：两组学生接受同样的课堂教学，第二组学生在这之外另增加了总课时 20%的计算机辅助教学。在四周以后，用与前两次测验相同的试卷进行第三次测验。从成绩提高的平均幅度来看，实验组明显高于控制组。教育时间效益分析的结果，也得到了相同的结果。本节“四、显著性检验”部分运用的数据，就是这两个组的真实的数据。然而，上述统计分析的结果，并不能得出计算机辅助教学效果明显高于正常数学教学的结论。其原因就在于：在后四周的教学中，两组学生所花费的时间是不一样的。如果控制组再接受另外的20%的教学时间用于正常的数学教学，其结果会如何呢？用平均分的提高是无法来讨论这一问题的。下面我们把上面的例子，再加以分析下去。

由于实验组的教学时间是控制组的1.2倍，所以我们把X（观察1）的所有数据乘以1.2倍，同时理论值也相应地加以校正，于是得到了以下的数据：

X（观察1）：	1.43	1.96	2.35	2.95
X（观察2）：	1.75	2.27	3.06	3.21
X（理论值）：	1.59	2.21	2.71	3.08

计算结果表明：$2I=4.03$

这一结果低于临界值，因此，我们不能认为这两组学生在达到教育目标方面在平均时间上有明显的差异。

在教育效果的各种分析中，把时间因素排斥在外，实验结果就缺乏说服力，也是实验不能推广的重要原因。教育时间效益分析法充分考虑了时间因素对教育活动的影响。这一分析的重要意义就在于此。

六、时间效益分析的几个特点

区别于传统的各种教育统计分析的方法，教育时间效益分析法有以下几个特点。

1. 它把达到教育目标作为分析评价的基本依据。教育是一种目标导向的活动。然而，目前人们所见到的大多教育研究设计，都没有把教育目标或预定的掌握水平作为研究变量。事实上，预定的掌握水平，应当成为衡量教育效益的一个依据。传统的教育研究设计把学生群体在前测和后测中的平均成绩提高的程度，当作衡量不同方案或教学效益的基本依据。但学生是否达到教育目标，这一教育研究必须回答的问题，在平均成绩提高的分析中被遗漏了，这是传统教育研究的重要缺陷。

2. 它不假设分数是等值的。教育测量理论指出，不同分数之间的差值，一般是并不相等的。用平均成绩提高的程度，来衡量不同方案或教学的效益，事实上就假定了分与分是等值的。教育时间效益分析法并不假定分数是等值的，它只把分数作为对学生进行分类的依据。在这个基础上，它通过考察不同类别的学生转移的情况，从中获得有关学生在达到预定目标方面所预期的时间。因此，就其科学性来说，教育时间效益分析法似乎更有说服力。

3. 它把时间作为重要的教育资源和教育变量。它的意义上面已作了充分的阐述。

第九章
教育质量保障体系

教育质量保障体系（educational quality assurance system，QA）是教育评价的深化、结构化与体系化。教育质量保障体系的研究是从高等教育开始的。自20世纪80年代中期，高等教育质量保障体系的问题提出后，它迅速成为一种国际化的运动。基础教育质量监控由来已久，进入90年代，在高等教育质量保障运动这一思想的影响下，基础教育的质量保障问题在许多国家和地区都被提到更高层次加以研究。近些年来，教育质量保障体系的问题在我国也受到了高度重视。全国教育科学规划课题对义务教育阶段质量保障、高等教育质量保障都作为重要专题立项。各级教育行政部门也组织力量从理论与实践的结合上对质量保障进行探索。这是反映教育评价的一个最新发展。

第一节　教育质量保障体系概述

一、教育质量保障体系的概念

教育质量保障体系是以对完美的教育质量不断追求为核心的质量文化为基础，受政府支持与资助，校内外合作，全面保障教育质量的组织与程序系统，是现代教育评价的深化、结构化与体系化。

文化，既是过程又是成果。它是人不断追求自身自由、自觉的本质过程，以及在这一过程中达到的广度与深度。教育的质量文化就是人在完善自身的活动中，教育质量观念不断更新与对教育质量追求不断加深的过程，以及在这一过程中取得的成果。现代教育质量保障体系是以人们对教育质量不断追求为基础的。尽管在“教育质量是什么?”这一看似简单的问题上，教育工作者已经耗费了不少心血，至今仍然是歧义丛生，然而，“质量就是生命”的观点，则是人们的共识。教育质量保障体系正是建立在这一共识基础之上，为实现人们对质量追求而进行的活动。

教育质量保障体系在许多国家并不完全相同，但是，一般地说，它是受政府的支持，并在政府资助下开展活动的。通常，教育质量保障体系可分为“外部保障体系”与“内部保障体系”。教育质量外部保障活动由全国性或地区性的专门机构承担。对基础教育来说，这一保障机构是直接隶属于教育行政部门的，它代表教育行政部门对学校教育质量进行检查、监督或质量审计。对高等教育来说，这一机构更多地是独立于政府，依法建立的实体组织。它的主要任务是领导、组织、实施、协调高等教育质量鉴定活动与监督高等学校内部质量保障活动。

教育质量的内部保障体系，是由学校为提高教育质量与配合外部保障活动而建立的组织与程序系统。它与教育质量的外部保障机构相互合作以完成教育质量保障的任务。

教育质量保障体系的一般运作程序是：在商定的条件下，先由学校进行自评，撰写自评报告，提交给外部保障机构；然后由外部保障机构对学校的自评报告进行检查，这一检查通常采用同行评判的办法；在此基础上，外部机构起草正式的评价报告，作出结论。在这一结论被大家认可后，各方采取相应的行动。如将评价报告提交有关部门，有关部门可能据此作出涉及学校财政或其他方面的决策；将评价结果披露给新闻界和对此感兴趣的团体；反馈给有关学校，学校采取相关的行动。

这一活动以学校自愿参加为原则，以学校内部的持续的自我质量管理活动为核心，以学校自我评价为基础。就内外关系来看，由于双方往往难以对教育质量形成完全一致的看法。为避免由此而造成的冲突，一般的做法是，教育质量的外部与内部保障机构各有分工，外部机构偏重于输入和输出评判，而学校则偏重于过程的改进和提高。当然，目前这一做法还远远不能使各方，特别是学校感到满意。在实践中，不少国家推行的教育质量保障政策经常受到学校的批评。而在教育质量保障方法和技术的运用方面，人们的争议则更多。尽管如此，教育质量保障运动已经在实践中取得了一些相当明显的成果，在使教育更好地适应社会需要方面迈出了可喜的一步。

教育质量保障体系是全面保障教育质量的组织与程序系统。它渗透于教育活动的全过程，并在教育活动进行的全部环节为教育质量提供全方位的保障服务。

教育质量保障体系是现代教育评价的深化、结构化与体系化。这体现在教育质量观的全面性、教育质量保障活动的全员性以及为教育质量保障服务的全过程性等方面。所谓教育质量观的全面性，指以全面发展的观点看待教育成果；所谓教育质量保障活动的全员性，指全体教职员工以及学生在高度质量意识基础上，对教育质量保障活动的广泛参与；所谓为教育质量保障服务的全过程性，指在教育活动的全时间段开展的质量保障活动。

二、教育质量保障体系兴起的背景

教育质量保障运动在20世纪80年代兴起不是偶然的，它有着教育内外的多种原因。

（一）全面质量管理思想的影响

就其思想来源来说，教育质量保障运动的兴起与产生与工商业的全面质量管理思想有着重要的联系。20世纪60—70年代是工商业界所谓的“质量革命”的年代。发端于20世纪初的质量管理思想，60年代中期发展到全面质量管理阶段。全面质量管理（total quality management，TQM），简单地说，就是通过对企业生产活动的全过程、全方位和全员参加的质量管理活动，从企业工作的各个方面、各个环节保障产品质量达到或超过顾客满意标准的系统的质量保障方法。这一思想启发了许多国家的政府，并影响了它们的政策走向。教育质量保障体系，从高等教育质量保障体系的建立开始，逐步地被引入教育管理的实践。

（二）教育改革深化的需要

从教育内部来说，教育质量保障体系的建立是与政府的教育管理权限下放联系在一起的。荷兰政府在1985年发表了题为《高等教育：质量与自治》的文件，在这份文件中，政府允诺“如果大学能够保证其质量的话，政府将给其以更大的制订学位与课程计划的自主权”。显然，在这里高等教育质量保障体系被当作高等教育管理改革的一个必要步骤。从20世纪80年代后期开始，澳大利亚的教育改革强调，政府对学校教育的管理重点要放在对教育的管理上，而不是学校的行政管理上。因此，澳大利亚各州政府逐步地把人事、聘任、预算以及财务等学校行政管理权限交还给了学校。与此同时，州政府包括联邦政府在内，加强了对学校课程设置的指导，建立了学校教育最低标准，恢复了学校证书考试制度，并在这一基础上积极地开展了教育质量保障体系的研究。教育管理权限下放是当代教育改革的一个重要趋势，而在这一过程中，建立教育质量保障体系是在学校有较大自主权的时候，政府能控制教育质量的有效手段。这是当今教育质量保障体系在世界一些国家受到重视的最主要原因。

（三）实际存在的教育质量滑坡

除了教育改革的需要外，在一些国家，基础教育质量低下，高等教育质量不尽如人意，引起社会各界的关注与批评。这也是政府与教育界人士下定决心建立有效教育质量保障制度的重要动机因素。

上述各种因素结合在一起，到20世纪80年代中期，在许多发达国家，形成了一场由政府主导的高等教育质量保障运动，其影响很快波及一些发展中国家。高等教育质量保障研究由此发端，成为世界高等教育管理研究的新热点。基础教育质量监控有着较长的发展历史，然而，在现代意义上的教育质量保障体系，是在高等教育质量保障运动推动下发展起来的。在上述背景下，不少国家的基础教育界也不甘落后，积极地开展了基础教育质量保障体系的理论与实践研究，从而推动了基础教育质量保障运动的发展。

第二节　教育质量观与教育质量保障的模式

一、教育质量观与教育质量的概念

教育质量保障系统保障什么？这是在建立教育质量保障体系的过程中，需要人们回答的第一个问题。答案当然是“教育质量”，这似乎再简单不过了。然而，当人们再追问：教育质量是什么？这时人们对“教育质量保障系统保障什么”就不再有共识了。事实上有许多教育质量的观点，或者说没有一个公认教育质量概念。

（一）形形色色的“教育质量”界定

教育质量是一个公认的难以界定的概念。浏览有关的文献，往往给人留下这样一种印象，似乎每个机构甚至每个人都有各自对教育质量的看法。

艾斯丁（Astin，A. W.）关于教育质量的分类，是国外有关文献中广为引用的教育质量定义的典型，也是某些外部质量评判机构据以评价学校质量并为之分等排队时所经常采用的质量界定。艾斯丁认为学校的质量是一个复杂的概念，至少有四种不同的含义：学校的声望等级、可得到的资源、学生成果和学生天赋的发展或增值。①

在谈到高等教育质量时，莫迪（Moodie，G. C.）认为，人们常用的高等教育质量一词有三种不同的含义：一是指特殊的或合理的高标准，二是指高等教育的“类型”或“特点”，三是在一种相

---

① Cf. Richardson，R. C. & Skinner，E. F.，*Achieving Quality and Diversity*，1991.

对的意义上作为某种“卓越”的同义词。①

不久前在英国进行的两项旨在弄清高等教育各种各样的“股东”（stakeholder）所谓的质量是什么的研究中，格林等人（Green，D. & Harvey，L.）发现，高等教育质量可以被认为是：（1）卓越的（或某种特殊的东西，用操作性术语来说，其成就可用量表或一定的步骤去测量，它有一个极限）；（2）完成（一致或符合，就是说，质量界定了一个有待绝对满足的标准）；（3）适于目的；（4）值钱；（5）可变的等多种可能性。②

而西班牙大学委员会为拟在全国推行高等教育质量保障而进行的一次试验性大学质量评价中，则干脆不去界定质量。他们认为，高等教育的质量，是一个当大学按适当的比例将一些基本要素结合在一起，并且每个人都正确地工作时才能接近的东西。一所大学只有当人力、物力、财力要素和教学、研究、组织和管理恰当地结合起来去实现大学所追求的目标时，一所大学的质量才能达到可接受的水平。评价上述每一个方面，但应特别集中于整个大学的绩效。这是西班牙院校评价方法论中的教育质量观。③

（二）关于各种教育“质量”界定的分析

上述关于教育质量的界定，只是各种可以查到的文献中的一小部分。然而，由此已经可以看出，关于教育质量，人们的看法不同，他们的界定也各异。

研究表明，引起人们得出不同质量界定的原因可能有三个

---

① Berdahl，R. O.，Moodie，G. C. & Spitzberg，I. J.（eds.），*Quality and Access in Higher Education*，1991.

② Cf. Waston，D.，Quality Assurance in British Universities：Systems and Outcomes，*Higher Education Management*，Vol. 7，pp. 25-38，1995.

③ Garcia，Jose-Gines Mora，Sebastian Rodriguez & Juan-Jose Perez，Experimenting Institutional Evaluation in Spain，*Higher Education Management*，Vol. 7，pp. 101-118，1995.

方面。

第一，教育的价值观不同。上述这些不同的教育质量界定，有不少是由于人们从不同的角度出发认识教育的社会作用，反映了人们对教育不同的态度和期望，很可能也反映了那些观点的持有者或支持者不同的利益。这种教育质量观上的多样性，反映了社会的多样性和社会对教育承担的社会责任、期望的多样性。

第二，研究问题的方法论不同。巴纳特（Barnett，R. A.）认为，常见的教育质量观有三类，即绝对主义的、相对主义的和发展主义的。不同的方法论，导致不同的结论。[①] 在这一基础上，巴纳特分析了三种方法论对教育质量保障的不同影响（见表 9-1）：

表 9-1　三种方法论对教育质量保障的不同影响

<table>
<tr><th colspan="2">方法论</th><th>方法来源</th><th>评价层次</th><th>目的</th><th>评价重点</th><th>绩效指标形式</th><th>学校背景</th></tr>
<tr><td colspan="2">绝对主义的</td><td>外部</td><td>学校</td><td>总结性</td><td>输入
输出</td><td>定量</td><td>可比性</td></tr>
<tr><td rowspan="2">相对主义的</td><td>等级式</td><td>外部</td><td>学校</td><td>总结性</td><td>输入
输出</td><td>定量</td><td>可比性</td></tr>
<tr><td>平等式</td><td>外部</td><td>学校与课程</td><td>以总结性为主，也可能有形成性</td><td>输入
过程</td><td>定性与定量</td><td>不可比</td></tr>
<tr><td colspan="2">发展主义的</td><td>内部</td><td>课程</td><td>形成性</td><td>输出过程</td><td>定性</td><td>不可比</td></tr>
</table>

第三，人们关注问题的侧重点不同。进一步仔细地分析发现：

① Barnett，R. A.，*Improving Higher Education：Total Quality Care*，1992.

人们在界定教育质量时常常把三个问题放在一起探讨，这三个问题是：什么是教育质量？影响教育质量的因素有哪些？教育质量如何去测量？

比如，“学校的声望”是一定质量的学校教育活动产生的结果，在实践中，它又可用作评价学校教育活动质量的方法。在高等教育评价中，广泛运用的声誉调查，就是测量高等教育质量的一种方法。大学的声望等级本身并不是高等教育质量，而是可用于衡量教育质量的指标。

“可得到的资源”也不是教育质量本身。学校教育质量高，支持的人多，可得到的资源就多。反之，学校得到的资源多，教育质量就能在更大程度上得到保证。因此，这一条既可以看作是影响教育质量的因素，又可以用作评价学校教育质量的指标。

上述这些质量观，大多是人们在谈到教育质量时意识中所指的东西，要弄清楚每一说法具体的、精确的含义并不容易。所以，我们再看一看人们在实践中，特别是教育政策制定者和从事教育的人是如何对待教育质量的。

在教育实践中，常见的有三种不同的教育质量观。

1. 内适性质量观。内适性质量观是不少教育团体和教师的教育质量观。无论其他人对教育质量有何种看法和要求，对于什么是教育质量，教育团体和教师总是有着他们自己的看法。在他们看来，教育质量就是学生一个阶段的学习为下一阶段学习所作准备的充分程度，这门课程的学习为下一门相关课程学习所作准备的充分程度，这一学段的学习为下一学段的学习所作准备的充分程度；升学率则是反映学生学习质量的一个重要指标。

在实践中，由于在历史上形成的教师在教学活动中的优越地位以及学校教育与社会联系的间接性的特点，学校教育系统在相当程度上成为一个封闭的系统，从而使教师在教育活动中形成的这种质量观，固化为教育机构的学业标准。早在20世纪初，这种质量观就受到了社会各界与一些教育研究人员的严厉批评，斥之为“教科书中心主义”。但是，这种学业标准的看法今天仍然广泛存在。

2. 外适性质量观。外适性质量观是源于工商管理的质量概念，从工商业界的观点来看：离开了顾客的需要去谈质量是没有意义的。在他们看来，质量即满足顾客需要的程度。这种根据外部需要来界定质量的观点被称为外适性质量观。由工商界移植过来的外适性教育质量观，则强调教育必须适应并满足国家、社会和教育“顾客”的需要，否则教育便不具有意义。它以外部需求界定质量，据此规划教育系统和教育活动，并以外部满足作为衡量质量水平的标准。这一质量观的表述，通常见诸政府的教育政策文件、各种对教育有兴趣的团体关于教育改革的建议或报告，近来也经常见诸于一些学校的政策性文件。

依据外适性教育质量观制定的评价标准对教育质量进行评价，是一种标准参照性评价。这种评价模式在实践中产生的问题是：首先，外部需求多种多样，不仅表达模糊、识别困难，而且往往不一致。特别是在市场经济的条件下，市场经济急功好利的特点使得人们根据外适性质量去考虑教育问题时，几乎无例外地只考虑教育的短期效应，这与教育，尤其是基础教育迟效性、长效性的特点是相违背的。所谓“教育的迟效性”是指教育成果总是滞后于教育活动的；所谓“教育的长效性”是指教育活动的效果将在学生一生较长的时间里发挥作用的。

3. 个适性质量观。针对外适性质量观存在的问题，有人提出教育是学生自我实现的过程，因而，用反映社会等方面外部需求的目标去规范学生的发展是不人道的。为此他们要求以学生个体的认知、情感、兴趣、特长等方面的发展作为判断教育质量的依据。

这种教育质量观强调学生作为人的自由与独特性、整体性、自我指导性，认为学生理智的训练、心智的发展和完善，比功利的目的更重要；个性的陶冶比知识的掌握更重要。这种强调学生个体自由发展的质量观，与强调满足外部需求的外适性质量观相比，给了学生以自主的人的地位，学生已不再是为适应外在目的被训练的对象，而是在学校和教师的帮助下，完成一定阶段上自我实现的人。这种质量观所代表的人文精神，有着历史的渊源，人文教育的理想和实践在近代教育史上此起彼伏，总是在人性受到压抑时作为教育改革的旗帜被人文学者举起。但它的个人主义取向又往往受到严厉的指责。

从上面的讨论可以看出，对教育质量的概念，人们在认识上还有很多分歧。有分歧是正常的。然而，人们更期望在这些不同认识的基础上，经过充分的讨论，逐步取得较为一致的看法，以深化人们对这一概念的认识。下面试图在对上述观点分析研究的基础上，给出我们对教育质量的定义。

（三）教育质量的定义

在本书第一章第一节中，我们已经强调，任何社会的教育都是在满足个体与国家、地区这两方面的需要中得到发展的。教育的外适性质量观看到教育满足社会需要的重要性，个适性质量观则关注教育满足个体需要的重要性，它们都是言之成理的，但又都是不全面的。教育是以促进社会的发展和人的发展为目的的培养人的活动，因而，教育质量应在两者的结合上加以把握。实践表明，偏执于任何一方都有可能使教育活动偏离正确的方向。

根据以上的讨论，试对教育质量下如下定义：教育质量是在既定的社会条件下，在教育活动客观规律与学科自身逻辑关系的限制下，一定的教育所培养的人才满足社会需要的程度与促进学生身心发展的程度。

这一定义的主要含义有以下几个方面。

第一，质量是质与量的统一，它既包含了对客体质的规定性的要求，又包含了对客体在相应规定性方面，量上所达到的程度要求。人才是教育质量的载体，一定教育所培养的人才须满足社会需要与促进学生身心发展，这是对教育质量质的规定。当然，由于人们的教育价值观不同，在对教育质量的质的规定性方面存在不同的看法是不奇怪的。在这两方面质的规定的基础上，“两个程度”就是教育质量在量上的要求。

第二，在任何特定的历史条件下，社会所能给教育提供的条件是有一定限度的，无论是人的发展还是社会的发展，都不可能超越这一条件。教育决策是一种在既定的社会、经济、文化条件下的决策，受到多种因素的影响，它从来没有也不可能依照单一的条件去决定教育活动的方向和目标。教育质量观的选择，只能在理想与现实之间寻求平衡，否则就达不到预定的目的。这就是定义中“既定的社会条件下”的含义所在。

第三，学生的学习是一个循序渐进的活动，教育有着自己的客观规律，学科也有自己的逻辑关系，这都是对教育活动的限制。一定阶段的学习需要前一阶段的学习为基础，同时，也为下一阶段的学习提供条件。内适性质量存在的基础就在于它是这些教育客观规律与学科客观逻辑的反映。但是，应当看到，它毕竟不是教育质量本身。

二、教育质量保障的主要模式

不同的教育质量观导致不同的教育质量保障模式。下面分别就高等教育质量保障与基础教育质量保障的主要模式作一些简要的探讨。

（一）高等教育质量保障的主要模式

在高等教育领域，质量保障的模式有 BS 5750 或 ISO 9000 模式、绩效指标模式、专家管理模式等。

1. BS 5750 质量保障模式。它是西方工商业界质量保障模式在高等教育界的延伸。BS 5750 系列标准是英国标准局（British Standards Institution）为检验、控制工业产品质量而制定的，在 20 世纪 80 年代后期、90 年代初期被一些学者引入到高等教育领域。ISO 9000 是国际标准组织（International Standards Organization）以 BS 5750 标准为基础，参考加拿大标准 CSA 2299、美国标准 ASGC 21. 15 等制定的，其宗旨与 BS 5750 是一致的，只不过名称不同而已。这一模式认为，虽然工商界的情况与高等教育界的背景大相径庭，然而，其基本原理即满足用户需要是完全适用于教育界的。在对 BS 5750 标准、ISO 9000 标准与高等教育的实际情况进行了深入研究后，它们把 BS 5750 标准的基本精神与质量保障程序引入到大学教学领域，建立了大学教学质量保障的 BS 5750 模式或 ISO 9000 模式。在这方面，英国学者堪称先行者。从英国的经验来看，这一模式具有以下特征。

（1）这一模式来源于工商业界，深深地打上了“市场化”的烙印，其基本原则就是“用户利益至上”。满足用户需要就是这一模式的根本宗旨，也是它之所以引入教育领域的前提。显然这是基于外适性质量观的质量保障。

（2）这一模式是在英国高校出现的，虽然起源于工商业界，具有一定的外适性，但从其管理程序来看，本质上仍是校内管理，强调学校全体员工的参与，与英国高校享有较大的自主权并不相悖。

（3）这一模式关注对教学过程中的所有关键活动，要求能出示具体的实证指标，而不太重视定性的描述，这也与其来源于工商界有关。

2. 绩效指标模式（performance indicators model）。这是由欧盟组织研究与开发的。欧盟各国对高等教育的绩效指标作了大量的研究。早在1984年3月，英国副校长与校长委员会（Committee of Vice Chancellors and Principals of the United Kingdom，CVCP）就提出了关于大学效益问题的研究课题。以后该委员会邀请了伯明翰大学理事会（Council of Birmingham University）主席加雷特（Jarratt，A.）组成专门委员会进行研究。在研究的基础上，加雷特认为，需要编制一套评价高等教育的绩效指标。再后来，在英国副校长与校长委员会、大学拨款委员会（University Grants Committee，UGC）的共同努力下，它们在1986年发表了第一套关于大学的绩效指标。在这以后，关于高等教育绩效指标的研究成果，在英国与欧盟其他国家不断出现。其中特别值得重视的是，欧洲经济合作与发展组织（OECD）在1990年与1993年前后两次发表了由开尔斯（Kells，H. R.）编辑的《高等教育绩效指标的编制——欧盟十一国纲要》(*The Development of Performance Indictors for Higher Education：A Compendium for Eleven Countries*）和《高等教育绩效指标的编制——欧盟十二国纲要》（*The Development of Performance Indictors for Higher Education：A Compendium for Twelve Countries*）。与BS 5750质量保障模式不同的是，学术性要求的指标已被放在质量保障的重要位置，这表明：在教育价值观、质量观上这两种模式已产生了分歧。

3. 专家管理模式（A Professional Model for Quality）。它是由英国学者爱尔顿（Elton，L.）提出来的。随着质量保障运动在英国的开展，发端于工业界的全面质量管理思想，被引入了高等教育领域并迅速应用于实践，专家管理模式在这样的大背景下应运而生。

全面质量管理理论认为，生产成品或服务的质量，既不能从组织外部也不能从组织的上层得以维持，它需要组织全体成员的全面参与和无私奉献，这就是全面质量管理理论的主要信条，也是大学实施专家质量保障模式的理论前提。

该模式的各阶段如下：

（1）大学通过日益增长的专业化，与“用户”协商确定其目标及标准；

（2）根据学生学习环境的总体特性解释其目标与标准；

（3）通过在个别教师以及学校层次上的正式自我评价程序，来监督与评价学生学习环境；

（4）教师的自我评价要继之以职工评价，学校的自我评价要继之以课程评价、管理评价与资源评价；

（5）在合适的时候，评价结果可以作为师资培训与发展、课程设置与资源配置的依据；

（6）上述程序 3—5，构成了一个内部质量保障体系；

（7）通过外部质量审计或类似的过程进行质量保证；

（8）由定期的同行评价，对学生学习环境进行直接的质量评价；

（9）通过可公开的审计与评价对“用户”负责；

（10）根据质量保障过程中得到的实证材料，大学与“用户”协商重新界定其目标与标准；

（11）教师得到培训与发展后，专业化水平程度得到提高。

专家管理模式是在全面质量管理理论的基础上发展起来的，其最重要的特征就在于其发展性。它从学校设立目标开始，直至促进教师的专业化，又为重新确定目标打下了基础，新的质量保障周期又开始了，如此螺旋式地往复，达到持续保障与改进教育质量的目的。

（二）基础教育质量保障的主要模式

基础教育质量保障的指标，远没有高等教育那么复杂。目前，主要有合同模式和输入、过程、输出系统保障模式等。

1. 合同模式。这一模式强调，教育质量的保障可以通过对合同的保障而得到实现。近年来，在澳大利亚与美国等国家开始出现了一批所谓“合同制学校”，有时也译作“特许学校”。合同制学校由学校在广泛讨论的基础上，确定自己的办学目标与培养规格，并提出为达到这一目标所需要政府提供的条件。上述方面在得到政府的认同后，由学校与政府签订合同，政府根据合同的要求为学校提供条件，同时，定期对学校进行质量检查。1995 年澳大利亚维多利亚州在建立合同制学校方面就积极地进行了探索。

合同制模式是注重教育产出的保障体系，对学校产出的规定依学校的不同而不同，依州政府观念的转移而转移，目前人们还很难对其作出全面的判断。

2. 输入、过程、输出系统保障模式。输入、过程、输出系统分析方法在系统论被引入教育科学后已一再被人们提及。在教育质量保障体系设计中也成了广泛运用的模式。在构建学校教育质量保证体系时，香港教育统筹委员会在其发表的第七号报告书《优质学校教育》中认定：“学校教育质素指标，可分三方面来说：输入指标；过程指标；产出指标。”① 其中“输入指标”属中性指标，用以显示学校的基本状况数据；“过程指标”用于检视学校行政运作（如学校管理）及教学过程中表现（如课程设计、课外活动等）。关于“产出指标”，香港教统会具体地列出了三项：学生学业成绩；学生自信；家长、教师与学生对学校的总体观感。对学校产出指

① 香港教育统筹委员会第七号报告书：《优质学校教育》，1996 年 11 月，第 10—11 页。

标，香港教统会特别强调“增值”的观念，即学生入学时与接受学校教育后成绩增进的幅度。由此可见，个适性质量是这一体系所关注的一个重要内容。

由于教育质量保障体系本身还是处在探索中的重要课题，目前尚没有充分的实践依据可以对这些模式的得失作出评价。

第三节　教育质量保障的指标

对基础教育而言，输入、过程、输出保障模式是一个相对全面的模式，本节以此为基础探讨教育质量保障体系的指标。由于教育质量与教育效益是我国基础教育发展中受到人们共同关注的问题，而且它们也有着紧密的内在联系，所以，在教育质量保障的过程中，把教育效益保障的问题放在一起研究。为讨论的方便，本节将学校教育效益称为“系统效益”，并单独加以探讨。这并不表明在逻辑上它与输入、过程与输出是并列的。

一、输入保障

输入保障就是分析在输入方面影响学校输入质量的可能因素。尽可能提供合格的教育、教学条件，是保证高质量教学的可靠基础。具体而言，输入保障可从以下几个方面着手。

1. 投入。教学投入严重不足是困扰我国学校办学的一大难题。没有较多的投入，要培养高质量的学生是难以想象的，甚至是不可能的。教学投入包括教学经费投入、领导与教师精力投入等方面。

教学经费的投入，指学校直接用于教学活动、改善教学条件、支持教师教学科研等项经费的投入。一般可以用教学经费占学校总经费的比例来测量。

领导精力的投入，指校级领导用于研究教学问题、检查教学工作、指导教学科研的力量与时间的投入。有些学校校级领导整天忙于创收，应付各种会议，主要精力没有用于教学，这是学校教学质量得不到提高的一个重要原因。

教师精力投入，指学校教师用于钻研教学业务、开展教学科研、提高教学能力的时间与精力。有些教师在课堂上应付，课后忙于家教，主要精力未能投入学校的教学，学校教学质量就很难得到保证。教师精力投入，可以用全身心地投入教学活动的教师占全体教师总人数的比例，教师从事家教等活动的人数与时间的平均估计数来计算。

2. 行政指令。学校内部有关部门、领导的行政指令也是影响学校教学质量的重要因素。校长、教导处、教研组等方面的行政指令对学校各部门乃至全校的教育、教学活动，都会产生一些有形或无形的影响。学校进行教学质量保障，就要保障学校行政指令对学校教育、教学活动的积极辅助性，学校各级指令不能打断正常的教育、教学活动。

3. 教学制度建设。学校为提高教学质量而提出的各项制度，也是影响教学质量的重要因素。学校教学制度包括教研组集体备课制度、教学科研成果的奖励制度等。

4. 政策性举措。这里指的是学校出台的各种有关教育、教学活动的导向举措。学校质量的政策性举措是学校质量文化形成的主要推动力，对学校教育、教学活动具有明显的导向作用。例如，学校鼓励教师积极开展教学科研，并采取各种措施，这就为学校提高质量提供了动力。反之，学校对教师教学研究采取放任自流的做法，就会挫伤教师的积极性，不利于教学质量的提高。

二、过程保障

教学质量的过程保障是整个教学质量保障的核心，也是最为复杂、难度最大的部分。过程质量保障可从以下几个方面进行。

1. 步进控制。学校在制订出了科学的、可行的教学计划与教学方案后，要保证教育、教学活动的按计划进行。这就是教学过程的步进控制，即步骤与进程的控制。它是过程控制中的日常性活动；它为教学质量达成预定目标提供了一个基本的前提保证。

2. 预期收益控制。某项教学活动完成后，或一特定教育、教学周期结束后，有关部门要对教学活动的结果进行检查，以判明学校教育、教学活动是否达成预定的目标，判明学校最初设想的收益是否实现，这就是预期收益控制。预期收益控制是过程控制的核心，其目的在于了解教学活动的进展情况及其产生的效果，便于收集反馈信息，从而采取进一步的措施。

3. 可能偏差控制。过程保障的可能偏差分析，主要包括两个方面的内容：一是学校教育、教学活动的结果与预期收益的偏差分析；二是教育、教学活动的非预期效果分析。前者旨在明了教育、教学进程，找出影响预定质量目标实现的因素，进而提出解决方案，使教育、教学活动朝预定目标迈进；而后者旨在分析教育、教学活动中产生的非预期效果。这些非预期效果可能既有积极的方面，也有消极的方面。非预期偏差分析就是力图消除教育、教学活动中出现的负面效应，鼓励、增加教育、教学活动的正面效应，进而重新界定与完善学校的教育、教学目标，使学校教育、教学目标与活动更为接近。

三、输出保障

学校教学的输出质量，最终体现在学生质量的提高上，具体可用以下指标来衡量。

1. 学生毕业率。特定教育周期结束时，顺利毕业的学生数与周期开始时学生总数的比率。它反映了学校培养学生的成功率，在假定目标科学的情况下，能说明学校培养学生的质量。

2. 各科考试平均成绩。上面已经讨论了教学的绩效可以从学生的成长中得到反映，各科考试成绩就是运用这一方法来了解输出质量的方法。

3. 学生满意度。在校生对学校教育、教学活动及其效果的满意情况。这也是学校教学质量评价与保障中广泛采用的指标。学生满意度信息可由问卷调查的方式获得，它是学生对学校教育、教学活动的反映，对评判学校教学质量具有重要意义。

4. 社会用人部门意见。在学生毕业走上社会的场合，社会用人单位对学校毕业生综合素质的看法，是学校教学质量的长期反映。就学校与社会的关系而言，用人部门无疑是“需”方，是“客户”。因而它们对毕业生质量的信息反馈，也就是对学校教育、教学质量的反映，它能表明学校的终极“产品”——毕业生是否适应社会的需求，表明学校教育的社会价值的实现程度。

四、系统效益

效益通常表现为一定的劳动投入与劳动产出的比值。“教育效益”指学校在教育过程中，一定的教育劳动耗费所培养出达到国家规定的培养目标的学生质量高低与数量多少。

学校教育系统效益评价指标通常有四类。第一类为教育成本分析指标；第二类为教育产出评价指标；第三类为投入—产出分析指标；第四类为综合效益评估指标。

1. 教育成本分析指标。教育成本包括直接成本与间接成本。教育直接成本，就是对教育的直接投资。教育间接成本，包括人们由于从事教育活动而放弃有收入的其他活动而减少的收益，以及其他间接用于教育的投资。

教育成本分析认为，在一定教育投资的情况下，教育劳动消耗的优化，有助于提高教育产出的质量与数量，因而有助于提高教育效益。教育成本分析一般只计算教育的直接成本。

从中小学实用的角度来说，教育经费通常可以分为四类。

（1）人员经费。人员经费即“人头费”，它包括教职工工资、补助工资、生活福利支出、食品价格补贴、学生补贴以及退休人员工资等。

（2）经常性公用费用支出Ⅰ。它包括公务费、业务费以及其他经常性公用支出。

（3）经常性公用费用支出Ⅱ。它包括设备购置费、房屋修缮费等。

（4）基本建设支出。

教育成本分析的主要任务，是确定各项教育支出的优先顺序，保证最重要的教育支出能得到保证。同时，为优化教育经费的使用结构，使学校有限的教育经费能取得最大的效益提供基础。

在上述四类教育经费中，人员费是其中比例最大的部分。根据上海市智力开发研究所 1993 年对全国 345 个县的调查，在上述四类开支中，学校预算内的经费，人员费占 91.66%，经常性公用费用占 3.81%，设备购置费占 0.70%，房屋修缮费占 3.81%。在预算外支出中，人员费占 24.98%，经常性支出Ⅰ占 12.35%，设备购置费占8.22%，房屋修缮费占53.86%。

《中华人民共和国教师法》规定，教师要达到不低于或者高于国家公务员的平均工资的水平。这无疑是很有远见的一项政策。因此，在教育经费中首先保证人员经费的支出，这完全是应当的。但是，从实际来看，我国中小学人员经费占整个教育支出比例过高，经常性教育经费，尤其是其中经常性公用费用支出Ⅰ比例过低，这影响了学校的正常运转，不能保证日常教学工作的实际需要。在学校教育经费的支出中，要逐步提高经常性公用费用支出Ⅰ比例，这是提高学校教育质量的重要保证。

在不仅不降低、并且逐步提高教师福利待遇的前提下，提高经常性公用费用支出比例的可行的方法是提高人员使用效率。

教师教工比。教师教工比等于教师平均数除以教工平均数。这是反映教育人员经费使用效率的重要指标。在我国教育经费中公用教育经费比例偏低，人员经费，即人头费比例偏高，使得学校能用于改善教学条件经费严重不足。然而，在人员经费中，很大一部分是非教学人员的工资与福利经费的开支，这严重影响了学校教育经费使用的效率，影响了人力资源的使用效率。改变这种状态的重要途径就是逐步提高教师教工比。在教师人数不变的情况下，提高教师教工比的办法就是减少教工的人数。在不少学校，有部分教师承担了一定的行政工作及其他工作。这就给教师数的确定带来了一定复杂性。通常，学校教师数的计算采用全时教师数加上兼任其他工作的教师折算成全时教师的人数。由于教师与教工人数都处在变动之中，这里教师和教工平均数指评价期内年平均人数。

2. 教育产出评价指标。如果把教育过程比作一个从投入到产出的生产过程，那么，在一定的教育投入条件下，在规定的年限中培养出合格的毕业生越多，教育效益就越高。教育产出评价指标就是假设在教育投入不变的情况下，用教育产出量的高低来衡量教育的效益。

教育产出评价指标主要有以下几个方面。

（1）学生辍学率。学生辍学，就相当于企业出现未完工的“半成品”。辍学率是影响教育产出的最重要指标。调查表明，学生辍学的原因主要有以下几个方面：

①家庭经济困难；

②学校周围的自然地理环境不利；

③学校教学经费不足、教学内容偏深、偏多、偏难，以致学生学习难以为继，师资水平较低。

（2）学生留级率。学生留级造成教育资源重复使用，重复消耗，是教育资源效益低下的重要原因之一。为提高教育资源效益，学校要不断提高教育质量，努力减少学生留级比例。

3. 投入—产出分析指标。

（1）学生教师比。在人力资源效益评价指标中，学生教师比是用得最多的一个指标。

生师比＝学生平均数/教师平均数

在我国生师比偏低，这是教师人力资源效益不高的一个重要原因。但是，应当看到，生师比并非是可以无限提高的。教师人数不足，在很多情况下是造成教育质量低下的重要原因。

（2）每万元教育经费培养的学生数。每万元教育经费培养的学生数，是反映教育经费效率的重要指标。它反映教育投入与教育所培养的学生数量关系。

学生的数量比较容易测量。然而，学生质量的认定无疑是有一定困难的。国际教育成就评价协会（IEA）在20世纪70年代，就试图用国际间各国学生学科成绩的比较来测量教育产出。它们先后在12个国家进行数学成绩测验，在19个国家进行自然科学成绩测验，在15个国家进行阅读理解测验。尽管进行这些测验遇到一定的困难，对测验成绩是否真正反映教育质量还存在一定的争论，但是，从实践来看，用学生学业成绩来反映学生文化科学素质，还是人们用得最多、最广的做法。

然而，仅仅根据学生的文化科学素质来衡量教育质量是不全面的。为全面反映教育质量，在实践中人们提出了等级系数法，用等级系数作为教育质量的近似的反映。

等级系数法。等级系数法设定合格的等级系数为 1；不合格折半计算，等级系数计为 0.5；良好计为 1.5；优秀计为 2。在按学生的实际情况对学生思想道德素质、文化科学素质、身体心理素质与劳动技能素质打分后进行平均，然后把学生的质量作为权重，对教育产出进行校正，由此，学生质量、数量综合成果指标 X 可由下式计算：

$$X=0.5b_1+1b_2+1.5b_3+2b_4$$

式中 b_1 为学生中不合格的人数，0.5 为等级系数；b_2 为合格学生人数，1 为系数；b_3 为良好学生的人数，1.5 为系数；b_4 为优秀学生人数，2 为系数。

4. 物力资源效益与学校综合效益评价指标。

（1）学校教学设备、设施利用率评价指标。学校教学设备、设施的使用可以通过教学设备、设施利用率来评估。学校用于评价学校教学设备、设施利用率的指标通常有以下几个方面。

①图书利用率。

$$\text{图书利用率}=\frac{\text{一定时期内读者借阅的总册数}}{\text{一定时期内馆藏图书总册数}}\times 100\%$$

②实验设备利用率。

$$\text{实验设备利用率}=\frac{\text{使用的实验仪器价值}}{\text{实验室仪器总价值}}\times\text{实验室利用率}$$

式中实验仪器价值以实验仪器的原价值计算，实验室的利用率可由下式计算：

$$实验室利用率=\frac{实验课人数\times平均学时数}{实验室容量\times满负荷时间}\times100\%$$

这一指标也适用于学校科技馆等其他场所的评估。

③电化器材利用率。这是对包括电脑在内的学校电化器材使用情况评估的指标。电化器材闲置是教育资源浪费的重要原因。

$$电化器材利用率=\frac{使用的电化器材的价值}{电化器材的总价值}\times100\%$$

（2）学校设备综合效益保障评价指标。在上述各单项设备利用率计算的基础上，就可以求得学校办学设备与设施的综合效益的评价指标。

$$A=\sum w_i\times a_i$$

式中 A 为学校办学设备与设施的综合效益；

a_i 为各单项设备或设施利用率；

w_i 为各单项设备或设施在学校所有设备与设施中的权重，一般可用这一设备的价值在学校所有设备与设施总价值中的比例来决定。

第四节　教育质量保障的组织体系

如前所述，教育质量保障体系通常分为外部保障体系与内部保障体系。与此相应，教育质量保障的组织体系，也分为外部保障组织体系与内部保障组织体系。

一、教育质量外部保障组织体系

对高等教育质量保障而言，欧美主要国家外部保障的组织是受政府支持、但独立于政府的机构。这些机构有的直接从事高等教育机构的质量评审活动，有的则不直接开展这类活动，而是把工作重点放在对高等教育机构内部保障活动的检查，即质量审计上。

对基础教育而言，外部质量保障活动一般是政府直接组织的。比如香港教育质量的外部保障工作就由“政府部门的法定检查”与“教育署保障视学”组成。

二、教育质量内部保障组织体系

教育质量保障是一个复杂的系统工程，它必须综合学校内各部门、学校所有成员的力量，使学校各组成部分互相分工、互相协作，共同履行教学质量保障的职责。因此，学校需要建立自己的质量保障组织体系，以提高学校教学质量的组织管理效率。

学校教育质量保障的组织通常由下述五个系统构成。

1. 教育质量保障指挥系统。教育质量保障指挥系统通常由校长、分管教学副校长以及学校教导处负责人组成，吸收关心教学质量的一些资深教师参加。其主要任务是确定学校的教学质量管理的目标与质量标准，制定有关教学活动的政策性举措，指挥与协调学校关于教学质量管理的各项活动，总结学校关于教学质量保障活动的经验与得失。

2. 教育质量信息收集系统。学校教学质量信息收集系统可以由学校教导处具体负责，与日常教学管理活动结合起来进行。它的任务是收集学校教学活动的信息，以及来自各方面的反馈信息，从而为学校进行科学决策提供基础。

3. 教育质量评价与诊断系统。这一系统可由分管校长负责，聘请一些责任心强、教学经验丰富的教师组成。他们可以直接下到课堂，经常参加听课评课的活动，以及通过各种渠道了解学生以及其他方面对学校教学的意见与建议，从而对学校教学状态作出评价，对教学工作存在的问题进行诊断，并对学校教学改革提出建议。

4. 教育质量保障信息反馈系统。这一系统的任务是把学校教学信息反馈给有关人员。这一工作通常可由学校教导处负责。有关信息的畅通是教学能够稳步提高的必要条件，因此，也要认真地做好这一工作。

5. 教育质量保障支持系统。这一系统可由学校党群组织的负责人吸收部分教师参加，其任务是开展质量宣传，创建质量文化，动员群众参与质量保障活动，必要时接受学校内有关质量评价争议问题的仲裁，组织有关质量评价争议问题的复评等。

第十章
教育政策与教育项目评价

教育政策评价（educational policy evaluation）与教育项目评价（educational project evaluation）是教育评价中的重要课题。由于教育政策对教育活动具有全局性的影响，因此，在一项政策出台前进行事前的全面评价，事后对其进行效果评价，不断地提高政策的科学性，对一国或一个地区教育发展有重要意义。教育项目，尤其是对全局具有影响的教育改革项目，如果缺乏必要的评价系统的支持，那么，在实践中就很难保证它们能按预期目标顺利地进行。因此，教育项目的评价也是教育工作者十分关心的问题。

第一节　教育政策评价

一、教育政策概述

（一）政策的概念

《辞海》对政策的定义是："国家、政党为实现一定历史时期的路线和任务而规定的行动准则。具有鲜明的阶级性。是一切实际行动的出发点，并且表现于行动的过程和归宿。不同性质的国家和政党，常有不同的政策。政策需要在实践中检验其正确与否，并在实践中得到丰富和发展。"① 这是一个较为严格的定义，它把政策制定的主体确定为国家与政党。在较为广泛的意义上，政策可以在各级的水平上作出，国家有国家的政策，地方有地方的政策，各级各类学校也可以根据自己的情况，拟定适合本校特点的政策。政策是一个组织为实现目标而规定的行动准则。相对地说，政策既有特殊的，也有一般的；既有抽象的，也有具体的；既有长期的，也有短期的。恰当的政策是保证各种活动能与目标相符的重要管理手段。在教育改革中，经常可以看到，一些改革活动未能取得预期的效果，往往在于政策不合理或不配套。实践表明，未能及时制定保证目标实现的政策，是改革未能取得预期效果的重要原因。

（二）政策的特性

对政策的研究结果表明，一项有实效的政策具有以下几个特性。

1. 相对稳定性和因时而异的灵活性。这就是说，有实效的政

---

① 夏征农，陈至立主编：《辞海》（第六版彩图本），上海辞书出版社 2009 年版，第 2926 页。

策既要有稳定性的一面，又要有适当的灵活性的一面。为了保证工作的稳定与连续，政策也需要稳定。一项政策过多地变动会使人们无所适从，尤其在特别强调组织秩序的时候，政策的稳定性更加重要。

但在另一方面，当外界与内部的条件发生了变化，工作的重点发生了转移的情况下，政策也要及时地加以改变。因此，在必要的时候，政策要及时地随工作任务与各项条件的变化而变化。

2. 统一性与协调性。政策是有层次的，如前所述，各级政府与各个教育机构都可以从自己的需要出发，拟定适合自己特点的政策。但是，各级组织与机构之间的政策其基本精神必须一致。这个一致性具体地表现为，下级组织制定的政策，须反映与遵循上级组织与机构制定的政策的基本精神。下级组织制定的政策，是在上级机构确定的政策基础上的具体化和使它更适合本机构的特点，它不能违反上级机构所确定的政策的基本精神。

协调性是指政策要与最终目标相协调，政策之间要相协调，并最终能用来协调与指导下属各单位的工作。政策是为最终目标服务的，因此，它要有利于最终目标的实现。政策与政策之间也不能相冲突，相违背，否则，政策也发挥不了应有的作用。只有内部协调的政策，最终才能协调和促进各项工作的顺利开展。

3. 明确性。政策须表述得十分明确和合乎逻辑。它须指明它所指导的行动的预期目标，指明采取的适当方法和行动，并明确规定执行人在行为过程中的限度。

对一项政策效果最终评价的依据，是看它是否达到了预期的目标。如果这项政策没能使目标实现，或者在实践中引起了冲突，这项政策就要加以修改。因此，管理者须在实践的基础上，经常地对政策进行检查与评价，适时地修改政策。

二、政策的选择过程与政策评价

（一）政策的选择过程

政策的制定与选择是一个十分困难的过程，在政治学中关于政策选择过程至少有以下三种观点。

1. “至善性战略”。这一理论强调，在作出一项政策选择之前，应充分寻求一个合理的答案。林德勃鲁姆描述了这种理想的完美合理性战略选择的基本步骤：①

（1）面临一个特定的问题；

（2）一个理性的人，首先澄清其目的、价值或目标，然后在思想中对它们加以排列或组合；

（3）随后列出达到目标的一切重要的可能的方法（政策）；

（4）并调查这些可供选择的每一项政策，可能带来的一切重要的后果；

（5）在哪一点上，能比较每一项政策的结果和目的；

（6）然后选择能带来与目的最紧密相称的结果的政策。

2. “有限合理性战略”。至善性战略是吸引人的，但是按照有限合理性战略的观点来看，是不可能付诸实施的。由于人们的知识有限，政策往往是在不确定状态中制定的。如果等到人们接近了完美合理性之后再作决策，那就永远作不出一项决策。

有限合理性战略建议，首先作一个尝试性的决策，利用最初决策本身造成的反馈或信息，不断加以修正，以形成一种“增长主义”的战略：从人们所熟悉的事物的现在状态出发，在所期望的方

---

①［美］达尔著，王沪宁等译：《现代政治分析》，上海译文出版社 1987 年版，第 197 页。

向上可以做出小规模或增长的变革，然后观察下一步应当怎么办。人们一面不断地渐进地变革，一面前进。他们认定，一系列增长的变革届时会汇集成一场深刻的革新。

3. “实验性战略”。由于政府决策充满高度的不确定性，至善性战略与“增长主义的战略”制定出来的政策趋于失败，于是有人开始强调通过慎重的实验或采取政策前搞小规模试点，来减少决策中的无知和不确定性。

然而，人们往往不可能对所有的重大决策都进行小范围的实验。此外，也有人批评，如果实践证明这一决策是有害的话。那么，这一实验就是“用人民的福利与幸福做‘实验’了”①。

（二）政策的评价

从政策选择过程来看，为了解决正确地选择政策的问题，政策的评价始终是其中的一个核心问题。“至善性战略”只是一种存在于理论中，而在实际上是无法做到的战略；“有限合理性战略”则需要人们在渐进过程的每一步不断地评价这一变革；“实验性战略”也需要人们及时地评价小范围实验的结果。事实上，不管人们采用何种战略，政策评价在政策选择与完善过程中都起着重要的作用，因此，政策的评价在实践中越来越受到了人们的重视。教育政策的评价也成了教育评价与教育政策法规理论工作者共同研究的重要课题。

三、教育政策评价的价值尺度与准则

在政策的评价中，困难的是两个问题：一是政策评价的价值尺

---

①［美］达尔著，王沪宁等译：《现代政治分析》，上海译文出版社 1987 年版，第 200 页。

度，二是由决策过程的不确定性引起的事前评价的主观性。

（一）教育政策评价的价值尺度

关于政策评价的价值尺度，在西方有两种不同的观点。① 一种被称为“结果论”。它认为，公共政策是谋求“最大多数人的最大幸福”。最好的政策是把某些选定的价值（幸福、功利或任何其他东西）扩大到最程度的政策。

另一种被称为“正义论”。正义论的政策评价的价值尺度建立在两条原则基础之上：第一，保障民主秩序中公民权利的完全平等；第二，保障社会和经济价值分配中的公平待遇。符合“最大多数人的最大幸福”原则的政策不一定是平等的。按照正义论的观点来看，社会与经济的不平等是不允许的，但在下述两个条件下，可以例外：一是不平等符合社会每个人的利益；二是每个人有寻求不同报酬的地位的平等机遇。

林荷斯特在《教育政策的制定与评价》一书中，讨论了结果论与正义论对教育政策评价的影响。他认为，在当今世界教育发展的趋势中，有两种不同的评价价值尺度：一种注重教育的质量（quality）；另一种注重教育机会的均等（equality）。前一种持的是结果论的观点，后一种持的是正义论的观点。用这两种不同的观点去评价同一教育政策，往往会得到不同的结论。②

试图将这两种不同的观点调和起来可能是不现实的，绝对地去判断这两种观点谁是谁非可能也不易说清楚。在社会发展的不同阶段，人们碰到的问题不一样，因而，在不同阶段选择的出发点也不一样，选择的评价价值尺度也就不相同。在这两种价值尺度中，人

①［美］达尔著，王沪宁等译：《现代政治分析》，上海译文出版社 1987 年版，第 176—180 页。

② Linhurst，H. W.，*Policy Making and Evaluating for Better Education*，1993.

们的选择并非是一以贯之的。以色列自1948年建国以来，它的教育政策在价值导向上就几经变化。1948—1960年，由于人口的急剧增加，它的教育政策就明显地强调提高入学率。到20世纪60年代，由于教师素质问题日益突出，教育质量就成了首要的问题。以后随着亚非移民的增加，一度它又把教育机会均等的问题放在首位。当这一个问题基本解决后，教育质量又重新受到政府的关注。这就说明：人们的价值选择是随着社会的变迁而变迁的。

这两种不同的价值尺度，在教育政策评价上就形成了两类评价指标："均等指标"与"质量指标"。均等指标衡量学生入学机会的平等性，可由基尼系数（Gini coefficient）等来反映。质量指标是大家所熟悉的。这两类指标目前在教育评价（其中包括教育政策的评价）中都有广泛的运用。

（二）政策事前评价的指标

在一项政策出台前，如何对它可能的后果进行判断，这对政策的制定者来说是最为关心的一个问题。当然，这对政策评价者来说，是难度最大的一个问题。究其原因，政策在其未来实施过程中，不确定的因素实在难以充分地预料，过于主观的评价，在实践中失败的例子不胜枚举。为克服这一弊病，有些学者提出了关于政策事前评价的一些指标，这些指标包括：客观性、全面性、均衡性等。本书结合管理学的一些研究结果作一些介绍。

1. 客观性。政策的客观性，指政策反映了社会客观存在的问题，符合客观实际。政策越客观，别人得出同样结论的可能性越大。客观性的对立面是主观性，它以某个人的感情或信念为依据。基于个人的经验、感情或信念而确定的政策是经不起客观检验的。

客观性是由对适当资料正确地观察、记录、分析和解释而产生的。政策可能是某些长官意志的产物，也可能是根据客观的需要而确定的。就教育政策来说，它总是为解决特定的问题，为实现某一特定的目标而提出的，而不能根据某个人的主观愿望来加以决定。政策及其导向的问题与目标是否客观，是事前判断政策是否科学的一个重要方面。

在实践中，由于客观性不易测量，所以人们往往用可重复性作为政策客观性的替代指标。可重复性，指他人如果遵循政策制定者的调查路线，他就能得到与政策制定者相同的结论。如果能得到相同的结论，就称这项政策是可重复的。用可重复性对政策进行评价，评价人得到了与政策制定者相同的结论，就认为这个政策是客观的，否则，就是不客观的。当然，政策的可重复性并非就是政策的客观性，但在实践中，用政策的可重复性作为政策的客观性的替代物，常常可以使人得到满意的结果。

2. 全面性。政策的全面性指政策对提出的问题的解决程度。一个好的政策应全面地解决所提出的问题。如果一个政策并不能全面地解决问题，就认为这个政策是不全面的。不全面的政策往往会造成很多遗留问题，这些遗留问题可能比政策所要解决的问题更难解决。在这方面我们的教训很多，应当引起重视。

3. 均衡性。人们常说，没有重点就没有政策。政策总是有所侧重的。但是，往往正是这个新的重点引起新的不平衡与新的不稳定。均衡性就是要求政策的制定者，充分考虑一项政策可能引起的不平衡问题，注意从问题的另外一方面，换一种角度对问题进行充分的思考。

一项政策经过各个角度的充分论证，表明这项政策是经过深思熟虑的，这种政策在实践中取得成功的可能性就比较大；反之失败的可能性就大。

4. 可行性。政策是以解决实际问题为目标的，因此政策在实践中应可操作。一项政策如果不可操作，表明这项政策远未达到可出台的程度。对这种政策，决策者要把它退还有关人员，请他们作出更进一步的研究。

5. 可控性。政策的可控性，指一项政策的出台，需要有一定配套的措施，没有配套的管理措施，在实践中就造成所谓“你有政策，我有对策”。政策在实践中落实不了，当然解决不了决策者试图解决的问题，同时也会降低有关组织的威信，这种情况是需要认真避免的。

客观性、全面性、均衡性、可行性和可控性从五个方面，为人们在政策出台之前，估计它在实践中的效果提供了一种思路。一项政策经过这些方面的评价，虽然人们不能保证它在实践中一定能取得成功，但可以在较大的程度上减少它失败的可能性。

第二节　教育项目评价

一、教育项目评价概述

（一）项目的概念

何为项目？项目通常是指在特定的时间内，进行一定的设计和资金筹措，为实现一系列特定的目标，并由一支管理队伍具体经管着的那些相互关联又相互协调的活动。具体说来，项目具有以下几个特点。

1. 项目是一种“一次性”任务。这把项目与常规的重复性工作区分开来。如研制某一门新课程就是一个项目，但当新课程研制完成，被中小学广泛地采用后就不是项目了。这就是说，项目在内容、形式和环境上不是某一存在物的简单重复，而是多少与先前的有一定差别。

2. 项目具有特定的时间域。项目通常是国家、地区或各级各类学校的战略计划的组成部分，它具有较强的时效性，错过了完成期限，就会有损于上一级的战略计划的落实，因此，它要求在特定的时间内完成。

3. 项目有特定的投资限额。项目是被限定在一定的投资额度下完成的，这个额度由预算来确定。

4. 项目有具体而明确的目标。项目完成后要取得什么长远效果，它要达到哪些近期目标和产出，一般都非常具体和明确。

5. 项目是诸多活动的有机整体。项目一般都分解成若干活动，它们彼此相互独立，但又相互联系、相互协调地服务于项目的目标。

6. 项目有详细的资金和进度安排。由于项目的资金和时间的特定限制，为了有效地完成项目，一般都需要妥善地作出资金分配和时间进度等方面的详细安排。因此常需要运用一些特殊的项目管理技术。

7. 项目由一个组织经管。由于项目是"一次性"任务，它不同于那些重复性活动，所以参与项目的人员是一种临时性的组合，它随项目的结束而散伙。

教育项目通常是指教育改革的试验项目，如一国或一地区的课程改革项目，或学校管理改革的试验。当然，教育项目也包括各级各类学校或科研单位的科研项目、科技开发项目、基建项目等。随着新时期改革开放的发展，我国教育对外合作的项目越来越多。这种合作项目可能是合作的培养人才项目，也可能是合作的科研项目等。

（二）项目评价的概念

项目评价是项目立项与项目实施过程必不可少的一个环节。它以主体的特定需要为依据，判定项目目标的合理性，并在此基础上通过获取实际进行的项目活动的信息，了解实际活动与预期目标的偏差，从而使管理层能采取相应的校正措施，以保证项目的各项活动能尽可能地满足主体自身需要的一种管理活动。

项目的评价，又分为项目立项前的“需求评价”、进行过程中的“诊断评价”与结束后的“效果评价”。

项目立项前的需求评价，是发现需要解决的问题，确定自我需求，预测项目可能的后果与影响的过程。它的具体任务是：

1. 审视项目的社会背景，从当前与长远需要出发，找出问题，明确自身需要，以确定项目的合理性；

2. 判断项目在当前开展是否有适当的条件，以确定项目实施的现实性；

3. 形成与论证项目的长远目标与直接目标；

4. 预测项目执行后的效益与各种可能的后果与影响，预先提出防止各种可能的消极影响的措施。

项目进行过程中的诊断评价，是一种对项目所拟定的目标的适切性和达成度、项目执行情况、效率、效果等的阶段性审定。其目的是从过去的经验中吸取教训，以便调整实施中的项目后续活动。它的具体任务是：

1. 重新审查项目文件中所阐述的理论基础；

2. 判断项目所进行的活动是否适当，是否在促进预期的变化；

3. 将每一阶段的实际成就与计划目标比较，找出没有完成目标或超过目标的原因；

4. 评价项目执行的效率和管理的质量，提出改进项目实施活动与管理活动的建议。

项目进行过程的诊断评价，有时也被人们称作“项目监测”。“项目监测”与“项目评价”虽然在目的和任务等方面各不相同，但又是两个密切相关的概念。监测通常是评价的基础，评价一般要依赖监测过程中所得到的数据与资料，在这一基础上对项目实施的情况作出判断。当然不能把监测与评价绝然分开，事实上两者的界线是模糊的。评价包含了监测的主要工作，监测为评价提供事实基础，它们之间的差异只是侧重点的不同，监测着重揭示实施过程中的实际情况，而评价则对现状与目标的偏离作出判断，对可能产生的后果进行预测，并对是否需要对正在进行的项目活动进行干预、调整提出建议。

项目结束后的效果评价，在项目基本告一段落时进行。它的目标在于为项目推广与否的决策提供基础，并为后续同类项目提供可借鉴的经验与教训。项目的效果评价一般包括以下几个任务：

1. 确定项目的效果和影响；

2. 找出要吸取的教训及从中得到的启示；

3. 为项目推广与否，以及对以后同类项目提出改进工作的政策性建议。

（三）项目评价的基本类型

根据项目评价的目的和评价人的不同，可以将评价分为“内部评价”（或“自我评价”）和“外部评价”（或“专家评价”）两类。

内部评价主要是为管理的内部要求而设计的，由项目管理人员来进行，其目的在于给管理人员提供经常性的反馈意见，以便采取纠正措施。内部评价一般要回答下列问题：

1. 项目受益者对项目实施的反应如何？是否与预期的一致？

2. 项目实施的效果如何？

3. 项目是否正在出现设计阶段所没有预料到的结果？

4. 项目所依据的干预模式是否仍然有效？

开展内部评价的必要性是明显的。一是它能给项目管理者提供系统的反馈意见，使评价直接为改进内部管理服务。二是由于工作人员对项目活动很熟悉，因此，评价所得出的建议，应该是既切合实际而又中肯的。比起外部人员提供的建议来，管理者更有可能采纳工作人员提供的建议。三是由于工作人员所作的内部评价是为内部管理服务的，所以项目工作人员有强大的动力，去客观地判断项目的缺点和优点。但是，内部评价毕竟不能代替在项目不同阶段上所作的外部评价。因为由项目管理者所作的自我评价，毫无疑问易受到本组织的利益和评价者职位的限制，从而不利于他们去客观地考虑创新的方法。

在与国际组织合作的项目中，一些国际组织的项目对内部的自我评价都很重视，一般对项目执行单位都有定期的自我评价的要求。如联合国开发计划署的项目，规定在每一项目年度内，项目执行单位都要以书面的形式完成一份项目进展评价报告（Project Performance Evaluation Report，PPER），并把项目执行单位的自我评价报告，作为他们年度评审的基础。

外部评价是由项目外部的监督机构、政府或援助机构等参与进行的评价。它着重三个方面：完成情况；产出、效果及影响；经济和财务效率。

完成情况评价一般需要综合审查项目，从开始到评价时的所有过程。较为全面的完成情况评价，包括以下几个部分。

1. 项目鉴别、准备和评价。审查包括对可行性研究的质量、实施单位承担项目的义务及能力、准备过程和评价报告的充分程度以及所耗费的时间和资源的评价。

2. 项目评述。对项目的目标、组成部分、活动、对象以及干预模型，都要结合事后效果来加以检查。

3. 项目执行的时间安排。包括：项目开始时是否有异常的推迟情况？如果有，原因是什么？对项目产生什么影响？项目能否在规定的时间完成？

4. 受益者及其反应。有多大比例的人口被确定受惠于项目？受益者在多大程度上利用项目的成果？

5. 管理成绩。这需要对项目管理者的全部成绩进行评价，包括能否有效地监测项目活动？是否与有关组织和机构建立必要的联系？他们是否钻研业务？人力和物力是否得到适当运用？

6. 财务成绩。这需将财务支出与原先的成本表和预算进行比较，以检查项目协议中的财务目标与合同是否完成？以及总体上财务控制是否令人满意？超支的费用如何解决，节支如何安排？

产出、效果及影响评价一般需要审查项目的效果（包括预期和非预期效果），需要回答项目预期与未预期的变化是否发生？发生的变化是否由项目活动所引起的等问题。这种评价，是项目评价的一个不可或缺的部分，因为仅仅评价项目活动的完成情况是不够的，在不少情况下，往往出现项目预期的所有活动和任务，在限定的时间和资金内满意地完成了，但并不能产生预期的效果，或产生了非预期的效果。这一情况就要求对项目效果作出评价。

经济和财务效率评价主要审查项目的收益率。项目的收益率一般是根据项目投资，计算财务和经济的内部收益率，它在项目评价阶段就被估算出来，经济和财务效率评价需要重复计算，目的在于考察原先的估算是否切合实际？如果发生了重大变化，那么其原因及意义何在？

外部评价通常在项目执行单位自我评价的基础上进行。在一些国际组织的援助项目中，外部评价一般由国际组织聘请的项目咨询顾问作为评价人。它可在项目实施中的不同时间点上开展。但通常的做法是在几个主要阶段上进行。不同的教育合作项目往往有不同的要求，但一般在评价文件（或项目文本）中都作了规定。如世界银行贷款项目和联合国的捐赠项目，一般是在执行中期、终期和事后三个阶段上进行评价，即所谓的“中期评价”“终期评价”及“事后评价”。

中期评价是在项目执行期间进行的，一般是受援国政府和供援机构联合对项目的综合性检查。对世界银行项目来说，在项目实施期间，世界银行要派检查组到受援国检查项目实施，并同受援的归口管理部门研究问题，商讨解决办法。对联合国开发计划署项目来说，在项目实施期间要进行多次三方检查（政府代表、执行机构代表和联合国开发计划署代表），第一次审评须在项目开始的前12个月内举行，以后至少每12个月举行一次三方审评会议。

终期评价即所谓的总结评价，它与中期评价不一样，目的主要在于改进未来的项目的计划和设计。

事后评价又称“影响评价”，它通常在项目完成之后的五至十年进行。这种评价是很必要的，因为第一，很多持续的影响在项目竣工时是看不见的；第二，在终期评价时发现的一些影响，可能被证明是暂时性的。

二、项目需求评价

项目需求评价包括背景与问题分析、自我需求确定、项目可行性分析与项目可能后果预测四个方面。

（一）背景与问题分析

纵观历史，世界各国教育改革的重大举措，总是在社会发展的关键时期提出的。1929年西方的经济危机，引发了美国进步教育协会发起和主持的“八年研究”，泰勒领导了它的“评价委员会”；苏联的第一颗人造卫星的上天，引发了美国20世纪50年代后期开始的教育改革；同样，苏联1958年的学制改革是在面临巨大的社会就业问题时提出的；我国正在进行的中小学课程教材改革，从宏观上说，就是在我国改革开放深入发展的机遇中提出并实施的。

背景与问题分析，就是确定社会在发展过程中提出了什么重要的教育问题，教育的现状在什么地方还不能适应社会的要求，还存在哪些问题。这一分析是项目立项的基本依据，是对项目必要性与合理性的证明。

（二）自我需求确定

确定自我需求，就是确定项目需要解决的基本问题，它为确立项目目标提供了基础。确定自我需求是把社会对教育的要求，转化为教育系统自身的要求。教育不能适应社会的要求，可能是教育结构的问题、管理体制的问题、学校课程问题、教育方式方法的问题，或者是上述几种问题综合的结果。在项目需求评价的这一阶段，它要求从教育系统的角度考虑，改革需要从哪里入手，优先解决什么问题。某个系统可能会感到有某种需求，需要通过某个项目加以满足，但它可能并不十分清楚其需求状况，或无法准确地判断究竟是何种需求，或在一系列需求中，何种需求是应予优先满足的；因而，就需求加以分析研究，确定其内容、范围、性质、需要优先满足的顺序和程度。在这一阶段，评价的任务就是准确地判断教育系统自身的需求状况，为项目确定明确的方向和目标，确定项目将在何种范围内解决什么问题，达到何种要求提供基础。

在不同的情况下，这一阶段所面临的具体评价任务，可能是互不相同的。在宏观管理完善的情况下，一般教育系统的需求状况和应优先满足的顺序，事先已经过仔细周密的考虑，并反映在国家、地区或本校的发展规划中，这时只须从中选择决定。而在其他情况下，需求的分析确定，可能是一项复杂的评价工作。但是不管在什么情况下，对于科学地设计项目来说，确定自身的需求，在此基础上建立项目目标都十分重要。

（三）项目可行性分析

项目的可行性分析，是对一个设计好的项目在理论上进行分析论证，以确认该项目在现实中是否可行。从本质上说，项目的可行性分析可以看作对愿望与效果、需要与可能之间相互关系的一种验证。

项目的可行性分析依照分析的目的和内容，大致可以分为两个部分：一个部分是社会可行性分析；另一个部分是技术可行性分析。这两个部分的可行性分析，分别通过对一个项目所涉及的社会方面的有关因素与技术方面的有关因素的分析研究，来判断该项目在现实中是否行得通。

项目的社会可行性分析，主要是指对一个项目及其实施是否满足社会环境条件的要求进行分析。就该项目而言，它的存在是否有法律上的依据；项目的安排是否符合有关国家的法律要求；在国际合作项目中，还需要特别考虑是否符合对方国家的法律；项目的安排和实施是否适合一国的历史文化传统、政治经济体制；项目预期和非预期的结果所造成的有关社会影响，是否能够被有效地控制在允许的范围之内；能否避免由于社会环境的变化所造成的项目误期、中断或夭折的风险；等等。如果对上述这些问题的回答是肯定的，那么该项目就具备了社会可行性。否则，只要对其中一个问题的回答是否定的，那么该项目就不具备社会可行性。项目的社会可行性分析，往往是一个项目得以存在的必要前提。不具备社会可行性的项目，即使技术上再可行也是无法实施的。

项目的技术可行性分析，主要是对在既定条件下，一个项目各方面的安排是否合理，能否实行，以及对该项目在实施过程中可能遇到的问题能否有效地加以处理、解决所进行的分析。严格的项目技术可行性分析，通常只包括项目在技术上是否可行的分析。这里，我们用它指社会可行性分析之外的其他方面的可行性分析。项目技术可行性分析的内容主要包括：该项目的目标是否准确地反映了需求情况；所确定的项目目标是否合理；所设计的活动能否有效地实现目标；该项目的成本—收益情况是否满足需要，即经济上是否合理；实际的资源供求条件能否满足项目的要求，各种资源的配置是否合理；管理模式的设计是否合理，管理能力是否足以有效地实施项目；项目实施过程中遇到的各种障碍、问题能否有效地得到解决；等等。技术可行性分析本身是一件极为复杂的工作，由于教育项目的实际效果往往无法直接测量，因而这种项目的技术可行性分析难度更大，需要人们更细致地工作。

项目的社会可行性，保证了项目存在的合法性；项目的技术可行性，保证了项目实施能够有效地满足需求。一个好的项目，须同时具备社会可行性和技术可行性。通过项目的可行性分析，可以发现项目设计中存在的问题，并采取相应的措施，以避免由于愿望与效果、需要与可能不符所造成的损失。

项目的可行性分析，是项目立项过程中一个必备的重要环节。这一环节上的评价任务，就是力求通过对项目进行客观的、可靠的、准确的分析，以保证准备确立的项目确实是合适的。通常，可行性分析的结果，是形成一份可行性分析报告。在项目的立项过程中，由于各种因素，特别是拟议中的项目执行或实施部门利益的存在，极有可能影响它们对项目可行性的客观分析，因而，不能全靠这些部门的自觉性保证拟议项目的可行性，在必要时，应由管理部门委托专家对项目的可行性进行论证。

（四）项目可能后果的预测

对教育改革项目来说，由于在实施过程中，不可控制的因素太多，因此，项目执行后，预期的目标未能全部达成，甚至未能达成的情况不是没有的。从我国教育对外合作项目来看，它的目的大多是为我国现代化建设培养高级专门人才。自改革开放以来，我国教育界与国际组织以及西方发达国家，合作开展了不少联合培养人才的项目。然而，在这些合作项目中，一批科技人才流向国外已成了不得不引起人们重视的问题。比如，比较著名的中美联合培养物理类研究生计划（CUSPEA），从 1979 年开始的十年间，美国数十所著名大学先后从中国招收 915 名优秀的物理学专业学生，赴美攻读物理学博士学位。该项目旨在为中国培养高级物理学人才。但从实际情况来看，至 1991 年，在这批学者中，学成回国者不足五十人。这一问题已引起了有关方面的严重注意。还有不少项目，在实施中由于人才流失而不得不中断。

事实上，早在 20 世纪 70 年代，联合国教科文组织在一篇影响深远的报告中就指出："用双边和多边援助办法让大学研究生和本科生出国留学，正成为国际合作的一个重要组成部分，也成为合格人员由一国流失到另一国的一个重要因素。"① 如果我们在这些项目立项的阶段，能从国际的经验与教训中充分估计到这种可能，预先采取必要的措施加以防止的话，是有可能减少这方面的损失，更好地实现我们的目标的。

项目可能后果预测的目的，是科学地确定项目控制的内容与手段，使人们在项目各种可能出现的消极后果刚露头的时候，就能及时地加以处理，以保证项目目标顺利地达成。

三、项目诊断评价

项目诊断评价是衡量项目实施过程与预定目标之间的偏差，从而更好地保证项目目标的实现，它通常由对项目所拟定的目标的适

① 联合国教科文组织国际教育发展委员会编著，华东师范大学比较教育研究室译：《学生生存——教育世界的今天和明天》，上海译文出版社 1979 年版，第 313 页。

切性和达成度、项目执行情况、效率、效果等的阶段性审定所组成。

项目诊断评价的内容，包括项目理论基础的再审查、项目活动恰当性的判断、项目目标达成度的判断、项目执行效率与质量的判断等方面。

1. 项目理论基础的再审查。在项目实施了一个阶段后，通过实际活动来检查最初立项时所假设的理论是否科学。在实践证明最初假设的理论并不完全正确的情况下，人们就要考虑对项目确定的目标以及相关的活动是否进行修改的问题。

在教育史上，一些重大的教育改革项目最终未能取得成功，这种事例是不少的。在苏联，1958 年的学制改革到 1964 年又改了回去。同期，在布鲁纳结构课程论指导下的美国课程改革，到 20 世纪 70 年代被“回到基础”所代替。事实表明：在最初的假设并未被实践证明的情况下，及时修改项目目标与活动可以减少进一步的损失，这是一个头脑清醒的决策者须具有的科学精神。

2. 项目活动恰当性的判断。这是对项目预期活动的检查。项目活动未能按预期的计划加以实施，或者有关活动在内容或方式上，与原先设想的计划有一定的距离，这都会影响项目原定目标的实现。及时地发现这种情况，对保证项目的完成十分重要。

3. 项目目标达成度的判断。这是在一定的时间进度上，对项目成就进行监控的重要步骤。

根据所收集和分析的信息的类型，可以将监控分为以下三种基本类型。

（1）投入进度监控。项目的投入，直接影响项目实施过程某一特定时间点的目标实现程度。因此，项目监控的一个主要方面，就是审查作为实现目标手段的财力、物力与人力资源的使用情况。这种审查要求得到每项活动（如设备购置、人员培训、研究等）的实物和财务方面的数据，以及相关人员到位的情况。但重点须放在那些对将来任务的实现起重要作用的活动，或那些最容易因内在问题或外部力量而使项目延迟或成本超过计划的活动的数据上。对具有精确目标完成情况的数据，要给予优先考虑。

（2）受益人接触监控。投入监控虽然是项目监控的首要部分，但它通常只是衡量项目一个方面的情况，而项目管理人员也需了解项目受益人对项目实施反应的信息，因为这种反应在很大程度上反映出项目实施达到预期效果的程度。这就要进行项目受益人接触监控。进行项目受益人接触监控，首先须明确项目的受益人。教育项目的受益人，又有“直接受益人”与“最终受益人”之分。一般而言，教育项目的最终受益人就是学生，但是直接受益人并不一定是学生。比如，一个师资培训项目，它的项目直接受益人就是接受培训的教师。当然，教师水平的提高，最终会给学生的学习带来益处，最终受益的还是学生。所以，在这种情况下，把教师称作直接受益人，学生称作最终受益人。在明确受益人的情况下，其次要考虑需要了解哪些受益人？调查他们在哪方面的反应？有关资料可采取什么方法取得？运用什么方法加以分析？怎样才能最有效地利用分析的结果？

（3）跟踪诊断研究。当上述两种活动开始后，评价人就随之进入了项目跟踪的诊断阶段。一旦当管理者涉及为什么出现这些问题以及如何解决它们时，项目评价者就承担起了另一种角色，即跟踪诊断研究的角色。在进行跟踪诊断研究时，一般应考虑如下问题：谁提出的问题？是什么问题？问题的可能原因是什么？需要什么类型的数据资料？怎样收集所需的数据资料？怎样分析所获的数据资料？怎样使用研究结果和提出建议？完成研究需要多长时间和费用？是否存在较大障碍会影响研究的完成？什么单位和个人能对研究提供帮助？对这些问题的分析，就构成了跟踪诊断研究的主要内容。

4. 项目执行效率与质量的判断。这是对项目管理模式、运作方式及其效果的评价。项目管理机构设置失当、运作呆板就直接导致了项目执行效率与质量的低下。项目执行效率与质量评价，主要可以从管理信息的流畅性、反应的灵敏性、成本效益比等方面作出判断。

四、项目效果评价

项目效果评价在项目告一段落后进行，一方面在涉及项目推广与否的决策时，为这一决策提供必要信息；另一方面，它为后续同类项目提供可借鉴的经验与教训。项目的效果评价一般包括以下几个任务。

1. 项目效果与影响评价。项目的效果评价，判断项目是否达到了预期的项目目标，产生了预期的变化。与此同时，评价人还要关注项目是否产生了其他未考虑到的结果，无论这些结果有积极的影响还是消极的影响。由于教育具有迟效性的特点，有很多教育项目的实际效果，要经过很长的一段周期后才能显现，因此，在项目结束若干年后，再对该项目的效果作出评价也很有价值与很有必要。如前所述，这种在一段时间后的评价通常称为“影响评价”。影响评价作为历史经验对以后的教育研究是一份宝贵的资料。

2. 教训与启示的总结。由于人们主观认识与客观现实不可能完全一致，因此，任何项目在其设计与实施过程中总有不完善之处，总结这些教训，并揭示其中带有规律性的东西，无论对项目的推广还是对以后同类项目的实施都有很大帮助。

3. 推广决策与关于同类项目改进工作的政策性建议。这是项目效果评价的最后一步。这一步不是对项目效果与影响评价的简单的重复，它是在其基础上，进一步分析项目实践与项目大面积推广在社会背景、客观条件等方面的异同；估计推广过程可能遇到的新问题、有利与不利条件；从而进一步提出关于项目推广的政策性建议。在为改进同类项目提出政策性建议的情况下，类似的工作也是必不可少的。

经过上述步骤，项目评价工作就可大体告一段落了。

五、项目评价现代化的基础——项目管理信息系统

运用传统的方法开展现代项目评价，已经显得越来越不能适应了，而必须利用管理信息系统的数据资料。

（一）项目管理信息系统的组成

完备的项目管理信息系统，一般包括三个组成部分或三个子系统。一是项目的实物和资金信息子系统，主要记录和保存已安排好的和可以安排的资源方面的信息。二是项目受益人的联系信息子系统，主要记录和保存项目受益人对项目实施的反应等方面的信息。在我国项目信息系统中，这一部分目前还相当薄弱，甚至缺失。三是项目问题诊断研究信息子系统，主要收集和保存影响项目进展与导致项目实施出现问题的社会、经济和环境以及内部组织实施等方面原因的信息。

随着一般项目管理科学的发展，众多的用于项目管理的计划、组织和控制的计算机辅助系统陆续地被开发了出来。这些科学方法和技术的应用，无疑为有效的项目评价与管理提供了坚实的基础，为提高项目评价与管理的科学水平创造了条件。各种项目评价与管理软件系统的问世以及计算机的普及，又对项目评价与管理水平的提高起了极大的促进作用，使人们把各种项目评价与管理技术最高效地应用于项目管理成为现实。因此，我们完全有理由认为，正是项目评价与管理技术和计算机软件应用开发水平的高低，在某种意义上决定了项目评价与管理的科学水平的高低。

英、美等发达国家，已开发了许多先进的项目评价、诊断与管理软件。借助这些软件，项目管理人员能够把人、财、物、时间等方面的因素综合在一起，迅速、及时、准确地处理大量的信息，以完成复杂而严密的计划、组织、监测评价等项目管理工作。然而，从我国教育项目的管理来看，毋庸讳言，目前的项目管理技术和计算机软件的应用开发水平还不高。各种现代的项目评价与管理计划技术，以及各种项目监测评价手段的应用范围还相当狭窄。众多项目的管理基本上是凭经验行事，缺乏科学的计划和控制手段。即使是管理比较先进、严谨的与国际组织合作的教育项目，如世界银行项目和联合国开发计划署项目，往往也因管理人员的素养和其他因素的制约，对现代项目管理技术的应用，也只是停留在浅层次的简单应用水平上，与此相关的项目诊断研究，还未能充分开展起来。

（二）项目管理信息系统的设计和建立

大量的研究表明：一个良好的项目管理信息系统的设计与建立，要考虑以下方面。

第一是确定信息使用者及其优先权。项目信息的使用者，有提供资金的机构，它们对项目负有监督等责任；有政府主管部门，它们对项目的管理和协调负有责任；有项目执行者，他们直接参与项目的实施过程；有项目受益人，他们的反应在很大程度上影响项目的实施。由于人力、资金和时间等资源上的限制，信息系统不可能对所有信息使用者的需要都能充分有效地满足，因此，必须确定信息使用者的优先权。在世界银行的贷款项目中，项目信息系统的使用优先权，被给予在项目执行中负有责任的各级项目实施管理者。他们被看成是最初的信息使用者；接下来是提供资金的部门，它们的需要有时更要优先满足，因为它们是受法律契约和资金协议委托的部门；再接下去是有关国家政府部门；最后是项目受益人。

第二是对项目目标结构进行分析，确定关键性活动，以明确信息系统的主要任务。项目目标有短期和长期之分：前者明确地规定了项目要达到的具体目标；后者一般与一个国家或地区的发展战略相一致，是通过短期目标的实现来达到的。而项目管理者所需要的信息系统是以项目的短期目标为主要依据的。设计项目信息系统时，除了需要注意项目目标的这一特点以外，还须考虑到并非项目的每一子目标都同等重要，因此信息系统要能够保证优先目标得到充分支持，必要时不惜舍弃第二位的目标。

第三是明确信息的收集和传播的渠道。信息收集和传播渠道主要包括正式渠道和非正式渠道两种方式。正式渠道主要指以互联网和媒体为主的渠道。例如，通过各大搜索网站直接搜索项目信息，或通过广播、电视、图书、报纸等媒介获取相关信息。非正式渠道主要指利用个人交往、参加会议、实地考察或访问等方式搜集信息。系统的设计者不仅要特别重视信息收集和传播的正式渠道，而且也不忽视信息收集和传播的非正式渠道。除了要注意信息收集和传播的正式和非正式渠道外，系统的设计者还不仅要特别重视项目的一手资料，如上述两渠道得来的信息，而且要充分注意收集某些很有价值的二手资料，如已公开出版的和尚未出版的研究成果、统计数据、文件资料和其他部门、机构、组织为了自己使用而编辑的报告等。

第四是确定信息系统所需的人员和经费的分配。项目管理信息系统所需要的人员规模，主要取决于项目的性质、对信息的需要以及能够得到的信息的来源。不过，无论如何都应避免产生一个收集信息的庞大人员队伍，一个小规模的受过多种训练的技术小组也许更可取。这是因为：一是费用有限，二是他们的工作时紧时松。至于系统所需的经费的分配，应本着以较少的资源投入，来达到较多的现实目的的效益原则，其直接依据是系统所必需的人员和必购的设备等因素。

主要参考文献

一、中文图书

1. 瞿葆奎主编，陈玉琨、赵永年选编：《教育学文集·教育评价》，人民教育出版社 1989 年版。
2. 伍振鷟主编：《教育评鉴》，南宏图书公司 1993 年版。
3. 李德顺著：《价值论》，中国人民大学出版社 1987 年版。
4. [美] 泰勒著，施良方译：《课程与教学的基本原理》，人民教育出版社 1994 年版。
5. 台湾师范大学学术研究委员会主编：《教学评量研究》，五南图书出版公司 1992 年版。
6. 瞿葆奎主编，马骥雄选编：《教育学文集·美国教育改革》，人民教育出版社 1990 年版。
7. 许建钺等编译：《简明国际教育百科全书·教育测量与评价》，教育科学出版社 1992 年版。
8. 于信风著：《考试学引论》，辽宁人民出版社 1987 年版。
9. [美] 布卢姆等编，罗黎辉等译：《教育目标分类学（第一分册）：认知领域》，华东师范大学出版社 1986 年版。
10. [美] 克拉斯沃尔、布卢姆等编，施良方、张云高译：《教育目标分类学（第二分册）：情感领域》，华东师范大学出版社 1989 年版。
11. [美] 哈罗、辛普森编，施良方、唐晓杰译：《教育目标分类学（第三分册）：动作技能领域》，华东师范大学出版社 1989 年版。
12. 瞿葆奎主编，金含芬选编：《教育学文集·英国教育改革》，人民教育出版社 1993 年版。

13. 江铭主编：《高校师资管理的理论与方法》，华东师范大学出版社 1992 年版。
14. ［美］达尔著，王沪宁等译：《现代政治分析》，上海译文出版社 1987 年版。
15. 江山野主编译：《简明国际教育百科全书·课程》，教育科学出版社 1995 年版。

二、英文论著

1. Wiggins, G. P., *Assessing Student Performance: Exploring the Purpose and Limits of Testing*, 1993.
2. Gay, L. R., *Educational Evaluation and Measurement*, 1985.
3. Cronbach, L. J., *Essentials of Psychological Testing*, 1984.
4. Gronland, N. E. &Linn, R. L., *Measurement and Evaluation in Teaching*, 2nd ed., 1990.
5. Stiggings, R. J., et al., *The Case for Commitment to Teacher Growth*, 1988.
6. Wise, A. E., et al., Teacher Evaluation and Teacher Professionalism, *Educational Leadership*, 1988 (4).
7. Rebore, R. W., *Personnel Administration in Education: A Management Approach*, 1991.
8. Turner, G. &Clift, P., *Studies in Teacher Appraisal*, 1988.
9. Nuttall, D., What can We Learn from Research on Teaching and Appraisal? in Dockerell, B., et al. (eds.), *Appraising Appraisal*, 1986.
10. Bollington, R., Hopkins, D. &West, M., *An Introduction to Teacher Appraisal*, 1990.
11. Green, M. F. &McDade, S. A., *Investing in Higher Education: A*

Handbook of Leadership Development, American Council on Education, 1991.

12. Stanley, S. J. &Popham, W. J. (eds.), *Teacher Evaluation: Six Prescriptions for Success*, 1988.
13. Bollington, R., Hopkins, D. &West, M., *An Introduction to Teacher Appraisal*, 1990.
14. Richardson, R. C. &Skinner, E. F., *Achieving Quality and Diversity*, 1991.
15. Berdahl, R. O., Moodie, G. C. &Spitzberg, I. J. (eds.), *Quality and Access in Higher Education*, 1991.
16. Waston, D., Quality Assurance in British Universities: Systems and Outcomes, *Higher Education Management*, Vol. 7, 1995.
17. Barnett, R. A., *Improving Higher Education: Total Quality Care*, 1992.
18. Linhurst, H. W., *Policy Making and Evaluating for Better Education*, 1993.